März '89

W. Howard Church

Die 17 Leben des Edgar Cayce

W. HOWARD CHURCH

DIE 17 LEBEN DES EDGAR CAYCE

ABSCHIED UND WIEDERKEHR DES «SCHLAFENDEN PROPHETEN»

Aus dem Amerikanischen übersetzt von
Marianne und Norbert Wengerek

Ariston Verlag · Genf

CIP-Titelaufnahme der Deutschen Bibliothek

CHURCH, W. HOWARD:
Die 17 [siebzehn] Leben des Edgar Cayce:
Abschied u. Wiederkehr d. »schlafenden
Propheten« / W. Howard Church. Aus d.
Amerikan. übers. von Marianne u. Norbert
Wengerek. – Erstaufl. – Genf: Ariston
Verlag, 1988
Einheitssacht.: Many happy returns <dt.>
ISBN 3-7205-1485-4

Die amerikanische Originalausgabe erschien unter dem Titel
»Many Happy Returns. The Lives of Edgar Cayce«
bei Harper & Row, Publishers, New York, USA.

Gestaltung des Schutzumschlages:
H. + C. Waldvogel, Grafik Design, Zürich

Gesamtherstellung: Ebner Ulm
Erstauflage März 1988
Printed in Germany 1988

ISBN 3-7205-1485-4

Inhalt

* Die Kapitel 8, 13 und 14 wurden bereits in gekürzter Fassung im *A.R.E. Journal* unter den Titeln »Edgar Cayce und die Belagerung von Troja«, »Die beiden Leben des John Bainbridge« und »Ein Kind der Liebe« veröffentlicht. (Die Daten der Veröffentlichungen in der angegebenen Reihenfolge: Nr. 5, Sept. 1983, Band XVIII; Nr. 1, Jan. 1984, Band XIX und Nr. 6, Nov. 1981, Band XVI.)

Für Gladys, die ihn am besten kannte

Vorwort

Der 1945 verstorbene amerikanische Seher Edgar Cayce hat wahrscheinlich mehr als jede andere Persönlichkeit seiner Zeit für die Wiedereinführung und Verbreitung der altehrwürdigen Lehre von der Reinkarnation getan, die vom Abendland recht willkürlich verworfen worden war, als es sich für die Annahme des Christentums entschieden hatte.

Doch die Auffassung, Christentum und Reinkarnation seien unvereinbar, ist ein tragisches Mißverständnis. Es verursachte eine Spaltung, zu der es niemals hätte kommen dürfen. Wer willens ist zu sehen, der findet in Textpassagen des *Alten* wie auch des *Neuen Testaments* der Bibel genügend Aussagen, die den Schluß nahelegen: In den Tagen der Propheten des Altertums war die Reinkarnation nicht nur eine angesehene und allgemein anerkannte Lehre, sondern auch Jesus selbst achtete und lehrte sie. Festzustehen scheint, daß sich der Apostel Paulus ganz offen zum Glauben an die Reinkarnation bekannt hat; das bestätigen einige seiner Aussprüche, die sich auf die Identität von Adam und Jesus beziehen und, in etwas mystischerer Ausdrucksweise, auf die von Melchisedek und Jesus als auferstandenen Christus.

Kann denn irgendeine andere Lehre als die von der Reinkarnation und ihre logische Konsequenz, das Gesetz des Karmas, so leicht die offenkundigen Ungerechtigkeiten unseres menschlichen Daseins erklären und rechtfertigen? Karma, das einfache Gesetz von Ursache und Wirkung, macht sich von einer Verkörperung zur nächsten geltend und stimmt völlig mit den beiden wohlbekannten biblischen Regeln (*Galater* 6, 7 und *Hosea* 8, 7) überein. »Jeder wird ernten, was er gesät hat«, und »Wer Wind sät, wird Sturm ernten.«*

Edgar Cayce drückte es kurz und treffend aus: »Die Wesenheit begegnet immer dem Selbst.« Dies war das stets wiederkehrende Thema in über 2500 von ihm abgehaltenen *Readings***, diejenigen seiner eige-

* Bibelstellen werden nach folgender Ausgabe zitiert: *Die Bibel in heutigem Deutsch. Die gute Nachricht des Alten und Neuen Testaments.* Deutsche Bibelgesellschaft, Stuttgart 1982, 2. Auflage 1987.

** Bei diesen »Readings«, wörtlich Lesungen, äußerte sich Edgar Cayce im Trancezustand; seine Äußerungen wurden notiert und später auch katalogisiert. Es handelt sich also um *Kundgaben* innerer Erfahrung. Parapsychologen sprechen in solchen Fällen von Leistungen aufgrund außersinnlicher Wahrnehmung (ASW) – auch Telepathie, Hellsehen und Präkognition genannt –, doch für Cayces

nen früheren Leben eingeschlossen. Es kann sicher keine bessere Einführung in das Erfahrungswissen der Reinkarnationslehre geben als einen wahren Bericht wie der vorliegende, der die lange, zyklische Reise einer Seele auf der Suche nach ihrem Selbst beschreibt. Und wenn es sich bei dieser Seelenwesenheit um Edgar Cayce handelt, eröffnen sich uns zwangsläufig einzigartige Perspektiven: Nicht nur war er ein Meister seines Fachs, wie der umfassende Rat zeigt, den er im Laufe einiger Jahrzehnte mit Lebenskundgaben im Trancezustand vielen hundert Menschen erteilte. Auch scheinen seine eigenen früheren Leben höchst gegensätzliche Erfahrungsbereiche durchmessen zu haben: vom frommen Priester bis zum verworfenen Sünder. Somit liefern sie uns überaus vielfältige Beispiele dafür, wie sich die Seele fort-, aber auch zurückentwickeln kann.

Dieses Buch handelt von einer Seelenwesenheit, die in vieler Hinsicht ungewöhnlich war – vielleicht älter als die meisten und wahrscheinlicher weiser. Unter anderem werden Sie entdecken, daß Edgar Cayce von Anfang an mit einer besonderen Hingabe an Gott und an das Göttliche im Menschen gesegnet war. Diese Haltung formte und färbte seinen Charakter zutiefst und befähigte ihn, in dieser Welt mit einer entschiedenen Zielstrebigkeit und einer Selbstlosigkeit sondergleichen zu wirken, die nur wenige von uns fassen, geschweige denn erreichen können. Nicht von ungefähr behandelten Edgar Cayces Readings immer wieder nachdrücklich die Notwendigkeit, beiseite zu stehen und sich wie von außen zu betrachten. Cayce, immer auf der Hut vor Persönlichkeitskulten, warnte wiederholt davor, irgendeine Art von »Kult« um seine Arbeit und sein Wirken zu veranstalten: Seiner Ansicht nach sollte sein Werk für sich selbst stehen und sprechen. Vor allem scheute er die Erhöhung über andere Sterbliche, die ihm wohlmeinende Menschen zudachten. Er wußte sehr wohl, welch ein Sünder er in einigen seiner früheren Leben* gewesen und welch ein Sünder er in mancher Hinsicht immer noch war. Er wollte seiner karmischen Last keinesfalls noch die Sünde der Selbstverherrlichung hinzufügen!

umfassende Einsichten bietet sich eher die wissenschaftlicher Terminologie entkleidete und treffendere Bezeichnung als »innere Wahrnehmung« oder »psychische Wahrnehmung« an. Je nach dem Inhalt der Readings handelt es sich bei Cayces Kundgaben um Tatsachenfeststellungen, um Diagnosen und um retro- oder präkognitive Enthüllungen. Entsprechend treten in den sogenannten »Lebensreadings« Visionen früherer Leben eines Selbst zutage, werden in den »Gesundheitsreadings« Krankheiten diagnostiziert und Heilmethoden unterbreitet und in den »Kontrollreadings« unklare oder widersprüchliche Aussagen überprüft.

* Frühere Leben einer Wesenheit werden im Verlaufe dieses Buches auch als ihre »Inkarnationen«, »Vorleben«, »Existenzen« oder »Zyklen« bezeichnet.

Edgar Cayce war ein äußerst demütiger und bescheidener Mann. Im Licht so mancher in diesem Buch enthaltenen ungewöhnlichen Enthüllungen bezüglich seiner früheren Leben und Fähigkeiten läßt sich dieses Bild von ihm vielleicht nur schwer aufrechterhalten; wir sollten uns aber daran erinnern, daß nur die Seelen wahre Bescheidenheit zu schätzen wissen, die selbst Größe und Macht erlebt haben. Während seiner vielen Leben mit ihren unzähligen Lektionen hatte Cayce schließlich gelernt, daß der Weg zu Gott nur über echte Hingabe führt; es gibt keine andere Möglichkeit, das höhere Selbst und somit das Göttliche in uns zu entdekken.

Die Philosophie, die Edgar Cayces Readings zugrunde liegt, ist naturgemäß eng mit der christlichen Religion verbunden, in der Edgar selbst aufwuchs und die er immer in vorbildlicher Weise praktizierte. Gleichwohl stand die Toleranz gegenüber anderen religiösen Überzeugungen und Glaubenssystemen sowohl in den Kundgaben seiner inneren Erfahrung als auch in seinem persönlichen Leben stets an erster Stelle. In der Tat hatte er uneingeschränkte Hochachtung für das den meisten Weltreligionen innewohnende Leitprinzip: »Der Herr, dein Gott, ist Eins!« Was das bedeutet, hat der folgende Auszug aus Reading 254–87* in metaphorischer Sprache überzeugend eingefangen: »Sind da nicht Eichen, Eschen und Föhren? Sie alle werden gebraucht, damit diese oder jene Erfahrung gemacht werden kann... Dann werden sie alle ihren Platz einnehmen. Finde an *keinem* Falsch, sondern zeige du vielmehr, wie gut als Föhre oder Esche oder Eiche oder *Weinstock* du seist!«

Die im folgenden zitierten Readings enthalten unvermeidlich Informationen, die zu unvollständig oder zu spärlich sind, als daß daraus eindeutige Schlüsse gezogen werden könnten. In solchen Fällen habe ich mich bemüht – nicht zuletzt im Hinblick auf die Inhalte anderer Readings –, die wahrscheinlichste und schlüssigste Lösung zu erarbeiten. Ich gebe jedoch zu, daß jemand, der eine bestimmte Information aus einem Reading unter einem anderen Gesichtspunkt betrachtet, durchaus andere und ebenso zutreffende Schlüsse ziehen könnte.

* Auszüge aus Edgar Cayces Readings sind durchgehend mit Registernummern gekennzeichnet, die in der Regel in den Anmerkungen am Schluß des Buches erscheinen, mitunter aber auch direkt in den Text eingearbeitet wurden. (Die Zahl links vom Gedankenstrich bezeichnet die jeweilige Person oder das jeweilige Thema, während die Zahl nach dem Gedankenstrich die einzelnen Readings numeriert, wenn für eine Person oder zu einem Thema mehrere Readings stattfanden. Siehe auch Fußnote** auf Seite 28.)

1

Der Flug des Reihers

Man schrieb den 3. Januar 1945.

Ein einsamer Reiher, der am Strand des Lake Holly in Virginia Beach saß, schlug plötzlich mit seinen wunderschönen schneeweißen Flügeln und erhob sich wie ein Omen über Cayces Wohnsitz. Langsam umkreiste er das mit braunen Schindeln gedeckte Dach, dann entschwand er im Osten – als immer kleiner werdenden weißen Punkt verschlang ihn der graue Winternebel, der wie eine riesige Katze über den weiten Wogen des Atlantischen Ozeans kauerte.

Aus einer Ecke des Hauses, wo GERTRUDE CAYCE leise vor sich hin schluchzte, drangen gedämpfte Geräusche. Sie waren im Schlafzimmer kaum zu hören, in dem ihr Mann Edgar still in seinem Rollstuhl saß und vom Fenster aus beobachtete, wie sich der schneeweiße Reiher in die Lüfte erhob. Er sah in seinem zielstrebigen, majestätischen Flug ein Symbol für den Aufbruch der befreiten Seele, und in seinem Herzen empfand er Freude.

Als er sich dem Ende seines 67. Lebensjahres näherte, war der berühmte amerikanische Seher EDGAR CAYCE körperlich erschöpft und auch seelisch-geistig ermüdet: Im Dienst für andere hatte er seine psychischen Energien verausgabt, er war »ausgebrannt« im wahrsten Sinne des Wortes. Die große, hagere Gestalt, die gekrümmt im Rollstuhl saß, wirkte mit einem Mal kleiner, als sie war, und äußerst zerbrechlich. Den Kopf leicht zur Seite geneigt, den schmalen und würdevollen Mund wie einen Flügel nach unten gebogen, schien das einst so bewegte Gesicht nun verzerrt und ausdruckslos. Nur die außergewöhnlichen Augen, so blau und durchdringend wie immer, vermittelten noch einen flüchtigen Eindruck von Edgar Cayces früherer Vitalität.

In diesen letzten paar Jahren hatten sich mit seinem zunehmenden Ruhm auch die dringlichen Anfragen nach psychischen Kundgaben, eben *Readings*, wie man sie nannte, um ein Vielfaches vermehrt. Der Krieg schuf neue Kümmernisse, für die viele Menschen metaphysische Erklärungen suchten. Cayce brachte es nicht fertig, jemanden abzuweisen, der seine Hilfe suchte, oder sich die nötigen Ruhepausen und Erholungszeiten zu gönnen, um seine in gefährlichem Maß verbrauchten

Energien wieder aufzufrischen. Schließlich hatte er einen Schlaganfall erlitten, der ihn teilweise lähmte. In seiner geschwächten Verfassung schien das Ende nun bevorzustehen – wenn nicht ein Wunder geschah.

Das »Wunder«, auf das alle Menschen in seiner Umgebung warteten und für das sie beteten, war eine körperliche Verjüngung. Bestimmten Readings zufolge hatte Edgar Cayce schon einmal zuvor, während eines weit zurückliegenden Erdendaseins, durch die innere Sammlung spiritueller Energien eine solche körperliche Erneuerung erlebt. Dies war im Alten Ägypten geschehen. Damals waren Cayce, der alternde geistige Führer, und eine Gruppe seiner treuen Anhänger aus dem Exil zurückgekehrt, um eine neue Phase ihrer Arbeit zu beginnen. (Wenn die Readings zutreffen, in denen ihre individuellen Schicksale behandelt werden, so lebten viele von ihnen jetzt wieder, um erneut mit ihm, der diesmal als Edgar Cayce verkörpert war, zusammenzusein und um eben diese Arbeit fortzuführen, die der Menschheit dabei helfen sollte, den Weg zurück zur göttlichen Quelle zu finden.) Der zu neuer Kraft erweckte Hohepriester hatte den Bau der Pyramide von Gise geleitet, mit Hermes, dem Meisterarchitekten. (Die berühmte Pyramide wurde in der Tat nicht als Grabmal konzipiert, wie man allgemein annimmt, sondern als Einweihungstempel und auch als prophetische steinerne Aufzeichnung kommender geschichtlicher Ereignisse, die bis ans Ende unseres gegenwärtigen Jahrhunderts reichen. Alle diese Offenbarungen, und einige mehr, stammen aus einer aufsehenerregenden Serie von Readings über Edgar Cayces Leben in Altägypten.)

Der Gedanke, geschichtliche Ereignisse in mindestens einem, vielleicht sogar in mehreren früheren Leben entscheidend mitgestaltet zu haben, hatte Cayce ursprünglich aufs Äußerste beunruhigt. Als wirklich bescheidener Mann schloß er solche Ehren für sich aus; zudem wußte er mit der für ihn fremdartigen Lehre der Reinkarnation nichts anzufangen. Er hatte seine religiösen Wurzeln in dem typisch protestantischen Südstaatlermilieu, das für seine strenge Orthodoxie bekannt ist. Zwar hatten ihn seine außergewöhnlichen psychischen Fähigkeiten von Kind auf mit einem ganzen Spektrum neuer Wirklichkeiten vertraut gemacht; doch dadurch allein war Edgar Cayce zunächst noch nicht ausreichend darauf vorbereitet, das zu akzeptieren, was die meisten Christen aus seinem Bekanntenkreis mit wirklichem Abscheu als heidnischen Aberglauben abgelehnt hätten. Und schnell hätte er damals der Ansicht beigepflichtet, daß sich die Vorstellung einer Wiedergeburt oder Reinkarnation grundsätzlich von den Glaubenssätzen des Christentums unterschied, wie er sie gelernt hatte.

Dessenungeachtet begann sich Edgar zu fragen: Was, wenn manche der Glaubenssätze des *Neuen Testaments* auf einer Fehlinterpretation der ursprünglichen Lehre JESU CHRISTI beruhten? Könnte die Reinkarnationslehre für die frühchristlichen Kirchenväter nicht durchaus annehmbar gewesen sein, wie manche gelehrten Quellen behaupten? »Ismen« und Schismen sowie einander widersprechende Übersetzungen biblischer und anderer Texte, die seit dem ersten Jahrhundert aufgetaucht waren, haben überhandgenommen; damit schien doch wenigstens eine logische Grundlage gegeben, der uralten Lehre von der Reinkarnation mit einer toleranteren Form von Skeptizismus zu begegnen, statt sie schroff abzulehnen. Auf jeden Fall aber hatte Edgar nach anfänglichem Widerstreben gelernt, den Informationen Vertrauen zu schenken, die ihm im Trancezustand durch seine Readings zuteil wurden. Sehr oft war deren Richtigkeit bewiesen worden. Darüber hinaus schienen sie selbst höchsten spirituellen Ansprüchen zu genügen.

Wenig Verlaß ist auf Aussagen spiritistischer Medien, die sich unter Aufgabe ihres Willens zu einem passiven Kanal für die »Fremdkontrolle« eines »Führungsgeistes« machen lassen. Cayce gewann seine Informationen anders: Bei seiner besonderen Methode des »Nach-innen-Gehens« benutzte er seine eigenen psychischen Energien und trat unmittelbar mit kosmischen Kräften in Verbindung, ohne sich dabei eines Vermittlers zu bedienen. Als er seinen ersten großen weltanschaulichen Konflikt bewältigen mußte, war es daher nicht allzu überraschend, daß Cayce sich schließlich zugunsten der Readings und somit auch der Reinkarnationslehre entschied.

Cayce hatte es sich zur Lebensregel gemacht, die Bibel einmal jährlich von der ersten bis zur letzten Seite zu lesen. Von daher wußte er, daß sie zahlreiche versteckte Anspielungen auf die Tatsache der Reinkarnation enthält, die orthodoxe Geister lieber ignorieren. Insbesondere dachte er an HIOBS quälende Frage (14, 14): »Doch kommt ein Toter je zurück ins Leben?« Und da war auch jene andere Passage aus dem *Buch Hiob* (1, 21), in welcher der Prophet sich selbst die Antwort zu geben scheint: »Nackt bin ich auf die Welt gekommen, nackt gehe ich wieder von ihr fort.« Hatte darüber hinaus Jesus Christus nicht selbst wiederholt auf diese altehrwürdige Lehre hingewiesen? Zunächst war da seine aufrüttelnde Aussage (*Johannes* 8, 58): »Ich versichere euch, bevor *Abraham* geboren wurde, *war* ich schon da« – die immerwährende Seele! Und sprach Jesus nicht deutlich genug, als er Johannes den Täufer als eine Wiederverkörperung des Propheten ELIAS bezeichnete?

Natürlich wußte Edgar Cayce, daß Gerüchte unter den Leuten umgingen, er selbst sei vielleicht ein wiedergeborener Prophet. Auf solche Mutmaßungen ging er nie ein. Viel wichtiger erschien ihm etwa der bedeutungsvolle Hinweis in den Korintherbriefen des Apostels PAULUS auf den »ersten« und den »letzten« ADAM. Hier, wie auch im *Römerbrief* (5, 14), schien Paulus nicht nur in Symbolen zu sprechen: Offensichtlich erkannte er Jesus als eine vervollkommnete Wiederverkörperung des ursprünglichen Adam. Dies legten auch Cayces eigene Readings nahe.

Für Edgar Cayce lieferte schon eine alttestamentarische Prophezeiung einen der überzeugendsten Hinweise darauf, daß die Bibel die Reinkarnationslehre stützte. Auf den kommenden Messias anspielend, der in der unscheinbaren Stadt Bethlehem geboren werden sollte, machte der Prophet MICHA (5, 1) seine gottgegebene Prophezeiung: »Doch dir, Bethlehem ... läßt der Herr sagen: ... aus dir wird der Mann kommen, der künftig Israel führen wird. *Sein Ursprung liegt in ferner Vergangenheit.*«

Als die Zahl der von Edgar Cayce durchgeführten Lebenskundgaben zunahm, erkannte er allmählich, daß mehr oder weniger in allen Fällen bestimmte karmische Muster zum Vorschein kamen. Nichts, so schien es, war Zufall. Jede Wesenheit auf der Erde begegnete immer wieder nur sich selbst und erntete die Früchte ihres früheren Verhaltens. Darüber hinaus stimmten diese karmischen Muster mit der spirituellen Gesetzmäßigkeit überein, wie die Bibel sie postuliert. Das »Gesetz des Karma« ist tatsächlich nicht mehr und nicht weniger als das bekannte Gesetz von Ursache und Wirkung, das von einem Leben in das nächste hinüberreicht. Dies bekräftigen die bereits zitierten biblischen Leitsätze: »Jeder wird ernten, was er gesät hat«, und: »Wer Wind sät, wird Sturm ernten.«

So vermag uns die Lehre von Reinkarnation und Karma in dem von Bibelwahrheiten gewiesenen Sinn zu erklären, was den Theologen immer entgangen zu sein schien: den Grund für die unverständlichen Ungerechtigkeiten in unseren Lebensumständen. Wenn gute Menschen manchmal scheinbar grundlos leiden und schlechte ungestraft davonkommen, stellt sich dies nur aus unserer begrenzten Perspektive so dar. Könnten wir in die vergangenen wie auch in die zukünftigen Leben von Sündern und Heiligen blicken, würden wir das Walten der göttlichen Gerechtigkeit begreifen. Gott übereilt seine Schiedssprüche nicht. Zu seiner Zeit treibt er von jedem Schuldner den letzten Pfennig ein und beschenkt jeden verlorenen Sohn oder jede verlorene Tochter mit seinem höchsten Segen, wenn sie zurückkehren. Es ist, wie der Psalmist gesungen (*Psalm* 126, 5–6): »Wer mit Tränen sät, wird mit Freuden ernten. Weinend gehen sie hinaus und streuen die Saat, jubelnd kommen sie heim und tragen ihre Garben.«

Jeder Zyklus des Wiedereintritts in irdisches Bewußtsein bietet, wie die Readings verdeutlichen, eine erneute Gelegenheit, jede Unterlassung und jede Verfehlung der Vergangenheit zu überwinden und zu besiegen. Diese Selbstfindung kann durch das Gesetz der Gnade erlangt werden, wie es bei ihm, dem Erlöser, möglich ist, oder durch das Gesetz des Karmas im Leiden, das im niederen Selbst und dessen ungezähmten Begierden verankert liegt. Alles hängt vom Willen des betreffenden Wesens ab und von den Entscheidungen, die es in jedem Zyklus trifft, bis es sich vom Rad der Tode und Wiedergeburten in der Erscheinungswelt und vom materiell zentrierten Bewußtsein befreien kann. Strauchelt die Seele in einem Leben, so muß sie dafür in ihren folgenden Verkörperungen einen Ausgleich schaffen, bis alle Verfehlungen getilgt sind. Denn das Gesetz Gottes ist vollkommen. Auch ist es nicht sein Wille, daß seine Seele zugrunde gehe.

Auf der Erde, so machen die Readings klar, findet die Eignungsprüfung für den Gleichklang mit kosmischen Energieschwingungen statt. Die an den Körper gebundene Seele muß so oft wiederkommen, bis die menschliche Schwingung mit der göttlichen übereinstimmt und in ihr aufgeht, wie es im Ursprung war. Seit Jesus Christus, der unser Vorbild auf Erden wurde, erstmalig als Adam erschien, waren den Cayce-Readings zufolge bis zu seinem letzten Leben und Wirken wohl etwa dreißig Inkarnationen erforderlich, um das Stadium vollkommenen Einklangs oder Einsseins mit der ersten gottgegebenen Ursache zu erreichen. Seine »Auferstehung« war ein Prozeß, durch den seine Energieschwingungen so verfeinert wurden, daß sein Körper den ursprünglichen Zustand als wahrer Sohn Gottes wiedererlangen konnte. Und so sind auch wir, die Geschöpfe Gottes, im Werden begriffene Götter!

Wir alle müssen wohl ebenso viele, wenn nicht gar weit mehr Leben durchmessen, bis wir im Zuge unserer zyklischen Entwicklung – hinaus aus der langen Gefangenschaft im Fleisch ins Licht des Geistes – dem Beispiel unseres älteren Bruders Jesus nacheifern können. Durch seine Träume und Readings erinnerte sich Edgar Cayce nicht nur an mehr als ein Dutzend vorangegangener Leben, sondern sah auch mindestens zwei zukünftige Verkörperungen auf der Erde voraus: eine im Jahre 1998, wo er als »Befreier« der unterdrückten Menschheit auftreten würde, und eine weitere im nächsten Jahrhundert in Nebraska als Kind mit besonderen psychischen Fähigkeiten. Seine Traumerlebnisse deuteten darauf hin, daß er in diesem späteren Leben mit seinen Erinnerungen an kleinste Details aus seiner Verkörperung in Virginia Beach – als der historische »schlafende Prophet« des zwanzigsten Jahrhunderts – seine älteren Zeitgenossen in Erstaunen versetzen würde.

Den Readings zufolge verweilt eine Seele während der Zeit zwischen ihren irdischen Aufenthalten in anderen Bewußtseinsdimensionen. Diese haben ihre Entsprechung in dem, was unser dreidimensionales, an materiellen Gegebenheiten orientiertes Bewußtsein hier, auf der Erde, als die verschiedenen Planeten innerhalb unseres Sonnensystems wahrnimmt. Himmelskörper wie Venus, Mars und dergleichen existieren zwar als stellare Realitäten, doch eine Seele, die nach ihrem körperlichen Tod in geistige Bereiche gelangt, erlebt sie offenbar als eine völlig andere Wirklichkeit, die uns dreidimensionalen, erdgebundenen Menschen unverständlich bleibt. Wir leben – wie es in einem der Readings heißt – in einer relativen Welt, in einem relativen Universum. In ihm nehmen wir uns wie Säuglinge aus, die erst gehen lernen müssen. Nur schrittweise kommen wir voran, und erst nach jedem einzelnen Schritt wird uns der nächste klar.

Als Edgar Cayce am Fenster seines Schlafzimmers saß und den Flug des schnell nach Osten entschwindenden Reihers beobachtete, stand sein nächster Schritt unmittelbar bevor.

Seine schon seit langem erwartete Verjüngung sollte jetzt beginnen. Sie vollzog sich jedoch anders, als die Menschen in seiner Umgebung angenommen hatten. Tatsächlich wußte Edgar bereits seit einiger Zeit, daß seine Verjüngung während eines weit zurückliegenden Lebens in Ägypten (siehe Kapitel 5) einem bestimmten, konkreten Ziel gedient hatte. Doch für das gegenwärtige Leben war sein Werk auf Erden im wesentlichen abgeschlossen: Er hatte mehr als 14 000 psychische Readings durchgeführt, die nahezu unerschöpfliches Forschungsmaterial für künftige Generationen liefern würden. Auch hatte er auf dem Gebiet des ganzheitlichen Heilens Pionierarbeit geleistet. Diese Behandlungsmethode setzt die Einheit von Körper, Psyche und Geist voraus und wirkt auf den ganzen Menschen ein, nicht nur auf Symptome. Edgar Cayce verhalf diesem Heilverfahren durch seine »Gesundheitskundgaben« zu Anerkennung und demonstrierte die wunderbare Kraft des ganzheitlichen Heilens bei so gut wie allen Leiden, einschließlich der oftmals als unheilbar bezeichneten Krankheiten. Kurz gesagt, er hatte sein

Leben ununterbrochen dem selbstlosen Dienst an anderen gewidmet. Doch bei der nächsten Arbeitsphase, die hauptsächlich aus der intensiven Untersuchung des durch die Readings bereitgestellten Materials und der weltweiten Verbreitung der Forschungsergebnisse bestand, würde seine Anwesenheit nicht länger erforderlich sein.

Darüber hinaus hatte Edgar einmal durch die Readings erfahren, daß seine Tätigkeit als Seher und Heiler auf Erden in Wirklichkeit das Werk des Herrn war, der ihm die Gnade erwies, sich seiner als Werkzeug zu bedienen. Daher war Edgar zuversichtlich, daß nach seinem Tod andere, ebenso würdige Menschen zur Fortsetzung seiner Arbeit berufen würden. Im besonderen dachte er dabei an seinen ältesten Sohn, HUGH LYNN CAYCE, der sicher in den nächsten Jahrzehnten eine Schlüsselrolle zu spielen haben würde, und auch an seine langjährige treue Sekretärin und Freundin GLADYS DAVIS TURNER. Diese beiden – und auch andere – waren bei ihm seit Anbeginn der Zeit, als sie alle aus dem Einen hervorgegangen waren und sich gemeinsam auf die irdische Ebene begeben hatten. Von seiner Frau Gertrude, die ebenfalls zu dieser damaligen Schar gehörte, wußte Edgar bereits, daß sich ihre Seele entschieden hatte, ihm bald ins Jenseits zu folgen.

Der Tod schreckte ihn natürlich nicht. Er wußte, daß das Leben ein unablässiger Strom von Erfahrungen ist. Also bedeutete das Sterben des Körpers in der materiellen Welt, wie einmal in den Readings festgestellt wurde, lediglich die geistige Wiedergeburt in einer anderen, spirituellen Welt. Zudem entsprach das Durchschreiten »der anderen Türe Gottes«, wie das Todeserlebnis in den Readings bezeichnet wurde, genau jener außerkörperlichen Reise, die Edgar Cayce bereits Tausende von Malen bei psychischen Kundgaben unternommen hatte. Der einzige Unterschied würde darin bestehen, daß er dieses Mal nicht zurückkäme. Bei diesem Prozeß geistiger Erneuerung würde schließlich die »Silberschnur«* durchtrennt und die fleischliche Hülle abgelegt werden. Auf diese »wahre« Verjüngung hatte Edgar Cayce einige Tage zuvor angespielt, als er bei einigen ihm nahestehenden Personen die rätselhafte Bemerkung fallen ließ, sie könnten am 5. Januar – einem unmittelbar bevorstehenden Datum – Zeugen seiner vollständigen Umgestaltung werden.

Der Arzt traf ein, und da Edgar zusehends schwächer wurde, hob man

* So nennt die esoterische Literatur eine feine, kordelartige Verbindung zwischen dem physischen und dem geistigen Körper eines lebenden Menschen, die erst beim leiblichen Tod abreißt.

ihn vom Rollstuhl aufs Bett. Er erhielt eine Sauerstoffmaske, die er jedoch später mit einer ungeduldigen Geste von sich stieß. Jegliche Bemühungen um eine Verlängerung seines Lebens lehnte er ab.

Abends um sieben Uhr wachte Gladys pflichtgetreu an seinem Bett. Edgars Schwester ANNIE betrat den Raum mit einer Schüssel Austernsuppe. Edgar nippte ein wenig daran und gab dann zu verstehen, daß er fertig sei. Er ruhte kurz. Wenige Augenblicke später war er tot.

Die Seele nahm ihren Weg nach Osten, dem Flug des Reihers folgend. Unbemerkt durchschritt sie dann »Gottes andere Tür« und kam auf der geistigen Ebene, außerhalb der Grenzen von Zeit und Raum, zur Ruhe.

So begann der eigentliche Verjüngungsprozeß. Und am dritten Tag, dem 5. Januar 1945, war die Transformation der Seele abgeschlossen.

Nicht einfach zufällig fand an diesem Tag im Wohnzimmer von Cayces Wohnsitz auf Arctic Crescent in Virginia Beach die Totenfeier statt. Bald darauf sollte der Körper zur Beisetzung an Cayces Geburtsort überführt werden, nach Hopkinsville im US-Bundesstaat Kentucky; doch jetzt lag die leblose Hülle aufgebahrt im Sarg. Trauernde Freunde defilierten vorbei, um ihm die letzte Ehre zu erweisen. Die Menschen jedoch, die sich an jene mysteriöse Verheißung des Sehers von Virginia Beach erinnerten, die er kurz vor seinem Tod gemacht hatte, erkannten, daß der »verjüngte« Prophet, nach dem sie an diesem Tag hätten Ausschau halten sollen, nicht in dem hölzernen Sarg zu finden war, wo ihr gesenkter Blick ehrfürchtig auf einer kalten, wächsernen Gestalt ruhte. Vielmehr war er in ihrer Mitte als warme und greifbare, beglückende Gegenwart. In ihren Herzen konnten sie seine Nähe spüren. Und sie zweifelten nicht daran: Edgar Cayce *lebte* noch immer.

2

Die Lösung des Gordischen Knotens

Es gelang ALEXANDER DEM GROSSEN, den legendären Gordischen Knoten durch eine List zu lösen. Mit einem einzigen geschickten Hieb durchtrennte er mühelos diesen Knoten, an dem andere gescheitert waren.

Wer die verwickelte und oftmals verwirrende zeitliche Abfolge der Ereignisse in Edgar Cayces früheren Leben enträtseln möchte, so wie sie in den Readings festgehalten werden, der sehnt sich oft nach einer ähnlich einfachen Lösung. Indes, es führen weder verbale Tricks noch Abkürzungsverfahren zum Ziel. Nur mühsame Kleinarbeit und exakte Forschung sowie eine unbestechliche Logik ergeben ein weitgehend knotenfreies Garnknäuel, aus dem sich diese Geschichte zusammenstricken läßt. Sollen die Ereignisse glaubwürdig sein, muß ihre Chronologie ein einwandfreies Muster ergeben. Doch oft scheint dies nicht der Fall zu sein. Es wird mir hoffentlich gelingen, scheinbare Widersprüche bei einigen strittigen Daten (manche stammen unmittelbar aus Readings, andere sind angenommen) einleuchtend zu erklären. Daß die Datierungen in den Readings offensichtliche Irrtümer enthalten, muß ich jedoch ehrlicherweise eingestehen. Weil Cayces außergewöhnliche Chronik ansonsten durchgängig genau ist, fallen diese Irrtümer aber nicht weiter ins Gewicht; noch mangelt es ihnen an einer *raison d'être.* Erforschen wir die möglichen Fehlerquellen, so können wir diese vermeintlichen Widersprüche, glaube ich, getrost übergehen.

Gestatten Sie mir jedoch zunächst einige einleitende Bemerkungen über die Natur der Readings, ihre unverwechselbaren Merkmale und ihre verhältnismäßig hohe Treffsicherheit.

Wenn Edgar Cayce ein psychische Reading gab, lockerte er gewöhnlich zunächst seine Kleidung, damit das Blut ungehindert zirkulieren konnte: Er löste den Gürtel und die Krawatte und öffnete die Manschetten und die Schuhe. Betraf das Reading den Körper – zum Beispiel die psychische Diagnose und empfohlene Behandlung eines Leidens –, so legte er sich mit dem Kopf nach Norden und den Füßen nach Süden auf die Couch in seinem Büro. Ging es hingegen um ein Lebensreading – die Erforschung des Schicksals einer Wesenheit seit Anbeginn der Zeiten –, so nahm er die genau entgegengesetzte Position ein. Diese unterschiedlichen Stellungen wurden in einem der Readings empfohlen, doch niemand hatte sich die Mühe gemacht, nach dem Grund zu fragen. Es ist denkbar, daß sie mit der Strömungsrichtung von Energiewellen in der Atmosphäre zu tun hatten. Diese Energiewellen werden in der okkulten Literatur mitunter als *Prana, Äther* oder *Akasha* bezeichnet und durchdringen offenbar das gesamte Universum. In einem Reading wird ihre Natur als »mental« charakterisiert. Cayce hat diese Energieströme vielleicht benutzt, um Informationen – seien sie nun irdischen oder kosmischen Ursprungs – aus jenem Äther zu »empfangen«, ähnlich wie man bei einem Radiogerät bestimmte Wellenlängen einstellt. Aber warum nahm er bei einem Lebensreading die umgekehrte Polarisation (Süd-Nord) wie bei einem Gesundheitsreading (Nord-Süd) vor? Könnte es sein, daß die ätherischen Ströme aus dem Kosmos beim Eintritt in die Erdatmosphäre in die eine Richtung fließen und jene irdischen Ursprungs in die andere? Nutzte Cayce daher bei den beiden unterschiedlichen Arten von Readings gegenläufige Energieströme?

Diese naheliegende Hypothese erinnert an eine sehr ähnliche Theorie, die André Bovis vertrat, ein bemerkenswerter Franzose, der zu Beginn dieses Jahrhunderts wissenschaftliche wie auch okkulte Kreise beeindruckte, und zwar mit seiner Pionierarbeit auf dem Gebiet der geomagnetischen Ströme sowie über die rätselhaften Energiefelder bei Pyramidenstrukturen. Bovis glaubte, die Erde habe positive, von Norden nach Süden verlaufende Magnetströme. Eine ost-westliche Fließrichtung führte er auf negative magnetische Ströme zurück. Von besonderer Bedeutung war seine Behauptung, daß »*jeder* nord-südlich ausgerichtete Körper mehr oder weniger stark polarisiert« werde[1]* – eine Aussage, die sich ausgezeichnet mit Cayces Körperlage deckte, unabhängig davon, in welche Richtung sein Kopf wies. Die Theorie von Bovis besagt ferner, daß »in einen nord-südlich polarisierten menschlichen Körper sowohl positive wie auch negative tellurische (irdische) Ströme durch ein Bein ein- und durch die gegenüberliegende Hand wieder austreten. Gleichzeitig verlaufen außerirdische, kosmische Ströme durch die andere Hand und den anderen Fuß. Die Ströme verlassen den Körper auch durch die geöffneten Augen.«[2] Entsprechen Bovis' in entgegengesetzte Richtungen fließende »magnetische« Ströme kosmischen und terrestrischen Ursprungs womöglich Cayces »ätherischen Energiewellen«?

* Hochgestellte Ziffern verweisen auf Erläuterungen im Anmerkungsteil am Schluß des Buches.

Das würde nicht nur erklären, warum Cayce je nach Art des Readings seine Nord-Süd-Polarisation umkehren mußte; auch die Wirkungsweise psychischer Phänomene im allgemeinen würde dadurch verständlicher.

Jedenfalls könnten die tellurischen Ströme ein ideales Medium für die Übertragung solcher psychischen Wahrnehmungen darstellen, die sich auf irdische oder physische Gegebenheiten beziehen, während man sich wahrscheinlich auf die Schwingungen kosmischer Ströme einzustellen hat, um die Übermittlung der Akasha- oder Schicksalsaufzeichnungen einer Wesenheit zu empfangen. Ist das Bild manchmal verschwommen oder der Ton unverständlich, so könnte dies an atmosphärischen Störungen liegen, die sich in einer körperlichen Ermüdung des Sehers oder in einer ungenügenden spirituellen Vorbereitung auf das Reading zeigen und vielleicht auch zu einer mentalen Überlagerung durch andere »Sender« führen. (Derartige Erklärungen gab jedenfalls der schlafende Cayce, wenn das Thema ungenauer Informationen in den Kundgaben zur Sprache kam; darauf komme ich zu gegebener Zeit noch zurück. Sie spielen eine wesentliche Rolle bei der Erklärung von Widersprüchen in den Cayce-Readings.)

Der sogenannte Schlaf, in den Edgar Cayce sich für die Readings willentlich versetzte, um dann den Suggestionen des Leiters, normalerweise seiner Frau, zu folgen, wird zu Unrecht als hypnotischer Zustand bezeichnet. Ein indischer Fachmann auf diesem Gebiet, Dr. I. C. Sharma, korrigiert diese Auffassung wie folgt: »Jener Schlafzustand wird von den Mystikern als *Turiya Avastha*, der Zustand des transzendenten Schlafbewußtseins, bezeichnet. In diesem Zustand, der in der Regel durch die Praxis der Meditation und durch spirituelle Selbstdisziplin gezielt und absichtlich herbeigeführt wird, tritt die menschliche Psyche mit dem kosmischen Bewußtsein in Verbindung und erlangt ein Wissen, das nicht durch Zeit und Raum begrenzt ist.« Ausdrücklich auf Edgar Cayce hinweisend, fügt Sharma hinzu, nach seiner Auffassung sei »dessen spontane mystische Fähigkeit das Ergebnis sich gegenseitig verstärkender Tendenzen aus früheren Leben«; deshalb sei es »angebrachter, ihn als pragmatischen Mystiker zu bezeichnen und nicht als Seher, Hypnotisierten oder schlafenden Propheten.«[3]

Auf einen weiteren Aspekt von Cayces einzigartiger psychischer Begabung machte im Jahre 1934 während einer Trancesitzung des bekannten englischen Mediums Eileen Garrett deren »Kontrollgeist« Uvani, ein einstiger Araber, aufmerksam.

Durch Frau Garrett sprechend, führte Uvani aus, Edgar Cayce wende

»seine gesamte ätherische Kraft an« und trete bei seinen Readings tatsächlich in einen ätherischen Bereich ein, befinde sich also wirklich »außerhalb seines Körpers«. Auch mache er »von seinem eigenen spirituellen Licht Gebrauch«, um anderen zu helfen, »indem er etwas von seiner eigenen Lebenskraft« abgebe.[4]

Uvani bestätigte, daß Cayces ungewöhnliche psychische Fähigkeiten auch weitgehend von dem hohen Entwicklungsstand abhingen, den er in früheren Leben erreicht hatte. »Hätte er sich nicht tatsächlich in der Vergangenheit die Gesetze der Passivität, des Sich-nach-Innen-Zurückziehens und der Erkenntnis zu eigen gemacht«, erklärte Uvani, »wäre er nicht in der Lage gewesen, diese Kundgaben aus sich selbst zu schöpfen«, denn »er benutzt die Reflexion seines eigenen Geistes, um zu sehen, zu hören und zu verstehen.«[5]

Uvani schlug vor, Cayce solle es ihm oder einem anderen »Kontrollgeist« seiner Entwicklungsstufe erlauben, ihn als Instrument für Übermittlungen zu benutzen, statt sich in seinen Readings selbst unmittelbar auf die ätherische Ebene zu begeben; das würde ihn weniger leicht erschöpfen. Um seinen Vorschlag reizvoll zu machen, gab er zu verstehen, die Sprache der Readings wäre mit der Unterstützung eines Helfers auf der geistigen Ebene besser zu verstehen. Doch später, bei einem Kontrollreading bezüglich Uvanis Rat, wurde Cayce nicht nur davor gewarnt, die Bewohner anderer Ebenen um Hilfe zu bitten; es wurde betont, seine bewährte Methode, »nach innen zu gehen«, um psychische Führung zu erhalten, solle nicht verändert werden. Tatsächlich wurde am selben Tag, an dem das Kontrollreading stattfand, dem 6. Februar 1934, die ganze Angelegenheit durch das Reading 254–71 endgültig bereinigt. Der schlafende Cayce wurde nämlich ausdrücklich danach gefragt, ob es für ihn ratsam sei, jene Art von Unterstützung aus der Geist-Welt anzunehmen, von der »Uvani behauptet, sie werde die Klarheit und Kraft der Readings steigern«. Die Antwort kam in Form einer pointierten Frage: »Meint Uvani, es besser zu wissen als der Herr, der ihn schuf?«

Überdies wurde in genau diesem Reading Edgar Cayces Arbeit als »das Werk des Herrn« bezeichnet. Diese Bemerkung sagte den Menschen in Edgar Cayces Umgebung genug, um sie nicht weiter auf den Rat mediumistischer Hellseher hören zu lassen. Cayces Methode, direkt mit kosmischen Kräften in Verbindung zu treten, führte mitunter zu wirrem Satzbau oder nebulöser Ausdrucksweise. Seine Kundgaben wurden dadurch gelegentlich unverständlich. Dies war jedoch das kleinere Übel:

Denn was nutzten selbst die wohlartikuliertesten Aussagen eines Kontrollgeistes, wenn dessen Quellen und Motive wie auch sein geistiger Entwicklungsstand nicht überprüft werden konnten?

Seine »Reise« auf die ätherische Ebene erklärte Cayce selbst in einem später veröffentlichten Vortrag. Darin beschrieb er, wie er sich durch Gebete geistig vorbereitete und dann die Führung eines inneren Lichtfunkens erwartete:

Sobald ich eine bequeme Stellung eingenommen habe, lege ich beide Hände auf die Stirn, an den Punkt, von dem mir andere sagten, dort befände sich das Dritte Auge. Dann bete ich. Interessanterweise habe ich von Anfang an unbewußt und instinktiv die Methoden angewendet, die von Eingeweihten bei der Meditation benutzt werden. Die Art, wie ich meine Hände instinktiv zwischen den Augen auf die Stirn lege, ist ein Beispiel für das, was ich meine.

Dann warte ich ein paar Minuten, bis ich das »Startsignal« erhalte – einen Blitz strahlenden, hellen Lichts, das manchmal auch golden schimmert. Dieses Licht ist für mich das Zeichen, daß ich Kontakt habe. Sehe ich es nicht, kann ich das Reading nicht geben.

Nachdem ich das Licht erblickt habe, lege ich meine Hände auf den Solarplexus (ein Nervenzentrum oberhalb des Bauchnabels) und – so sagt man mir – mein Atem wird nun sehr tief und rhythmisch, er kommt vom Zwerchfell. So geht es mehrere Minuten lang. Beginnen dann meine geschlossenen Augen zu flattern (bis zu diesem Zeitpunkt waren sie offen und glasig), dann weiß der Leiter, daß ich bereit bin, die Suggestionen für das Reading zu empfangen.[6]

Wie genau sind nun die Readings? Die umfangreiche Abschriftensammlung der *Edgar Cayce Foundation* und der ihr angegliederten Organisation, der *Association for Research and Enlightenment* (Vereinigung für Wissenschaft und Erleuchtung) in Virginia Beach, enthält mehr als 14 000 psychische Kundgaben. Wer sie unvoreingenommen erforscht, der wird insbesondere von der niemals endenden Arbeit an der Überprüfung der vorliegenden Informationen beeindruckt sein. Unzählige Dank- und Bestätigungsschreiben sowie andere beweiskräftige Dokumente, aber auch einschlägige Zeitungsausschnitte und auf den neuesten Stand gebrachte Untersuchungsberichte werden den verschiedenen Readings beigelegt. Damit wird der hohe Grad an Treffsicherheit unter Beweis gestellt, den Cayce in all jenen Bereichen erzielte, wo seine psychischen Fähigkeiten anhand von Daten geprüft werden konnten. Dies trifft vor allem auf die Gesundheitsreadings zu. Die von Cayce übermittelten Diagnosen und Behandlungsempfehlungen für alle Arten von körperlichen Leiden standen oft im Widerspruch zu den gängigen Ansichten der Schulmedizin oder zu dem jeweiligen Rat des behandelnden Arztes. Doch konnten Arzt und Patient überzeugt werden, seine Diagnose zu akzeptieren und die von ihm vorgeschlagene, ganzheitliche Behandlungsweise zu befolgen, so zeigten sich fast immer positive und mitunter recht erstaunliche Ergebnisse. Cayces Erfolge als Prophet eines neuen Zeitalters sind um so beachtlicher, als die Zahl seiner »Treffer« noch immer zunimmt. Auch wurden Cayces psychisch übermittelte Trauminterpretationen in vielen Fällen bestätigt, oft noch zu seinen Lebzeiten.

Die Treffsicherheit seiner Lebensreadings, die eine Vielzahl von Erdenleben verschiedener Menschen behandelten, ist naturgemäß schwieriger zu überprüfen. Es konnten nur vereinzelt fragmentarische Beweise dafür erbracht werden – etwa mit Hilfe eines Grabmals oder eines historischen Dokuments –, daß ein bestimmter Mensch schon einmal auf der Erde gelebt hatte. Mit seinen Vorschlägen, wie die Errungenschaften aus früheren Leben in der Gegenwart beruflich am besten genutzt werden könnten, traf Cayce oft mit einer geradezu unheimlichen Präzision den Nagel auf den Kopf. In diesem Bereich mehren sich die Bestätigungen weiterhin, da fortlaufend neue Korrespondenz mit noch jüngeren Empfängern von Lebensreadings anfällt und archiviert wird.

Die Personen, die Lebensreadings erhielten, mußten den Informationen zumeist blindlings vertrauen oder sie aufgrund von Angaben akzeptieren, die sich wie ein roter Faden durch die Schilderung der verschiedenen früheren Leben zogen. Oft bestanden eindrucksvolle logische Zusammenhänge zwischen den Leistungen oder dem Versagen in der Vergangenheit einerseits und den sich daraus ergebenden Möglichkeiten oder Beschränkungen im gegenwärtigen Leben andererseits.

Allerdings hatte der schlafende Seher gute und schlechte Tage: Tage, an denen seine Readings wirklich bemerkenswert klar und exakt waren, wechselten mit Tagen, an denen die Aussagen zum Verzweifeln ungenau und vieldeutig ausfielen, sich sogar hier und da widersprachen. Daten und auch Namen wurden mitunter falsch angegeben, und gelegentlich schienen manche Teile einer Information nicht der richtigen, chronologischen Abfolge zu entsprechen.

Warum?

Cayce selbst lieferte uns – wiederum in seinen Readings – die besten Erklärungen für dieses Phänomen.

So wurde er in einem Reading, das er 1919 gab, gefragt: »Sind diese Mitteilungen immer richtig?«[7] Er antwortete, daß sie zuträfen, sofern die Suggestion in den richtigen Kanal kam. Dies bedeutete, daß der Ratsuchende dem Leiter des Readings die exakten Hintergründe der Fragestellung unmißverständlich artikuliert weitergeben mußte. Außerdem hatte er angemessen motiviert zu sein. Die »angemessene« Motivation für ein Lebensreading bestand in dem Wunsch, größere Selbsterkenntnis zu erlangen, um sich geistig weiterzuentwickeln. Schlichte Neugier, so wurde in einem anderen Reading verdeutlicht, reichte nicht aus.[8] Ähnlich rief auch jegliche Selbstgefälligkeit des Ratsuchenden zwangsläufig unbefriedigende Ergebnisse hervor. Im Gegensatz dazu förderte eine geistige Zielsetzung immer Kundgaben von hervorragender Qualität und allgemeiner Klarheit. Readings dieser besonderen Art sind auch die Pfeiler, auf denen ich die chronologische Abfolge meiner Arbeit aufbaue, wenn widersprüchliche Daten auftauchen.

Das Reading 294–197 warnt vor Versuchen, »Ratschläge für andere einzuholen oder sie zu erteilen, wenn sich physische Hindernisse in den Weg stellen«. Es deutete somit an, daß Zeiten der Krankheit oder der körperlichen Ermattung für Cayces psychische Kräfte schädlich seien. Ein unter solchen Umständen gegebenes Reading könne unklar, wenn nicht gar falsch sein.

Die ausführlichste Erklärung psychischer Irrtümer oder Fehler enthielt jedoch ein detailliertes Reading aus dem Jahr 1933.[9] Es zählte verschiedene Ursachen auf. Eine bestand in der Unaufmerksamkeit von Edgar Cayce oder dem Fragenden. Ein anderer Grund war Krankheit, wie wir bereits festgestellt haben. Eine dritte Ursache für Falschmeldungen war die innere Einstellung der Personen, die sich während der Readings in Edgar Cayces Gegenwart befanden, besonders Aggressionen seitens des ratsuchenden Menschen.

Das Reading 1100–26 beleuchtete eine andere Dimension dieses Themas: Bei dieser Gelegenheit unterbrach Cayce seinen Bericht über das ehemalige Leben einer Seele in Ägypten, um spontan eine aufschlußreiche »Randbemerkung« zu übermitteln. Als ob er seinen aufmerksamen Zuhörern die Schwierigkeiten veranschaulichen wollte, auf die er bei seinen Kundgaben innerlich traf, erklärte er dem Publikum, daß die Übersetzung der psychischen Aufzeichnungen nicht aus der englischen oder ägyptischen, sondern aus der Sprache erfolge, die von den damals nach Ägypten einwandernden Menschen gesprochen worden sei. Dies, so fuhr er fort, »ist nicht Sanskrit und auch nicht das frühe Persisch«, sondern anscheinend ein karpatischer Dialekt. (Nach der Genesis und den Cayce-Readings gab es in der Vorgeschichte der Menschheit eine Zeit, zu der nur eine allen gemeinsame Sprache gesprochen wurde; merkliche Unterschiede existierten wahrscheinlich nur bei den Dialekten.)

Daraus ist leicht ersichtlich, welch gewaltiger Aufgabe Cayce gegenüberstand, als er während seiner Laufbahn als Hellseher etwa 2500 Lebensreadings gab. Bei seiner Arbeit war er ganz auf sich gestellt. Ihm stand kein »Kontrollwesen« auf der geistigen Ebene zur Seite, das für ihn übersetzte. So war er gezwungen, persönlich die *Akasha-Chronik** der zahlreichen vergangenen Leben einer Wesenheit in jeweils der Sprache »zu lesen«, die zum betreffenden Erdenzyklus gehörte – manchmal datierten die Inkarnationen bis in lemurische oder atlantische Zeiten zurück.[10]

Allein die enorme sprachliche Barriere ist sicherlich für mindestens einige der konfusen Formulierungen und psychischen Fehlinformationen verantwortlich, die sich gelegentlich in Edgar Cayces Übertragungen aus der Akasha-Chronik einschlichen. Man nimmt an, Daten und andere Zahlen seien besonders anfällig für Fehlinterpretationen gewesen. Angesichts solch gewaltiger Hindernisse sind die 2500 Lebensrealings alles in allem bewundernswert klar und stimmig ausgefallen.

Dies führt uns zur Frage der umstrittenen Chronologie. Hier sind Lösungen nicht leicht zu finden und zeichnen sich nur dann ab, wenn man alle je durchgeführten Lebensreadings in die Suche einbezieht und sich nicht allein auf jene beschränkt, die Cayces eigenen Vorleben gelten.

Scheinbar zufällig zog es im Laufe der Jahre Hunderte von Menschen zu Edgar Cayce, dem Seher von Virginia Beach, und sie erhielten Lebensreadings von ihm. (Hier sind die Tausende nicht mitgezählt, die nur für Gesundheitsreadings kamen.) Bei ihren Schicksalskundgaben entdeckten dann nahezu alle diese Menschen karmische Bande älteren und jüngeren Ursprungs, die sie auf Gedeih und Verderb mit Edgar Cayce verknüpften. Viele von ihnen kannten ihn bereits aus einer altägyptischen Inkarnation als Hohepriester RA TA (siehe Kapitel 5). Dieser Zyklus, so hieß es in den Readings, lebe gegenwärtig in mancher Hinsicht erneut auf und beeinflusse Cayces derzeitige Rolle auf Erden. Er

* Das Sanskritwort *akasha*, wörtlich »Raum-Äther«, bezeichnet eine feinstoffliche Substanz, die das gesamte All ausfüllen soll. Als universalem Gedächtnis sind ihm alle Begebenheiten seit Anbeginn der Zeit eingeschrieben, einschließlich sämtlicher Taten aller Seelen. Der »Hellsichtige« soll diese Chronik medial lesen können.

solle nämlich als Vorkämpfer für einen sich entfaltenden »Neuen Plan« dienen, der den Beginn eines neuen Zeitalters und einer neuen Wurzelrasse um die Jahrhundertwende zum Inhalt habe. Manche Wesenheiten aus Ägypten waren Cayce auch in einem Leben in Persien wiederbegegnet, wo er ein Nomadenkönig, Lehrer und Heiler namens UHJLTD war (siehe Kapitel 7). Damals beeinflußte er den Gang der Geschichte hauptsächlich durch seinen Sohn Zend (von dem wiederum Zarathustra abstammte). Bei ZEND handelte es sich, den Readings zufolge, wohl um eine frühere Inkarnation von JESUS CHRISTUS. Und jene Seelen, die mit Cayce im ägyptischen wie auch im persischen Zyklus zusammengewesen waren, gehörten nun größtenteils zu seinem engen Freundes- und Bekanntenkreis. Es sah so aus, als hätten sie alle intuitiv die einzigartige Chance wahrgenommen, der Menschheit jetzt weitere Dienste zu erweisen, und zwar gemeinsam mit Cayce, der sie schon in vergangenen Leben geführt hatte.

Wieder andere kannten Cayce aus Troja, Griechenland oder dem Heiligen Land, aus Frankreich, England oder Amerika; manche hatten auch jene Perioden mit ihm erlebt, die für Cayces seelische Entwicklung einen Rückschritt bedeuteten, oder aber Phasen, in denen er zwischen Fortschritt und Rückfall schwankte, wie es bei seiner Inkarnation als LUCIUS in der frühchristlichen Epoche der Fall war (siehe Kapitel 11).

Immer jedoch woben die Fäden des guten und schlechten Karmas aus den sich überkreuzenden Leben und Schicksalen einen farbenfrohen Stoff, schufen menschliche Aktionen und Reaktionen ein gewaltiges Mosaik. Das Schauspiel der menschlichen Existenz wurde auf der Bühne des Lebens in immer wiederkehrenden Zyklen aufgeführt. Jetzt, im gegenwärtigen Jahrhundert, hatten die Dramen der Vergangenheit einen Höhepunkt erreicht: Sämtliche Schauspieler wurden wieder auf die Bühne gerufen – manche allein, andere in Gruppen –, um das zu ernten, was sie in der Vergangenheit gesät hatten.

Alle Seelenwesenheiten, die im Lauf der Jahre zu Edgar Cayce gezogen wurden und Lebensreadings von ihm erhielten, bilden in gewissem Sinn eine Einheit, eine unzertrennliche »Seelengruppe«; wie die grundverschiedenen, doch miteinander verbundenen Teile eines Körpers, so hat jede Seele eine ganz eigene, individuelle Rolle zu spielen, entweder in Harmonie oder aber in Konflikt mit den anderen Gruppenmitgliedern. So begegnen wir in diesem Buch immer wieder einigen Wesenheiten, die gleichsam in freudiger Vorbereitung auf ihr gegenwärtiges Leben die sich bietenden Gelegenheiten zu innerem Wachstum und Dienst an anderen stets sinnvoll zu nutzen verstanden. Doch zu derselben Gruppe gehören auch einige »rebellische« Seelen. Manche von ihnen kamen nur zeitweise aus dem Rhythmus, um hier und da eine notwendige Lektion zu lernen – so auch Cayce selbst; sie kehren gereinigt und gestärkt zurück. Aber andere straucheln wiederholt, stolpern auf dem harten Gestein ihres Eigennutzes und sind eine ständige Gefahr für sich und andere. Trotzdem ist es nicht unsere Aufgabe, sie zu richten.

Doch immerzu werden wir mit Berichten über die verschiedenen Inkarnationen Edgar Cayces konfrontiert, wie sie sich aus der Perspektive der Leben und Taten anderer Wesen ausnehmen, die in gewissen Zyklen mit ihm zusammentrafen. Da jeder dieser zahlreichen Schauspieler nach den Tönen der eigenen Musik über die Bühne der Geschichte tanzt, nehmen die Ereignisse dabei häufig eine recht unterschiedliche Klangfarbe an. Wir müssen die bruchstückhaften Informationen, die wir auf dem Weg finden, selektieren und voneinander unterscheiden, bis wir die Fäden des Gewebes so angeordnet haben, daß sie dem Originalstoff möglichst ähnlich sind. Angesichts dieser gewaltigen Aufgabe und eng gesteckter Grenzen können Enttäuschungen nicht ausbleiben. Doch unerwartet hilft uns oft etwas weiter, das zunächst wie ein Hindernis aussieht; denn scheinbar andersartige Fäden verbinden sich oft auf harmonische Weise mit dem übrigen Gewebe.

So wurde zum Beispiel zwei verschiedenen Personen in ihren Lebensreadings mitgeteilt, sie seien früher Gamaliel gewesen, jene biblische Gestalt, die man als Führer des *Sanhedrin** aus der Zeit Jesu kennt. Einem von beiden, Herrn JOHNSON**, wurde gesagt, er habe »in jenen Tagen, als Jesus auf Erden wandelte«, gelebt; doch auch von dem anderen, Herrn TAYLOR, hieß es, er habe existiert, »als Jesus auf der Erde weilte« – eine seltsame Duplizität. Wer von beiden war nun der »echte« Gamaliel? Wie sich herausstellte, trugen *beide* diesen Namen zurecht, denn sie lebten damals als Vater und Sohn, in einer Beziehung, die von der Geschichtsschreibung weitgehend ignoriert wird. Peinlich genaue

* Der *Sanhedrin*, hebräisch »Hoher Rat«, war die oberste religiöse, gerichtliche und politische Behörde des Judentums, nachweislich seit Mitte des ersten Jahrhunderts vor Christus.

**Aus Gründen der Diskretion wurden die tatsächlichen Namen von lebenden oder bereits verstorbenen Personen, die psychische Readings von Edgar Cayce erhielten und in diesem Buch erwähnt werden, durch frei erfundene Namen ersetzt. Dies gilt nicht für Cayce selbst, seine Frau Gertrude, seinen Sohn Hugh Lynn und auch nicht für seine Sekretärin Gladys Davis. – In den Originaltexten sind solche Personennamen durch Ziffern verschlüsselt: siehe Personenverzeichnis auf Seite 227.

Nachforschungen waren erforderlich, um die historischen Aufzeichnungen über Gamaliel den Zweiten ausfindig zu machen, der zu Jesu Lebzeiten zur Welt kam. So wurde Cayce nicht nur bestätigt, sondern seine Charakteranalyse der beiden Gamaliels in den entsprechenden Readings trug dazu bei, diese Personen unmißverständlich voneinander zu unterscheiden.[11]

Doch nicht immer hat der Forscher solches Glück; auch sind, wie bereits erwähnt, die Readings nicht immer tadellos genau. Was auch die Ursache von Fehlern sein mag: Es ist wichtig, sie einzugestehen. Doch muß man sicher sein können, daß tatsächlich ein Mangel vorliegt – und nicht einfach eine Fehlinterpretation. Diesen Punkt wollte ich mit der Gamaliel-Erzählung klarstellen.

In Cayces ägyptischem Zyklus als Hoherpriester Ra Ta (siehe Kapitel 5), stellen die widersprüchlichen Daten ein wirkliches Problem dar. Manche sind offensichtlich falsch. Doch welche? Ich durchforstete eine große Menge von Readings, die den zahlreichen Menschen galten, die jene Ära miterlebt hatten. Dabei hielt ich es für ratsam, von ein oder zwei Daten auszugehen, die ich als verläßlich ansehen konnte, und von dort weiterzuarbeiten. Anschließend mußte ich diejenigen Readings für die verschiedenen Schauspieler des Dramas miteinander in Einklang bringen, deren Daten mit den für die gesamte Zeitspanne festgesetzten »Hauptdaten« im Widerstreit lagen. Mit dem Jahr 11 016 vor Christus war glücklicherweise ein Geburtsdatum für den jungen König ARAARAART, einen Herrscher der zweiten Dynastie, genannt worden. Daß diese Angabe falsch war, konnte ich nachweisen, indem ich sie mit anderen Bezugspunkten verglich. Eines der »Hauptdaten« war – nach einem der brillantesten und zuverlässigsten aller Readings zu dieser Periode – die sich über hundert Jahre erstreckende Bauzeit für die Pyramide von Gise, von 10 490 bis 10 390 vor Christus. Fest stand, daß mit der Konstruktion dieser Pyramide noch zu Lebzeiten Araaraarts begonnen wurde. Da seine Lebensspanne mit nur 114 Jahren angegeben worden war, konnte sein Geburtsjahr sicher nicht 11 016 vor Christus gewesen sein – 526 Jahre vor Beginn des Pyramidenbaus. Ebensowenig hätte er zur Zeit von Ra Tas Exil im libyschen Gebirge als »der junge König« bezeichnet werden können. Schließlich fand ich ein halbes Dutzend verschiedener Hinweise auf das Jahr 10 500 vor Christus als einer verläßlichen Zeitangabe für die Ra-Ta-Periode, die zudem mit den Daten für den Pyramidenbau aus dem Reading 5748–6 übereinstimmte.

So lösten sich allmählich die Knoten in den Fäden der Berichte über die vielen Leben von Edgar Cayce. Nur noch gelegentlich blieben verworrene Stellen im Knäuel zurück.

Die wohl größte chronologische Schwierigkeit bestand darin, einen möglichen Zeitrahmen für Cayces persischen Zyklus als Nomadenkönig UHJLTD festzulegen (siehe Kapitel 7). Meines Wissens war nirgends ein spezifisches Datum genannt worden, obwohl mehrfach unmißverständlich auf seine relative Nähe zum vorausgegangenen ägyptischen Leben angespielt wurde. Einer dieser Hinweise besagte, Uhjltd sei ein Nachkomme einer der Töchter Ra Tas gewesen, aus einer Ehe mit einem Sohn von ZU. (Doch in diesem Zusammenhang waren »Zu« und »Ra« möglicherweise nur Stammesbezeichnungen. Auf jeden Fall aber wurde in einem der Readings zu Cayces denkwürdiger ägyptischer Periode die Mutter von Ra Ta als Zus Tochter identifiziert.) Auch könnte Uhjltd kein unmittelbarer Sprößling aus der erwähnten Ehe gewesen sein, sondern lediglich ein Abkömmling derselben Linie. Selbst dann könnten aller Wahrscheinlichkeit nach die Leben von Ra Ta und Uhjltd nicht allzu weit auseinanderliegen – tausend Jahre vielleicht oder wenig mehr. Denn manche Readings deuteten darauf hin, daß Cayce nach dem ägyptischen Zyklus rasch zur Erde zurückkehrte. Wenn der Mensch vor Zeiten ein paar hundert Jahre alt werden konnte, darf eine Rückkehr innerhalb von etwa tausend Jahren nach Abschluß eines Lebens bis zum nächsten durchaus als »schnell« bezeichnet werden.

Wie bereits erwähnt, hatten die Readings zu Cayces Leben als Uhjltd ergeben, er sei der Vater von Zend gewesen, und Zend seinerseits der Vater Zarathustras. Doch wann ZARATHUSTRA lebte, ist bis heute ein ungelöstes historisches Rätsel. Die Mehrzahl der Sachverständigen verlegt sein Erscheinen zwischen das siebte und sechste Jahrhundert vor Christus – ob zu Recht, sei dahingestellt. Nach MANLY PALMER HALL, einer Kapazität auf diesem Gebiet, liegen darüber keine zuverlässigen Informationen vor; Zarathustras Lebenszeit werde auf das »zehnte bis erste Jahrtausend vor Christus« verlegt, und »diese starken Schwankungen«, so Hall, seien »mindestens teilweise auf die Zerstörung der Bibliotheken aller mystisch orientierten Philosophen durch die Armeen Alexanders des Großen« zurückzuführen.[12] Uvani, der »Kontrollgeist« des Mediums Eileen Garrett, hatte jedoch in einer Sitzung[13] einen verblüffenden Hinweis auf »den *ersten* Zarathustra« gegeben (Hervorhebung vom Verfasser). Aus diesem Wortlaut ging unmißverständlich hervor, daß mindestens zwei Menschen mit diesem Namen existiert hatten. Möglicherweise war der zweite ein Namensvetter des ursprünglichen

Zarathustra, der dessen Lehren wieder aufgriff, und vielleicht handelte es sich sogar um dieselbe Seelenwesenheit in einer viel späteren Inkarnation; denn die Geschichte scheint sich auf ihrem Weg durch die Äonen zu wiederholen – die folgenden Kapitel werden dies noch zur Genüge untermauern.

Doch die mühsam erarbeitete chronologische Struktur wurde nun plötzlich und ganz unerwartet wieder zunichte gemacht, und zwar durch die Readings selber. Denn zwei der Cayce-Readings (1097–2 und 3356–1) sprachen nicht nur von einem Leben in der persischen Periode, das scheinbar *auf* eine Inkarnation aus der Zeit von Moses (etwa 1300 vor Christus) *folgte*, sondern sie setzten diese zeitlich sogar nach der babylonischen Gefangenschaft der Israeliten (etwa 600 vor Christus) an. Die Readings legen jedoch nahe, daß die Uhjltd-Periode viel weiter zurückliegt. So komme ich zu dem Schluß, daß die beiden Lebensreadings 1097–2 und 3356–1 einfach nicht der korrekten chronologischen Reihenfolge entsprechen. In keinem dieser Readings werden Daten genannt; allein die zeitliche Abfolge führte zu gewissen historischen Mutmaßungen, die im Widerspruch zu überzeugenderen Indizien stehen, welche auf die Zeit um 8000 oder 9000 vor Christus für Cayces persisches Leben als Uhjltd hindeuten.

Darüber hinaus wird sich zeigen, daß die Rückschau in den Lebensreadings nicht regelmäßig mit dem letzten Erdenleben beginnt und beim frühesten endet, sondern daß sich die Abfolge manchmal auch umkehrt. So sollte man damit rechnen, daß die Reihenfolge – zufällig oder absichtlich – gelegentlich durcheinandergeriet.

Schließlich liefert uns das Reading 288–29 einen weiteren Fingerzeig auf die Ursprünge der Uhjltd-Epoche, die der Zeit von MOSES, wenn nicht sogar der von Abraham, vorausging. Mit Bezug auf eine angebliche frühere Inkarnation von Jesus Christus als Zend, Uhjltds Sohn, wird einfach gesagt: »Keine Juden damals! Das war Jahre später!« Doch wie viele Jahre später mag das wohl gewesen sein? Abraham war ein Vorfahre der Juden, und er könnte etwa gleichzeitig mit Uhjltd gelebt haben. Er herrschte als Ur »auf der anderen Seite der Fluten«, und zwischen ihm und Noah lagen etwa zehn Generationen. Und NOAH? Er war ein Urgroßenkel von ENOCH, dessen Identität mit dem legendären Hermes, dem Meisterarchitekten der Pyramide von Gise, noch erläutert werden wird (siehe Kapitel 5).

Zwei weitere, schwer durchschaubare Lebenszyklen von Edgar Cayce sind seine beiden Inkarnationen als JOHN BAINBRIDGE (siehe Kapitel

13). Denn scheinbar verkörperte er sich im Abstand von hundert Jahren *zweimal* unter demselben Namen – unter ungefähr den gleichen Umständen und mit der gleichen haltlosen und oberflächlichen Lebensart wie schon zuvor, als es ihn in jungen Jahren von England aus an die abenteuerlichen Gestade Amerikas verschlagen hatte.[14]

In den folgenden Kapiteln werden Sie zahlreiche andere Beispiele für fragwürdige Zeitangaben oder zweifelhafte Geschichtszusammenhänge finden, mit denen ich ringen mußte. Doch Logik und Glück halfen mir meistens, die Knäuel zu entwirren. Sollte der Leser einigen meiner Folgerungen und Schlüsse nicht zustimmen, so ist das sein gutes Recht, das ich ihm nicht nehmen möchte. Doch habe ich hoffentlich mein Anliegen deutlich gemacht, die vollständigen und ungeschminkten Fakten vorzulegen. Dem Leser wurden keine Daten, Namen oder Ereignisse, die meine Interpretation widerlegen könnten, absichtlich vorenthalten. Sollten solche Angaben fehlen und für die korrekte Chronologie oder zeitliche Fixierung anderer Ereignisse mehr als nur eine beiläufige Bedeutung haben, dann nur deshalb, weil ich sie übersehen habe.

Auch möchte ich nicht so tun, als hätte ich mit diesem Buch ein grandioses Heldenepos geschaffen. Es handelt sich vielmehr um ein vergleichsweise lückenhaftes Werk, das darauf abzielt, essentielle Wahrheiten in den zahlreichen Leben von Edgar Cayce aufzuspüren. In minutiöse Details zu gehen, hätte dem Leser tausend Seiten Prosa zugemutet.

Abschließend sei mir die Bemerkung erlaubt, daß diese Erzählung, auch wenn sie manchmal romanartig anmutet, immer der Wahrheit entspricht. Und die Wahrheit verhüllt stets eine Moral. Die Moral aller in diesem Buch angeführten Begebenheiten ist sehr einfach: Leben Sie mit Freude! Auch wenn sich die lange Reise der Seele auf Erden oftmals als schwierig erweist, hat sie die endgültige Befreiung vom niederen Selbst und die Wiedervereinigung der Seele mit Gott zum Ziel. Das ist sicher Grund genug zu überströmender Freude.

Nicht von ungefähr sind Edgar Cayces Readings von einem sprühenden Humor durchdrungen. Cayce ermunterte die Menschen regelmäßig, mehr zu lachen und sich selbst weniger ernst zu nehmen; sogar Jesus Christus habe auf dem Weg nach Golgatha, als er sein eigenes Kreuz trug, noch gescherzt.

Und so verleihe ich meiner Hoffnung auf Erden Ausdruck: »Glückliche Wiederkehr!«

3

Am Anfang

Indem er der glänzenden Perlenschnur aus Licht folgte, wie er es immer tat, fand sich Cayce schnell nach oben gezogen. Er schaute weder nach rechts noch nach links. So konnte er die niederen Bereiche relativer Dunkelheit, wo Horden verlorener und verzweifelter Seelen durch ihr lautes Wehklagen seinen Aufstieg zu hemmen suchten, ungehindert durchqueren. Rasch erhob er sich in das immer heller werdende Licht und die ständig zunehmende Schönheit der höheren, geistigen Regionen. Hier streckten ihm strahlende Wesen hilfreich die Hände entgegen, als ob sie ihn auf seiner Reise in die Höhe unterstützen wollten. Schließlich gelangte er zu der ihm bereits vertrauten Halle der *Akasha-Chronik*, seinem Ziel.

Der alterslose Hüter der Schicksalsaufzeichnungen erkannte Edgar und begrüßte ihn wie einen guten Freund.

»Du bist wieder da«, sagte er lächelnd, »ich habe dich erwartet.«

Edgar nickte der weißgekleideten Gestalt zu, die einen Turban trug, und erwiderte ihr Lächeln. Bevor er jedoch dem Hüter der Akasha-Chronik mitteilen konnte, daß er dieses Mal seine eigenen Aufzeichnungen und nicht die eines anderen zu sehen wünschte, war sein Freund bereits verschwunden.

Doch plötzlich erschien er wieder, gleich einem Strahl himmlischen Lichts. In seinen Händen trug er ein ungewöhnlich dickes Buch. Der Umfang des Bandes deutete darauf hin, daß er die Aufzeichnungen einer sehr alten Seele enthalten mußte – einer Seele, die wohl seit dem Anbeginn der Zeit zur Erde reiste. Den Buchdeckel schmückten wunderliche Zeichen, die Edgar intuitiv als die Nummer seiner eigenen Seele erkannte; denn jedes Wesen der Erde wird auf diese Weise gekennzeichnet.

Als er das Buch öffnete, bemerkte Edgar, daß er bestimmte Passagen nicht entziffern konnte. Ihm war sofort klar, daß ihm das volle Wissen um seine vielen früheren Leben jetzt noch nicht zuteil werden sollte. Sein eigenes höheres Selbst hatte diese Einschränkung beschlossen. Kosmischen Gesetzen zufolge wurden ihm nur jene Stellen offenbart, die ihm in der gegenwärtigen Phase seiner Seelenentwicklung hilfreich sein konnten.

Edgar las nun, soviel ihm zu lesen erlaubt war. Dann wiederholte er die Abschnitte laut und übersetzte sie aus der Akasha-Sprache. Manchmal ließ er eigene Nebenbemerkungen einfließen; was er sagte, klang oft wie das archaische Englisch jener Bibelübersetzung, die König JAMES einst in Auftrag gegeben hatte; dieses Buch war ihm immer heilig gewesen und gehörte zu seinem innersten Wesen. Das innerlich Geschaute mußte natürlich von ihm ausgesprochen werden, damit er den Menschen, die unterdessen bei seinem physischen Körper warteten, die Botschaften aus der Akasha-Chronik überhaupt kundtun konnte.

Schließlich war er bei seinem frühesten Leben angelangt. (Er hatte die Aufzeichnungen »rückwärts gelesen« – von seiner letzten bis zu seiner ersten Existenz, wie er es gewöhnlich tat.) Und jene, die neben Cayces Körper nun gebannt zuhörten, waren wie versteinert, als seine sich leicht bewegenden Lippen in einer poetischen Übersetzung aus der Akasha-Chronik Worte formten, die einer Offenbarung gleichkamen:

Wir sehen die Seele am Anfang, da die ersten Elemente geschaffen und die Kräfte in Bewegung gesetzt wurden, die jene Sphäre, die wir die Erde nennen, hervorbrachten; da die Morgensterne miteinander sangen und die flüsternden Winde die Botschaft vom Entstehen des schöpferischen Geistes brachten, der dem Menschen innewohnt. Und er, der Mensch, wurde zur lebendigen Seele. (294–8)

Diese lebendige Seele war aber noch kein Sterblicher mit den Begrenzungen eines Sterblichen. Die ersten Seelen waren die noch nicht gefallenen Söhne und Töchter Gottes, der ersten Ursache, des Schöpfers. In diesem Zustand glichen sie *Gedankenformen* (*thought forms*), die sich mittels ihrer Vorstellungskraft nach Belieben verdichten oder in einem Körper manifestieren konnten. Als ebenbürtige Mitschöpfer konnten sie ihre geistigen Kräfte nutzen, um mentale Bilder in materielle Form und Substanz zu verwandeln, indem sie die Schwingungen ihrer Gedanken veränderten. Sie waren sich des schöpferischen, göttlichen Prinzips voll bewußt. Durch die Anwendung geistiger Gesetze bestimmten sie nicht nur ihr eigenes Äußeres; sie erfüllten sich auch ihre materiellen Wünsche und Bedürfnisse auf der Erde. (Denn, wahrlich, Gedanken sind *Realitäten.*)

Dank ihrer androgynen Gottesnatur verfügten diese Seelen über die Fähigkeit, durch einen Willensakt ein »*Gefährtenselbst*« (*companion self*) zu erschaffen, indem sie es von sich abspalteten – ähnlich wie dies bei einer Amöbe geschieht. Zunächst hielten sie an ihrer geistigen Form fest und bewahrten sich damit ihre ursprüngliche Reinheit; doch wenn sie sich verdichtet hatten, waren sie bereits für die irdischen Erlebnisse mit ihren niedrigeren Schwingungen geeignet. Noch entschlossen sie sich nicht dazu, die verführerischen Freuden fleischlicher Kopulation zu genießen, da sie ringsumher die lustvollen Possen der mannigfaltigen Geschöpfe des Tierreichs mitansehen konnten, deren Erscheinen auf der Erde dem ihren vorangegangen war.

Obwohl sie sich schon bis zu einem gewissen Grad von ihrem göttlichen Ursprung entfernt hatten, waren sie psychisch noch eng mit ihm verbunden. Auch besaßen sie weiterhin göttliche Kräfte. Ihre Taten auf der Erde bildeten den Stoff für die Legenden der kommenden Geschlechter. Sie waren die echten Vorfahren des Menschen Adam, der ihnen in einer späteren Epoche mit dem zweiten Zustrom von Seelen folgte.

Die Gestalt jener ersten göttergleichen Wesen war noch nicht so grob wie die des heutigen Menschen. Noch immer besaßen sie ihre ursprüngliche, im wesentlichen ätherische Form, die sie durch einen Willensakt mit Materie umhüllen und auch wieder »entmaterialisieren« konnten. Ihre würdevolle Stirn strahlte Unschuld aus. Noch waren sie nicht völlig in grobstofflichen Körpern gefangen, wie es später ihr Los sein sollte; noch waren sie den Versuchungen des Fleisches nicht erlegen, und noch hatten die Pfade des Egoismus sie nicht in die Irre geführt. Noch kannten sie die Sünde nicht, noch nicht ... Edgar Cayce gehörte zu dieser ersten Gruppe von Seelen.

Alle Seelen gehen aus dem Einen hervor, und sie kehren in das Eine zurück. Daher stellt sich ihnen auf Erden die Aufgabe, ihren Ursprung wiederzufinden. Das göttliche Geschenk des freien Willens können sie dabei so einsetzen, daß sie diesem Ziel entweder näherkommen oder aber sich weiter von ihrem Schöpfer entfernen.

Und wer ist der Schöpfer?

Der erstgeborene Sohn Gottes wird in alten Überlieferungen als *der Höhere Adam* oder *der archetypische Mensch* bezeichnet, der dem irdischen ADAM und der matierellen Schöpfung vorausing. Als selbständiger Gott war er der Schöpfer des sichtbaren Universums. Er wird auch *Geist, Licht* oder *Wort* genannt. In den Readings heißt er AMILIUS; unter diesem Namen betrat er als Gedankenform erstmals die Erde, und durch ihn wurden alle anderen Seelen in dem ersten wie auch zweiten Zustrom entstandt. Im ersten Zyklus erschienen sie noch als Götter oder himmlische Wesen, im zweiten hingegen als fleischgewordene Seelen oder irdische Menschen.

Überraschenderweise deuten die Readings darauf hin, daß Amilius auf Abwege geführt wurde und sich schließlich seine eigene Erlösung auf der Erde erarbeiten mußte; dadurch bereitete er aber auch den Weg für uns vor. Denn »dieser erstgeborene Sohn des Vaters«, so erklärt das Reading 364–8, »ließ sich auf die Pfade der Selbstsucht führen«. Zwar war es ursprünglich »die wohlmeinende Absicht der Seele«, in der materiellen Schöpfung »den Himmel und die göttlichen Kräfte zum Ausdruck zu bringen«, wie es im Reading 341–8 heißt. Doch resultierte das gesamte sichtbare Universum und die Verkörperung der Seelen in diesem Universum offensichtlich aus einem Akt des Ungehorsams.

Dieses Thema ist heikel und schwer verständlich; der schlafende Cayce machte einmal die Bemerkung, daß Ausführungen in diesem Bereich für einige Menschen sogar »zuviel Wissen« bedeuteten. Die Frage, die ich im folgenden zitiere, beinhaltet schließlich das gesamte menschliche Dilemma. Ihre Beantwortung erläutert die eigentliche Bedeutung von Reinkarnation und Seelenentwicklung:

F–2: Bitte erklären Sie diese Aussage vom 24. Mai 1936 (Reading 262–96): »Denn die Seele wußte, bevor sie des Fleisches teilhaftig wurde, daß sie sich entscheiden mußte.« Warum (wenn die Seele es wußte) bestand die Notwendigkeit, sich in Fleisch zu hüllen, um wählen zu können?

A–2: Glauben Sie, der Geist habe seine Manifestationen, oder er benutze die Manifestationen für seine Aktivitäten? Der Geist Gottes ist durch Aktivität bewußt, und wir erblicken ihn in den Geschöpfen des Himmels, der Erde und der Luft, in allen Dingen. Und *all* dies sind nur Erscheinungsformen! Durch das Wissen, das Verstehen, das Begreifen wurde die Verkörperung *erforderlich*, denn damit hatte er teil an dem, was stofflich *war*; und so wurde der *perfekte* Körper, der himmlische Körper, zu einem irdischen Körper und hüllte sich in Fleisch. (Diese Erklärung ist für manche schlimmer als die erste! Dies hat nichts mit Wissen zu tun, oder es bedeutet zuviel Wissen für einige von Ihnen, denn Sie werden daran Anstoß nehmen; aber Sie haben danach gefragt, und hier ist die Antwort!)

Als die Erde zur Wohnstätte der Materie wurde, als Gase sich zu jenen Dingen verdichteten, die der Mensch in der Natur ringsum in Bewegung sieht, da begann die Materie ihren Abstieg in die verschiedenen Formen physischer Evolution ... im *Geist* Gottes [und Geist ist ein Synonym für den erstgeborenen Sohn]! Der Geist (ein himmlischer, kein irdischer Geist – er [*Adam*] war noch nicht auf die Erde gekommen!) entschloß sich, die Materie zu betreten, anzunehmen und an ihr teilzuhaben, was dem Befehl nach *nicht* getan werden durfte!

Dann *müssen* jene, die so in Erscheinung getreten sind, auf Erden fortbestehen, bis ihr Körper für die Seele vervollkommnet oder wieder vergeistigt ist. (262-99)

Man kann sich kaum eine deutlichere und schönere Zusammenfassung der Ursprünge der Menschheit und ihrer schließlichen Befreiung vorstellen. Sie beinhaltet eine ganze Philosophie, nach der manche vielleicht ein Leben lang vergeblich suchen, und enthüllt uns ein wunderbares Geheimnis: Wir erfahren, woher wir kommen und wohin wir gehen müssen.

Leider enthalten die Readings wenig substantielle Hinweise darauf, wann der erste Zustrom von Seelen erfolgte. Doch ist im Reading 2665-2 wenigstens einer zu finden - und glücklicherweise ein recht verläßlicher. Dort wird das weit zurückliegende Leben einer Wesenheit geschildert, das zeitlich noch vor der sagenhaften atlantischen Epoche anzusiedeln ist. Uns wird mitgeteilt, diese Seele habe zu dem ersten Volk gehört, das sich in Gruppen oder Familien aufgliederte. Das Reading berichtet ferner von einer Höhle in den uralten, unfruchtbaren Hochebenen des amerikanischen Südwestens - der Legende nach einstmals Teil des versunkenen Kontinents Lemurien und eine der wenigen Urlandschaften des Planeten, welche die unzähligen, verheerenden Veränderungen im Laufe der Äonen überstanden hat. In dieser Höhle sind, dem Reading zufolge, noch Zeichnungen zu sehen, die von jener Wesenheit stammen. Und dann wird ganz überraschend hinzugefügt: »Vor einigen zehn Millionen Jahren!«

Meines Wissens ist nirgendwo in den Readings ein noch älteres Datum zu finden, an dem wir unsere Ursprünge festmachen könnten.[1] Aber kann denn ein in Höhlen hausendes Wesen überhaupt eine jener verdichteten Gedankenformen gewesen sein, die bei dem ersten Seelenzustrom mit Amilius zur Erde kamen? Muß es sich nicht um ein Wesen aus Fleisch und Blut handeln, das aus einer körperlichen Vereinigung hervorgegangen ist? Reading 364-12 widerlegt eine solch skeptische Haltung. Dort heißt es, daß die Seelen aus dem ersten Zustrom »Bewohner der Felsen und der Höhlen wurden« oder sich »gewissermaßen Nester in den Bäumen« als Wohnstätten errichteten.

Der nächste Anhaltspunkt dafür, wann die verdichteten Gedankenformen auftraten, findet sich im Lebensreading eines Herrn THOMPSON. Ihm wurde mitgeteilt, seine frühesten Beziehungen zu seinem Freund Edgar Cayce hätten sich während eines Aufenthalts auf der Erde ergeben, und zwar »etwa 50 000 oder 500 000 Jahre, bevor das GESETZ begann, sich als das Gesetz des Einen [in Atlantis] zu offenbaren!« (877–26)

Das führt zugegebenermaßen ziemlich weit zurück, denn zwischen den beiden genannten Daten liegt eine große Zeitspanne. Aber was bedeutet »ziemlich weit«? Wir wissen leider nicht, wann die Lehre vom Gesetz des Einen in Atlantis ihren Anfang nahm; wahrscheinlich geschah dies unter der Herrschaft des Amilius, denn in einem anderen Reading fand sich der folgende aufschlußreiche Hinweis:

Was den Höhepunkt der Zivilisation anbelangt, so wäre zunächst zu bestimmen, welcher Maßstab anzulegen ist – ob man die Herrschaft von Amilius als einem, der die Änderungen verstand, als Höhepunkt ansehen will, oder die Vermenschlichung; das hängt ganz davon ab, ob man die Angelegenheit von einem spirituellen oder von einem rein materiellen oder kommerziellen Standpunkt aus betrachtet; denn die Änderungen, die wir feststellen, erstrecken sich über einen Zeitraum von etwa 200 000 Jahren. (364–4)

Cayce fügte hinzu, damit seien »Lichtjahre« gemeint; an anderer Stelle hieß es, diese Bezeichnung dürfe jedoch nicht mit dem gegenwärtig in der Astronomie gebräuchlichen Ausdruck verwechselt werden, der sich auf die Geschwindigkeit bezieht, mit der das Licht unser Universum durcheilt, sondern es sei einfach ein Jahr unserer heutigen Zeitrechnung gemeint. Doch müssen wir die Möglichkeit oder sogar Wahrscheinlichkeit in Erwägung ziehen, daß sich im Laufe der Äonen die Erdrotation in axialer wie in orbitaler Hinsicht merklich verlangsamt hat.

Obwohl sich die Erdbewegung eventuell verlangsamt hat und daher das Jahr im Verhältnis zu prähistorischen Zeiten immer länger geworden ist, widerfuhr dem Menschen genau das Gegenteil: Seine Lebensspanne schrumpfte im Verhältnis zur Jahrtausende währenden Lebensdauer von ADAM und dessen Vorfahren, wie sie in der Genesis niedergelegt ist; die Lebenszeit der Atlanter und ihrer Ahnen mag daher sehr wohl vergleichsweise »endlos« gewesen sein. Der Zeitbegriff ist relativ: Eine Million Jahre der frühesten Anfänge unserer Erde kann unter bestimmten Gesichtspunkten durchaus bloßen tausend Jahren der Gegenwart entsprechen.

Die atlantische Herrschaft des Amilius mag aus einer zunehmenden Schwäche des Stammesverbandes und einem Mangel an Selbstdisziplin entstanden sein: dann nämlich, als sich jene verdichteten Gedankenformen auf Erden immer weiter von ihrem geistigen Ursprung entfernten und immer mehr den fleischlichen Verlockungen und der Selbstsucht anheimfielen.

Die Trennung der Geschlechter hatte bereits begonnen; diese Tatsache konnte an sich noch nicht als Sünde bezeichnet werden, solange sich die androgynen Gottwesen bei ihrer Spaltung in paarweise Gefährten (wie Amilius und Lilith) ihre ursprüngliche Reinheit bewahrten und es sie nicht nach den fleischlichen Formen der Erde gelüstete. (Im Reading 275–36 heißt es: Obwohl sie Gedankenformen waren, »*hatten sie einen Körper!*« Doch entweder handelte es sich um einen feinstofflichen Körper oder aber es entwickelte sich sehr schnell ein irdischer Körper, weil sich die Seele durch ihre auf das Materielle gerichteten Wünsche in grobstoffliche Hüllen verstrickte.)

Infolgedessen mußten die umherirrenden Seelen wiedererweckt und ihnen ihre mittlerweile fast vergessene geistige Abstammung wieder zum Bewußtsein gebracht werden. Da Amilius der älteste Bruder aller anderen Seelen und für ihre mißliche Lage verantwortlich war, entschloß er sich anscheinend, der drohenden Entartung persönlich Einhalt zu gebieten. Damit begann seine lange Regentschaft, während der vermutlich das Gesetz des Einen ins Leben gerufen wurde. Jene, die dieses Gesetz befolgten, wurden als die Kinder des Lichts bekannt. In ihren Tempeln versuchten sie, die gestrauchelten Söhne und Töchter Gottes davor zu bewahren, die Grenze zu völliger Trennung und Dunkelheit ganz zu überschreiten. Jene, die auf den Pfaden der Selbstsucht wandelten und sich immer weiter vom Licht entfernten, wurden schließlich die Söhne BELIALS genannt – eine Bezeichnung, die ihrer Gesetzlosigkeit Ausdruck verlieh. Ihr rebellischer Herrscher war der Prinz der Dunkelheit, dessen Domäne sich auf Erden befand. Schließlich führten die Mächte der Dunkelheit ständig Krieg gegen das göttliche Gesetz des Lichts und des Geistes, gegen das Wort, wie Amilius es verkörperte.

Hier stoßen wir sozusagen auf das Vorspiel zu jener turbulenten Phase in der atlantischen Geschichte, als sich bereits Amilius' wachsende Erkenntnis des Problems zeigte:

In der damaligen Periode – etwa 98 000 Jahre vor dem Erscheinen Rams in Indien – lebte in Atlantis ein gewisser Amilius, der als erster ... die Verstofflichung der Wesen bemerkte, die jenen Teil der Erdensphäre bewohnten. Was ihre Gestalten im physischen Sinne anbelangte, so entsprachen sie noch weitgehend der Natur von Gedankenformen. Sie waren in der Lage, aus sich selbst heraus die Richtung einzuschlagen, in der sich ihre Entwicklung gedanklich vollzog – ähnlich der Art und Weise, wie es heute eine Amöbe im stehenden Gewässer eines stillen Strandes oder Teiches tut. Sie nahmen Gestalt an, indem sie ihre eigenen Wünsche befriedigten, die den materiellen Zustand herbeiführten oder ihn verstärkten. Dabei verdichteten sie sich zu Gestalten, die der des heutigen Menschen glichen – ähnlich wie das Chamäleon nahmen sie die Farben ihrer Umgebung an. So entstanden die roten oder mischfarbigen Völker; später wurden sie die rote Rasse genannt. (364–3)

Um das Böse zu verstehen, das unter ihnen heranwuchs, müssen wir weitere Passagen untersuchen, die aufzeigen, in welchem Ausmaß einige der widerspenstigeren Wesen ihre Fähigkeiten mißbrauchten und ihre schöpferischen Kräfte zur Erfüllung jedweder Wünsche einsetzten:

Dies ist also das Verhalten, das die Wesenheiten, jene Geschöpfe, jene Seelen, am Anfang zeigten oder entwickelten. Manche brachten sogar Ungeheuer hervor, die ihrer durch gedankliche Verdichtung eingegangenen Verbindung mit Tieren der verschiedensten Arten entsprangen. So entstanden die Styx, der Satyr und ähnliches, auch die Ungeheuer der See und Wassernixen, das Einhorn und andere Kreaturen von unterschiedlichster Gestalt. (364–10)

Im Lande Atlantis begann man in jenen Zeiten, zwischen denen, die dem Gesetz des Einen gehorchten, und den Söhnen Belials zu unterscheiden – den Nachkommen der reinen Rasse und jenen, die sich zu den »Menschensöhnen« (wie die Bezeichnung später lauten würde) verdichteten, statt Geschöpfe Gottes zu bleiben. (1416–1)

Die eine Gruppe, die das Gesetz des Einen befolgte, hatte ein Vorbild. Die Söhne Belials hatten kein Vorbild außer dem eigenen Selbst, der Selbstverherrlichung.

Es gab Wesen [»*Dinger*« (*things*) genannt, siehe Kapitel 5], die damals die Arbeiter (wie wir sie heute nennen würden), Bauern oder Handwerker waren oder die einfach wie unsere heutigen Maschinen benutzt wurden; sie waren aus egoistischen gedanklichen Verdichtungen der anderen Gruppen [der Söhne Belials] hervorgegangen.

Und wegen dieser Wesen und ihrer Beziehungen zu den Machthabern ergaben sich dann die Streitigkeiten. (877–26)[2]

Doch wollen wir uns wieder dem bereits erwähnten Hinweis auf das »Erscheinen Rams in Indien« zuwenden. Er liefert uns vielleicht einen weiteren Schlüssel für das Zeitmaß auf unserer anthropologischen Uhr.

Ram, auch Rama genannt, gehörte zu den ersten großen Eingeweihten und war der Begründer der vedischen Lehre. (Wörtlich heißt *ram* »Hirte der friedlichen Herde«.) Wann Rama lebte, ist ungewiß; manche schätzen 5000 vor Christus oder auch noch früher. Doch nehmen wir das in Reading 364–3 angegebene Datum: Wenn Amilius' Herrschaft in Atlantis tatsächlich etwa 100 000 Jahre – oder, genauer gesagt, 98 000 Jahre – vor Ramas Wirken in Indien begann, so ergibt sich das Jahr 103 000 vor Christus.

Trotz der Bemühungen der Kinder des Gesetzes des Einen schienen die atlantische Rasse und ihre Kultur zur endgültigen Selbstvernichtung durch die zunehmend zerstörerischen Umtriebe der Söhne Belials verdammt. Große technologische Fortschritte, die allmählich die bereits geschwächte geistige Macht der Rasse ganz verdrängt hatten, führten nur zu noch schlimmeren Schandtaten. Da gab es zunächst einen mächtigen Kristall, dessen Prismen die unglaublich starke Energie der Strahlen des fernen Arkturus wie auch der Sonne unseres eigenen, kleinen Sonnensystems sammeln und nutzbar machen konnten. Ursprünglich geschah dies unter der unmittelbaren Aufsicht von Priestern und Priesterinnen des Gesetzes des Einen; doch deren Herrschaft wurde von den Söhnen Belials nach und nach untergraben, was zu den ersten von mehreren großen Eruptionen führte, die schließlich den Untergang von Atlantis bewirkten. Auch andere zerstörerische Kräfte wurden entfesselt; Reading 195–29 besagt: »Was man aussendet, kommt zurück«, nicht unbedingt in derselben Form, aber mit einem ähnlichen Grad an Destruktivität, denn dies ist ein geistiges Gesetz. Doch die widerspenstigen Atlanter schenkten *kaum einem* Gesetz je Beachtung. Sie, die keine Macht außer ihrer eigenen anerkannten, wurden weder von der ersten jener Eruptionen abgeschreckt, durch die der stolze Kontinent in eine Reihe von Inseln zerbarst, noch konnte eine zweite, verheerende Erschütterung sie zur Einsicht bringen.

Und so erkannte Amilius, daß eine »zweite Schöpfung« nötig sein würde, um einen fleischlichen Menschen von *reiner* Abstammung auf die Erde zu bringen. Er würde sich aus den Trümmern des vernichteten atlantischen Kontinents erheben, sich selbst fortpflanzen und den von Flutkatastrophen und Erdbeben heimgesuchten Planeten, über den ihm die Herrschaft verliehen würde, neu bevölkern und beleben. Sein Name würde Adam oder *adama*, »die rote Erde«, sein.

Dem Erscheinen des adamischen Menschen sollten Vorläufer den Weg ebnen. Über diese Ära hieß es im Reading 3579–1: »Vorbereitungen wurden getroffen für die Ankunft der Menschenseelen, um sie wieder in eine Beziehung zu Gott zu bringen.« Der zweite Zustrom von Seelen begann unter der Leitung des Amilius mit jenen, die als Vorläufer auserkoren waren. Wie die Seelen des ersten Zustroms, so waren auch sie androgyne Wesen; dennoch unterschieden sie sich von ihren altehrwürdigen Vorgängern dadurch, daß sie physiche Wesen waren. Die allerreinsten ihrer Töchter wurden vermutlich zu gegebener Zeit von Amilius auserwählt, um als Kanäle für die gedankliche Verdichtung der fünf Rassengruppierungen des adamischen Menschen zu dienen, gleichsam als »Urmütter« der fünf ursprünglichen Nationen und Hautfarben, der Vorfahren des heutigen Menschen.

Einer jener Vorläufer der zweiten Schöpfung sollte eine besondere Rolle zu spielen haben. Amilius war nicht mehr in der Lage, unmittelbar mit den von ihm selbst geschaffenen physischen Wesen in Kontakt zu treten; denn als jene Seelen die fleischliche Gestalt annahmen, entzogen ihn seine höheren Schwingungen zwangsläufig ihrer dreidimensionalen Wahrnehmung. So erkannte er die Notwendigkeit, einen Stellvertreter zu haben. Ein solcher Repräsentant, wenn auch von fleischlicher Gestalt, müßte treulich das Gesetz befolgen und die gesamte Menschheit zu Frieden und Brüderlichkeit aufrufen, damit sie nicht zu zersplitternden und gewalttätigen Lösungen ihrer Probleme Zuflucht nehmen würde. Dies alles gehörte zum sich entfaltenden göttlichen Plan, durch den das kommende adamische Zeitalter eingeleitet werden sollte. Und so erschien ASAPHA (siehe Kapitel 4).

Amilius sah noch eine andere Notwendigkeit voraus: Um die Menschheit schließlich befreien zu können, bedurfte es eines Aktes bedingungsloser Selbstaufopferung. Er zögerte keinen Augenblick: Er erkannte jetzt, daß er sich selbst in einer der fünf Arten der neuen physischen Rasse verkörpern müsse, und er entschloß sich, als ADAM, der Menschensohn, zu erscheinen und seine eigene Schöpfung ein zweites Mal zu betreten, doch nun als *fleischliche* Verdichtung seiner Selbst. Obwohl er als der »höhere Adam« androgyn war und weder Vater noch Mutter auf Erden hatte, würde er nun als Sterblicher den Begrenzungen der Sterblichen unterworfen sein. Auf diese Weise würde er – der Geist, das Licht, das Wort – ein physisches Vorbild für alle auf Erden gefangenen Seelen sein. Er würde sie langsam und unter vielen Mühen im Verlauf zahlreicher Inkarnationen aus dem selbstgeschaffenen Gefängnis ihrer irdischen Schwingungen führen, bis sie ihren ursprünglichen Zustand der Einheit mit ihrem Schöpfer, in geistigen Körpern und in himmlischen Gefilden, wiedererlangt hätten.

Es wurde gesagt, wir alle seien seine Brüder, individuelle Verkörperungen seiner selbst – irdische Menschen zwar, doch werdende Götter. Und wohin gelangt die strebende Seele, wenn sie voll entwickelt ist? Zurück zu ihrem Schöpfer, als eine im Körper Gottes wiedergeborene Zelle.

Und ihr müßt eins sein – eins untereinander, eins mit ihm –, wenn ihr nur sein wolltet, was ihr tatsächlich seid: Korpuskeln im *Lebensstrom* eures Erlösers! (1391–1)

4

Die Zwillingsseelen

Am Anfang wurden die Kinder Gottes geschaffen,
und Mann und Frau waren wie eins.
Edgar Cayce Reading 364–7

Jesus sagte: Am Tag, als ihr einer waret, wurdet ihr zwei.
Thomas-Evangelium

Der Rat der Vierundvierzig

(Asapha und Affa; Ägypten, 50 722 vor Christus)

Im Februar 1925 führte Edgar Cayce ein Lebensreading für sich selbst durch, das ihm erstaunliche neue Tatsachen eröffnete.

Anscheinend ist der Mensch in der Lage, die Informationen aus den psychischen Kundgaben so zu verarbeiten und für seine weitere seelische Entwicklung zu nutzen, daß ihm dann mit zunehmender Reife immer mehr über seine vergangenen Leben enthüllt wird. Edgar Cayce erfuhr in besagtem Reading interessante Einzelheiten über einen eher negativen Zyklus zur Zeit der trojanischen Kriege (siehe Kapitel 8). Seine gegenwärtige Unfähigkeit, in bestimmten Situationen seinen Zorn oder Unmut zu zügeln, stammte aus jenem Leben.

Auch wurde ihm eine sehr alte Verkörperung offenbart, die bei seinem ersten Lebensreading übergangen worden war. Sie lag zwischen seiner Existenz in den Anfängen der Zeit, mit Amilius, und seinem denkwürdigen ägyptischen Zyklus als Prister Ra Ta, der wie unter einem inneren Zwang seine Wahlheimat an den Hängen des Berges Ararat verlassen hatte und in das sonnendurchflutete Ägypten gereist war, um seine einzigartige Bestimmung zu erfüllen.

Jetzt entdeckte Cayce, daß er während des zweiten Seelenzustroms, »als die Kräfte ihren Wohnsitz im Fleisch auf der Erde nahmen«, als ein Vorläufer gekommen war. Im Reading hieß es weiter:

Die Seele war *unter den ersten*, die *in jener Form* die Erde bewohnten, und von Anfang an unter den irdischen Mächten. Das ist die Ursache für die weiter fortgeschrittene Entwicklung dieser Wesenheit, denn sie war in der Lage, sich die göttlichen Kräfte, die den Menschensöhnen gegeben waren, zu erhalten und den Schöpfer als Vater zu erkennen.

Heute finden wir bei jener Seele den immerwährenden Drang, dem Geistigen in allen Dingen näher zu kommen. Lasset daher diese Seele ihre geistigen Kräfte stärken, in der Tat und in der Wahrheit. Denn auf Erden wird alles, sei es physischer, mentaler oder geistiger Natur, entsprechend seinem Verhältnis zur spirituellen Kraft beurteilt. (293–19; Hervorhebung vom Verfasser.)

Dabei blieb es. Das Reading enthielt keine Informationen über Edgars damalige Identität oder über seine Aufgabe in jener ersten physischen Inkarnation. Einen Anhaltspunkt lieferte jedoch der Hinweis auf »die weiter fortgeschrittene Entwicklung dieses Wesens« im Hinblick auf seine Fähigkeit, »sich die göttlichen Kräfte, die den Menschensöhnen gegeben worden waren, zu erhalten und den Schöpfer als Vater zu erkennen«. Denn aus solch einer lobenden Bemerkung konnte man folgern, daß es sich um eine bedeutende Existenz gehandelt hatte, die möglicherweise das Leben vieler Menschen beeinflußte. Die geistigen Lektionen, die er erteilt bekam und lernte, müssen in der Tat einen sehr tiefen Eindruck bei ihm hinterlassen haben: Ihr gegenwärtiger Einfluß auf Cayce wurde als »immerwährender Drang« umschrieben, »dem Geistigen in allen Dingen näher zu kommen«.

Einige Monate später gab Cayce eine Reihe scheinbar zusammenhangloser Readings. Er wohnte damals in Dayton, Ohio, und war noch nicht, wie ihm oft nahegelegt wurde, nach Virginia Beach umgezogen. Jene Readings, die sogenannte »5748-er Serie«, befaßten sich in der Hauptsache mit einer sehr weit zurückliegenden Versammlung von 44 Weltführern, die Mittel und Wege besprachen, um die Menschheit von furchteinflößenden Bestien zu befreien, die zu jener Zeit scharenweise bestimmte Gebiete der Erde heimsuchten. Diese eilige Zusammenkunft wurde sehr genau auf das Jahr 50 722 vor Christus datiert, nach AMILIUS' Abgang von der atlantischen Szene; die fünf Stämme der frühen Menschheit befanden sich damals schon in ihrer Entstehungsphase und wurden bereits von den Menschensöhnen selbst regiert. Diese Periode muß schätzungsweise etwa 39 000 Jahre vor dem Erscheinen ADAMS im nächstfolgenden Jungfrauzeitalter, das den Auftakt zu unserer gegenwärtigen großen Epoche bildete, und 40 000 Jahre vor Cayces ägyptischer Inkarnation als Ra Ta gelegen haben.[1]

Aus den Readings von Edgar Cayce geht mit Sicherheit hervor, daß die großen Begebenheiten der menschlichen Geschichte wie auch die sogenannten Naturereignisse dazu neigen, zyklisch wiederzukehren. Auch die Wissenschaftler haben diese Tatsache bemerkt, ohne sie jedoch erklären zu können. Es bestehen wirklich verblüffende Parallelen zwischen den Lehren und dem Wirkungskreis jenes alten ägyptischen Führers, der 44 Weltrepräsentanten seiner Zeit herbeigerufen hatte, um nach einer friedlichen Lösung für die Menschheitsprobleme zu suchen, und dessen späterem Leben als Ra Ta, das sich in der Hauptsache in der gleichen Umgebung abspielte. Besonders fiel auf, daß beide vornehmlich während der »zweiten Herrschaftsphase« der jeweiligen Epoche aktiv geworden waren, wenn auch Asapha als Regent und Ra Ta zunächst als geistiger Führer, der in seinen letzten Jahren jedoch mit der Machtfülle eines Herrschers auftrat. Ihre Lehren beruhten im Prinzip auf den gleichen geistigen Geboten und begründeten die kosmischen Gesetze. Beide wirkten als Friedensstifter. Und schließlich erschienen beide während vergleichbarer Krisenszeiten und benutzten ihre geistigen Überzeugungskräfte, um alle Weltführer unter einem gemeinsamen Banner zu versammeln und durch das Gesetz der Einheit aufs neue auf gemeinsame Ziele auszurichten: »Der Herr, dein Gott, ist Eins!«

Aus dieser Parallelität der Ereignisse ist zu schließen, daß es sich bei der Ra-Ta-Ära in Ägypten lediglich um einen »Wiederholungszyklus« handelte: In ihm wurden die großen geistigen Errungenschaften einer noch weiter zurückliegenden ägyptischen Epoche wieder aufgegriffen, in der ein priesterlicher Regent namens Asapha den Rat der 44 einberief. Dieselbe Wesenheit, die im älteren ägyptischen Zyklus regiert hatte, war zu einem ihr bereits bekannten Schauplatz zurückgekehrt, getrieben von den gleichen, in beiden Fällen durch Amilius in Bewegung gesetzten Kräften, um eine führende Rolle in der geistigen Entwicklung der Menschheit zu spielen.

An Ra Ta fesselt ferner die Tatsache, daß er unter psychischer Führung stand und so dazu veranlaßt wurde, König Ararat und sein Volk aus der Heimat in den Bergen nach Ägypten zu führen. Warum gerade Ägypten? Für diese Wahl sprach möglicherweise eine innere Stimme, die aus jenem früheren Zyklus herüberklang. Außerdem brachten gewisse Vorahnungen Ra Ta dazu, archäologische Untersuchungen in dem Teil der Sahara durchzuführen, in dem er vermutlich 40 000 Jahre zuvor als Asapha regiert hatte. Bei diesen Ausgrabungen wurde eine Ansiedlung von Kreaturen, den sogenannten »*Dingern*« (*things*), entdeckt, die schwanzähnliche Auswüchse hatten (siehe Kapitel 5). Ras Forschungen ergaben, daß sie Sonnenanbeter waren, genau wie die Eingeborenen zu seiner Zeit; offensichtlich waren sie vor vielen tausend Jahren in das Saharagebiet ausgewandert, um der Verfolgung durch die Söhne Belials zu entgehen, von denen sie wie Automaten behandelt worden waren. Möglicherweise wurden sie in ihrer neuen Heimat und unter Asaphas gütiger Herrschaft zu Sonnenanbetern, die ihren neuen König oder Pharao als Verkörperung des Sonnengottes ansahen.

Schließlich existiert eine weitere, viel modernere Parallele, die ich nur zögernd niederschreibe, wenn auch die Zeit reif dafür ist. Es handelt sich um eine Erzählung, für die es keine Beweise gibt. Sie wurde mir von GLADYS DAVIS TURNER, Edgar Cayces langjähriger Sekretärin, anvertraut, die seit ihrer Anstellung im Jahre 1923 ständig in seinem Haushalt lebte. Der fragliche Vorfall ereignete sich, bevor sie bei Cayce arbeitete; er betraf den damaligen amerikanischen Präsidenten WOODROW WILSON und dessen Vision von einem Bündnis der Nationen anläßlich der Pariser Friedenskonferenz von 1919. Einem Reading zufolge standen Wilsons Bemühungen, Christus selbst an den Verhandlungstisch zu bringen, unter schlechten Vorzeichen. Leider beleuchtet kein Reading den Hintergrund dieser Angelegenheit. Ihn schildere ich im Folgenden.

Während des Ersten Weltkrieges, so erläuterte Gladys Davis, lernte DAVID KAHN, ein enger Freund und lebenslanger Berater Cayces, zwei Kusinen ersten Grades von Woodrow Wilson kennen. Über diese Bekanntschaft kam es zu der Vereinbarung, Edgar Cayce solle nach Washington kommen und im Zusammenhang mit den Friedensplänen ein »streng vertrauliches« Reading für Präsident Wilson geben. Die ganze Angelegenheit wurde völlig diskret behandelt; es war Edgar Cayce noch nicht einmal gestattet, sich von seiner protokollführenden Sekretärin begleiten zu lassen. Doch vermutet man, daß Wilsons berühmte vierzehn Punkte aus diesem Cayce-Reading stammen könnten – vielleicht sogar wörtlich. Daß die anderen Alliierten Wilsons idealistische Vorschläge ablehnten und die Senatoren daraufhin opponierten, brach Wilson den Berichten zufolge das Herz, auch wenn ihm im Jahre 1920 der Friedensnobelpreis verliehen wurde. Falls meine Vermutung zutrifft, stammt das von Wilson angeregte Bündnis der Nationen teilweise von Cayce, der bereits wesentlich früher, als Repräsentant des

AMILIUS, in seinen beiden ägyptischen Inkarnationen versucht hatte, die Nationen der Welt zu friedlicher Zusammenarbeit zu bewegen; als der persische Nomadenkönig UHJLTD, eine Verkörperung, die auf Cayces ägyptische Inkarnationen folgte, unternahm er ähnliche Anstrengungen. Die Geschichte scheint sich wirklich zu wiederholen, insbesondere dann, wenn eine Seele sich wieder inkarnieren darf, um eine neue Gelegenheit zur Variation einer früheren Rolle zu nutzen und sie unter für ihre Bemühungen günstigen Bedingungen zu spielen.[2]

Soweit die moderne Parallele, nun zurück zum Ausgangspunkt. Erstmals namentlich erwähnt wird ASAPHA (oder AFFA, seine Seelengefährtin oder sein weibliches Gegenstück im androgynen, fleischlichen Körper dieser Inkarnation) in einem Reading, das sich mit dem im Verlauf der Äonen immer wieder erscheinenden CHRISTUS als einer lebendigen Gegenwart in den Herzen solcher Menschen befaßt, die würdig genug sind, sein Werk auf Erden fortzusetzen. Das Reading wies darauf hin, man könne diesen Vorgang in der Geschichte immer wieder beobachten, seit Christus zum ersten Mal – als Amilius – erschienen war. Dann wurde Asapha auch unumwunden als der ägyptische Herrscher bezeichnet, der den Rat der 44 einberief: »Er [Christus, Amilius] ging und sprach mit den Zeitgenossen Asaphas oder Affas in jener Periode, als die aus dem ägyptischen Land stammenden Weisen die vielen Völker berieten [eine offensichtliche Anspielung auf den Rat der 44], um die physisch Verkörperten vor dem zu bewahren, was sie selbst im Physischen geschaffen hatten.« (364–8)

Ein zweites Mal wurde auf Asapha im April 1932 hingewiesen, knapp eine Woche nach dem soeben zitierten Reading. Demnach folgte Cayces persische Inkarnation als Uhjltd, der Nomadenherrscher, auf *zwei* ägyptische Verkörperungen: eine als Asapha und die andere als Hoherpriester Ra Ta. Merkwürdigerweise nannte das Reading den Priester mit einem anderen Namen: »ADONIS«. Doch dies konnten kleinere Nachforschungen leicht aufklären: Nach GASKELL ist Adonis ein Symbol für das höhere Selbst – für den verkörperten, der Seele innewohnenden Gott. »Adonis«, so sagt er, »wurde vom göttlichen Vater empfangen und von Myrrha geboren – der geläuterten, niederen Natur.« Gaskell fährt fort: »Der fleischgewordene Gott ist daher durch das göttliche Gesetz der Reinkarnation gebunden und muß kurze Perioden irdischen Lebens oder physischen Daseins mit zwischenzeitlichen Phasen astraler und mentaler Existenzen von längerer Dauer« durchlaufen, bis die Seele vollkommen ist. Gaskell zitiert dann HIPPOLYTUS: »›Dies [Mysterium der Seelenentwicklung] nennen die Assyrer heute Adonis (oder Endymion).‹«[3] Diese mythologischen Erwägungen wollen jedoch nicht besagen, Edgar Cayce sei als Ra Ta göttlicher als wir gewesen. Vielmehr widerlegt ein Reading zur Ra-Ta-Epoche solche irrigen Meinungen, die auf Ra Tas ungewöhnliche Geburt und Erscheinung sowie Tatsache zurückgehen, daß er später von den eingeborenen Ägyptern als Sonnengott verehrt wurde: »Ihr sagt, ein solches Wesen sei ein Gott! Nein. Ihr sagt dies nur, weil ihr mißversteht, von welcher Art die spirituelle Entwicklung damals auf Erden war im Verhältnis zur physischen Entwicklung.« (281–42)

Es folgte ein Kommentar zu Cayces ägyptischen Inkarnationen als Asapha und später als priesterlicher Ra Ta (oder »Adonis«), die seinem Leben in Persien vorangingen:

Zunächst sehen wir, daß die Wesenheit Uhjltd [Cayce] eine Wiederverkörperung Asaphas wie auch des Priesters [Ra Ta] war, beide hatten in Ägypten gelebt – als Adonis und Asapha. Als sie damals das heute als Iran bekannte Land betraten, fanden sie Menschen, die treu an jenen Lehren festgehalten hatten, die von den Lehrern [beachten Sie den Plural] in Ägypten vorgetragen worden waren. (294–142)

Es ist nun an der Zeit, den roten Faden der Erzählung wieder aufzugreifen und einige wichtige Aspekte im Zusammenhang mit dem Rat der 44 sowie Asapha und seiner Seelengefährtin Affa zu schildern.

Zunächst erfahren wir, daß sich »der erste Gruppenherrscher« in jener Zeit, als sich die fünf Stämme noch in der Entstehungsphase befanden, »an dem Ort des oberen Niltals« niedergelassen hatte, »in dessen Nähe sich das heutige Tal der Gräber befindet«. (5748–1) Ihm folgte Asapha, dessen Macht sich wohl über seinen unmittelbaren Herrschaftsbereich hinaus erstreckte; denn er bestimmte die Regenten in den anderen Stammesgebieten, in denen sich die junge Menschheit zur eigenen Sicherheit und um ihrer Weiterentwicklung willen versammelt hatte. Außer der Sahara und der Nilregion befanden sich auch die südlichen Kordilleren und Peru sowie die heute als Utah, Arizona und Neumexiko bekannten Hochebenen unter Asaphas persönlicher Führung, ebenso Tibet, die Mongolei, Kaukasien und das heutige Norwegen.

Asaphas Einstellung zu dem Problem, das zur Einberufung des Rats der 44 führte, wurde auf folgende Weise beschrieben:

Unter der zweiten Regierung [angeführt von Asapha] breitete sich, dank der Milde des Herrschers der damals bekannten Weltmächte, Friede und Ruhe unter den Menschen aus. Während jener Periode vermehrten sich die Menschen aller Regionen durch Kräfteaustausch. In jedem der erwähnten Reiche wurde von dieser zweiten Regierung [d. h. Asaphas] des heutigen Ägypten einer bestimmten Person die Herrschaft übertragen. Dieser Regent war sich seines höheren Selbstes bewußt, weil er jene kosmischen Gesetze, die seit Anbeginn der Schöpfung existierten, befolgte. Also ging er daran, jene weisen Menschen aus den verschiedenen Reichen um sich zu versammeln. Denn er verspürte die Notwendigkeit, allen Völkern die inneren, göttlichen Kräfte bewußt zu machen und ihnen so die Furcht vor den Bestien zu nehmen, die damals die Erde heimsuchten. (5748–1)

Ein weiteres Reading dieser Serie bezifferte die Zahl der damals auf der Erde lebenden Seelen auf 130 Millionen. Asaphas Regentschaft dauerte 199 Jahre. In seinem 28. Lebensjahr »begann er, die Völker zu versammeln«, um die bedenkliche Lage, in der sie sich befanden, gründlich zu erforschen, »indem er sich mit Männern aus Ägypten und verschiedenen anderen Ländern umgab, in denen zu jener Zeit *Menschen* lebten. Die Zahl der Männer, die sich damals zur Beratung versammelten, betrug etwa 44.« (5748–2; Hervorhebung vom Verfasser.)

Zu diesem Thema gehört auch die folgende interessante Bemerkung des schlafenden Cayce:

Dann gab es die Versammlung jener Menschen, die aus den entlegensten Orten kamen – vierzig und vier [44]. Wie wir sehen, kehrt diese Zahl oft wieder und verkörpert ein Gesetz, das die menschliche Existenz in jeder Hinsicht betrifft. Bei jenem Treffen wurde es durch die Anzahl der versammelten Männer zum Ausdruck gebracht. (5748–3)[4]

Bei diesem Konzil riet Asapha, im Kampf mit den mörderischen Bestien, die die Existenz der Menschheit bedrohten, auf gewaltsame oder zerstörerische Mittel zu verzichten. Dieser Ratschlag war schwer zu befolgen; viele Mitglieder der Versammlung erhoben offenbar Einwände und fühlten sich unbehaglich. Sie hielten ein rasches und radikales Vorgehen für notwendig. Doch Asapha hielt an seinen geistigen Grundsätzen fest:

Und das erste, was der Herrscher damals äußerte, war dies: Die Kraft, die dem

Menschen in seiner Schwäche dennoch die Fähigkeit verleiht, die riesigen Bestien, die ihm seinen Lebensraum auf Erden streitig machen, zu überwältigen und zu besiegen, muß aus einer höheren Quelle kommen. (5748–3)

Nach monatelangen Debatten zeigte sich auf verblüffende Weise die Weisheit von Asaphas Rat: Das Dilemma wurde unerwartet durch höhere Gewalt gelöst. Ein Bericht des Geschehens findet sich im folgenden Auszug eines Readings für einen Herrn Clark, dem man offenbarte, er sei eines der 44 Mitglieder jener denkwürdigen Konklave gewesen:

Die Seele befand sich seinerzeit unter den [44] Männern, die zusammenkamen, um die Erde von den gewaltigen Tieren zu befreien, die überall ihr Unwesen trieben; doch die Seele erkannte, daß die Natur, Gott, die Pole verlegte und die Bestien durch Eisbildung vernichtete, obwohl es der Mensch mittels seiner Treffen versuchte. (5249–1)[5]

Das Jungfrauzeitalter

(Aczine und Asule; Atlantis, 12800 vor Christus)

Bei einem ihrer Lebensreadings stellte Gladys Davis, die sich in der späten atlantischen Epoche als Herrscherin namens ASULE in Poseidia verkörpert hatte, eine interessante Frage – und erhielt eine interessante Antwort:

F–1 War ich in Atlantis mit Amilius verbunden? Wenn ja, auf welche Weise?

A–1 Jemand, der von jener Seele als Herrscher oder *Führer* für viele ausgesandt war, gemeinsam mit dem Seelengefährten [Edgar Cayce]. (288–29)

Den Zeitpunkt jener androgynen Inkarnation nannte ein früheres Lebensreading für Gladys Davis, in dem es um ihre ehemaligen Verbindungen mit Edgar Cayce ging, ihrer Zwillingsseele:

Wie wir sehen, hatten diese beiden viele gemeinsame Erlebnisse auf Erden. Ihre Seele und ihr Geist sind eng miteinander verknüpft; sie müssen daher zwangsläufig so empfinden, als ob sie eins wären. Diese beiden (von denen wir bis zu ihrer Trennung in der Mehrzahl sprechen) waren *ursprünglich* eins in Seele, Geist und Körper; und in den Anfängen der Erde tat sich, wie die Stimme über den vielen Gewässern, die Herrlichkeit der Gaben des Vaters in den menschlichen Bewohnern der Erde kund, die Mann und Frau zugleich waren. (288–6; Hervorhebung vom Verfasser.)

Bei den verdichteten Gedankenform-Wesen jenes ersten Zustroms von Seelen (siehe Kapitel 3) und auch zur Zeit Asaphas und Affas in Ägypten war der männliche Aspekt offensichtlich dominant gewesen; nun übernahm in Poseidia mit dieser spätatlantischen physischen Gestalt das weibliche Gegenstück die führende Rolle:

In fleischlicher Gestalt auf Erden findet sie sich erstmals in Poseidia, als beide im Körper einer Frau gebunden waren; da dieser [weibliche Aspekt] der stärkere von den damals zum Ausdruck gebrachten Kräften war, manifestierten sich beide in dieser Gestalt... Dem entsprachen ihre damaligen Erfahrungen: Diese beiden Kräfte versuchten, dem Land [Atlantis] zu spiritueller Entwicklung zu verhelfen und die Völker jener Zeit zu erheben.

Im Jahr 12800 vor Christus finden wir sie vereint... Das Verlangen blieb in dem Einen, für den diese Einheit geschaffen wurde. (288–6; Hervorhebung vom Verfasser.)

Der erste Hinweis auf den Namen des androgynen fleischlichen Wesens während der poseidianischen Herrschaft war Aczine:

F–1 Würden Sie uns bitte die Namen der Pesönlichkeiten nennen?
A–1 Wir haben die Persönlichkeiten bereits genannt. Der Name des Individuums auf dem Erdenplan lautete Aczine. (288–10)

Merkwürdigerweise geben jedoch alle folgenden Lebensreadings von Gladys Davis ihren Namen in dieser poseidianischen Inkarnation mit Asule an. Der Name Aczine, den Cayce ursprünglich genannt hatte, scheint sich also auf ihn selbst als die männliche Komponente des androgynen Wesens bezogen zu haben.

Diese spätatlantische Inkarnation fand im Jungfrauzeitalter statt – als Amilius sich nach unserer Berechnung anschickte, als Menschensohn oder Adam auf die Erde zu kommen und als ein androgynes physisches Wesen im legendären Garten Eden zu erscheinen. (Reading 364–4 beschreibt das versunkene Atlantis als »das Eden der Welt«; also könnte es sich um Adams irdisches Paradies gehandelt haben.) Doch nachdem sich Adams Seelengefährtin oder Zwillingsseele Eva abgespalten hatte, nahm die Sünde ihren Anfang. Sie wurden aus dem Garten Eden vertrieben und flohen nach Osten. Dort wurden sie zu den Vorfahren der roten Rasse, eine von fünf Formen der damals entstehenden neuen Wurzelrasse, aus der schließlich der Mensch in seiner heutigen fleischlichen Gestalt hervorging.

Die Sünde faßte auch in der schönen Stadt Alta Fuß, wo Asule mit ihrem Seelengefährten Aczine über die Poseidianer herrschte und das einfache Volk stark unterstützte. Offenbar war Asule während jenes letzten Aufleuchtens von Pracht vor dem endgültigen Untergang einer der wenigen Androgynen, die noch in Atlantis blieben; das muß meines Erachtens etwa eine halbe Million Jahre vor dem Erscheinen ADAMS gewesen sein. Den Readings zufolge beneideten viele Menschen Asule um ihren androgynen Status und ihre geistigen Kräfte, die manche Erinnerungen an eine frühere Ära wachriefen. Im Zeitalter der physischen Wesen war Asules Rang einzigartig und zeugte von dem geistigen Ziel ihrer Regentschaft in einem Land, in dem die Söhne BELIALS unablässig ihr unheilvolles Werk verrichteten. Schließlich erlag Asule gewissen Versuchungen. Da ihr Verlangen nicht mehr auf den »Einen« gerichtet war, »für den das Einssein geschaffen wurde«, suchte sie fleischliche Befriedigung »bei jemandem niederen Standes« – vermutlich einem primitiven, tierähnlichen Wesen oder einem jener »Dinger« – »und diese Unzucht mit einem unverständigen Wesen verursachte physische Defekte an den Gliedmaßen dieser [Seelengefährten], die damals in einem Körper wohnten.« Sie verfielen in einen Dämmerzustand, während dem sich »Karma im Koma auswirkte«, und »die Trennung wurde herbeigeführt«. (288–6)

Diese Geschichte hat offensichtliche Parallelen mit dem »Sündenfall« Adams, der in der gleichen Hauptepoche die Geburt der Menschheit einleitete. Nicht von ungefähr erinnert die Schilderung von Asules verhängnisvoller Entscheidung an die Verführung Evas durch die Schlange.

Diese schicksalhafte Inkarnation war das letzte androgyne Leben von Gladys Davis und Edgar Cayce. In der Tat hörte der Mensch mit der Ankunft Adams anscheinend auf, ein zweigeschlechtliches Wesen zu sein; vermutlich erreicht er diesen Zustand erst wieder, wenn es ihm gelingt, seine fleischliche Hülle abzulegen und seinen Körper wieder zu vergeistigen. Auch wenn sich Gladys Davis und Edgar Cayce später als getrennte Wesen auf Erden verkörperten, so versuchten doch beide, in ihren verschiedenen Leben den Zustand des Einsseins mit dem Schöpfer wiederherzustellen und auch der übrigen gefallenen Menschheit dabei zu helfen. (Auf die Ausnahmen im Fall von Cayce werde ich noch eingehen.)

Zur Zeit treffen wir sie wieder gemeinsam an, wenn auch in unterschiedlichen Bereichen, Positionen oder Umständen, und jeder gibt das weiter, was er gewonnen oder verdient hat ... Sie sind wieder in seelischer und geistiger Kraft vereint und können durch Freude und Gefallen an selbstlosem Dienst die höheren Ziele wieder erkennen.

Sie müssen nur in Zukunft einander treu bleiben; sie müssen einander die Freuden solcher Beziehungen geben und erhalten, in denen sich das Selbst in den Dienst an anderen stellt. Daraus erwächst Freude, Frieden und die Wiedervereinigung von Körper, Seele und Geist in der nächsten Beziehung [ein Hinweis auf Cayces für 1998 prophezeite Wiederkehr?]. Bleibt deshalb treu bis ans Ende, freut euch an den täglichen selbstlosen Handlungen für andere und mit anderen und seid dessen eingedenk, daß alle Seelen durch solche Taten miteinander verwoben werden. (288–6)

Was Adam anbelangt, so öffnete ihm seine Verfehlung die Augen:

F–3 Wann kam Jesus zu der Erkenntnis, daß er der Erlöser der Menschheit werden sollte?
A–3 Als er in Eden zu Fall kam. (2067–7)

Einen überraschenden Einblick in den Paradiesgarten gewährt der folgende Auszug aus dem Lebensreading für einen Herrn EDWARDS. Hier ist davon die Rede, daß ADAM und EVA nicht ganz und gar »allein« waren. Sie hatten neben der Schlange noch andere Besucher und »Zuschauer«, und vielleicht gab es auch andere Versuchungen als nur den Apfel:

... *der Garten Eden.* Wir finden die Seele unter jenen, die das Tun der Mutter der Menschheit beobachteten. Die Seele gehörte zu den »Dingern« und war dennoch persönlich berührt ... im Herzen ... und versuchte, die Bedeutung zu erkennen, ... denn sie erblickte die Frucht, die Blätter, Bäume, die im Leben der Menschen eine spirituelle Bedeutung hatten. (5373–1)

Inwiefern strauchelte nun Adam genau? War es die fleischliche Verbindung mit Eva? Oder Beischlaf mit »jemandem von niederem Rang«, wie es bei Asule der Fall gewesen war? Reading 262–125 gibt eine Definition der »ursprünglichen Sünde«: Sie scheint in *vorsätzlichem Ungehorsam* bestanden zu haben. Als in Adam Schuldgefühle aufkamen, entstand der Impuls, jemand anderen verantwortlich zu machen: »Die *Frau*, die du mir gegeben hast, reichte mir eine Frucht, da habe ich gegessen.« (Genesis 3, 12)

Cayce faßt zusammen:

Adam ... erkannte als erster, daß *aus ihm selbst heraus*, nicht aus den Tieren um ihn herum, das gezogen werden konnte und gezogen wurde, was für die Vermehrung der physischen Wesen und für die Verbindung der Geschöpfe in der materiellen Welt geschaffen war. Der Apfel als »der Apfel des Auges«, das Verlangen nach jener Verbindung, das den Geschöpfen wie auch dem Schöpfer innewohnt, ließ die Verbindung selbst in der Schöpfung entstehen. *Dies müßt ihr begreifen!* (364–5; Hervorhebungen vom Verfasser.)

Und er fährt fort:

Damit kommt das, was dem Geschaffenen vorangeht – das Wesen, das seine Schwingungen nach Belieben verdichten konnte, ... denn war Er nicht der Sohn des lebendigen Gottes auf Erden, um sich selbst Gefährte in einer geschaffenen Welt zu sein, unter materiellen, sichtbaren Dingen, mit dem Auftrag, sich alles untertan zu machen, in allen materiellen, untergeordneten Dingen zu sein – durch eben jene Fähigkeit, seine Gedanken zu verdichten? Sich selbst als einen Teil des Ganzen erkennend, in, durch, von, mit dem Ganzen? In diesem Bestreben – so lautete der Auftrag – halte dein Selbst getrennt; sei *in* der Welt, aber *nicht von* der Welt. Der Apfel, das Verlangen nach Gemeinschaft, führte zu den fleischlichen, sexuellen Begierden, die in einer materiellen Welt befriedigt werden können, und die Hingabe an dieses Begehren entstand durch den Einfluß, der mit dem Symbol der Schlange bezeichnet wird; durch sie wurde das Verlangen geschaffen, das nur durch körperliche Befriedigung in der Welt und durch ihre Einflüsse gestillt werden kann – nicht durch die geistigen Schwingungen, die die Welt schufen. Beherrschung des Willens einerseits und Unfähigkeit zur Willenskontrolle andererseits, wenn wir es allgemein verständlich ausdrücken wollen. (364–5; Hervorhebungen vom Verfasser.)

Der Adam in uns allen muß, so scheint Cayce anzudeuten, durch den inneren Christus besiegt werden.

Dies schließt die geschlechtliche Vereinigung *nicht* aus, sofern zwei Seelen in der gleichen reinen Absicht zusammenkommen. Die Bedingung dafür nennt eines der Readings, die Gladys Davis' Vereinigung mit Uhjltd in dessen persischer Inkarnation betrafen: Im Zeugungsakt gebe sich das Selbst »an sexuelle Wünsche der beiden Liebenden zur Entwicklung« hin, ausgerichtet auf ein geistiges Ideal der Einheit, denn »dies wurde als Lauterkeit der beiden gewertet«. (288–6) (Aus dieser besonderen Verbindung ging ein Sohn namens Zend hervor, ein friedliebender und tugendhafter Mensch, bei dem es sich scheinbar um eine Verkörperung des sich entwickelnden Christus, des ehemaligen, gefallenen Adams handelte. In Kapitel 7 werde ich näher darauf eingehen.)

Jedes Erdzeitalter dauert etwa 25 920 Jahre und entspricht der Präzession der Tagundnachtgleiche durch die zwölf Zeichen des himmlischen *Zodiakus*, des Tierkreises. Da sich der Durchgang rückwärts vollzieht und durch die unendlich langsame Kreiselbewegung der Erdachse zustande kommt, beginnt der Zyklus des Weltenjahres in den Fischen und endet im Widder. Dieser Ablauf ist der jährlichen Umlaufbahn der Sonne durch die zwölf Tierkreiszeichen, vom Widder zu den Fischen, genau entgegengesetzt.

Gegenwärtig vollenden wir gerade den 2 160 Jahre dauernden rückläufigen Durchgang durch das Zeichen und damit auch durch das Zeitalter der Fische, und wir gehen dem Zeitalter des Wassermanns entgegen, dem Zeichen des Menschen. Die herkömmlichen Berechnungsmethoden gehen davon aus, daß das Fischezeitalter ungefähr im Jahre 160 vor Christus beginnt – zur Zeit von Hipparchos, dem berühmten griechischen Astronomen, der die Präzession der Tagundnachtgleiche »wiederentdeckte«. Demnach wird das jetzige Weltenjahr nicht vor 23 760 nach Christus beendet sein, wenn 0 Grad des Widderzeichens erreicht sind.

Ich gehe davon aus, daß das Erscheinen Adams im Zeitalter und Zeichen der Jungfrau erfolgte. (Für diese Annahme spricht überzeugendes Beweismaterial aus den Readings, das mit den Generationen von Adams Nachkommenschaft im Zusammenhang steht, wie sie in der Genesis aufgezeichnet sind.)

Wenn wir das letzte Jungfrauzeitalter als Ausgangspunkt für unser derzeitiges Weltenjahr annehmen, mit welchem Zeichen wird es dann enden? Wenn wir auch nicht durch den ganzen Kreis hindurch bis zurück zum Widder bewegt werden, wie es den traditionellen Vorstellungen von unserer Reise durch das Weltenjahr entspricht, wo kommen wir dann an? Jeder, der mit den zwölf Zeichen des Tierkreises soweit vertraut ist, daß er sie im Uhrzeigersinn aufzählen kann, wird unschwer erkennen, daß wir uns auf die Waage zubewegen, das Zeichen der Ausgewogenheit. Es ist interessanterweise das einzige Zeichen im Zodiakus, das keine Kreatur darstellt; statt dessen ist es ein Symbol für Urteilsfähigkeit und Gerechtigkeit.

Edgar Cayce äußerte in einem seiner eigenen Lebensreadings, das auf seine aus uralten Zeiten stammende Weisheit zurückgriff, die er in Ägypten als Hoherpriester Ra Ta durch seine Beziehung zu Hermes erlangt hatte, im Hinblick auf das Ziel der Menschheitsevolution folgendes:

Dieser Bau [der Pyramide von Gise, deren Meisterarchitekt Hermes war] ... wurde im Einklang mit dem errichtet, was Ra Ta im libyschen Gebirge ausgearbeitet hatte: die Beziehungen zwischen den Positionen der verschiedenen Sterne, die sich an dem Ort bewegten, um den eben dieses Sonnensystem kreist [in Hinweis auf den Zodiakus]. *Wohin bewegt es sich?* Zum gleichen Zeichen, auf das der Priester verbannt war – *zur Waagekonstellation*, wohin die Menschheit unterwegs ist. (294–151; Hervorhebungen vom Verfasser.)

Der geheimnisvolle »Hermes« (siehe Kapitel 5) war in Wirklichkeit kein anderer als der Prophet Enoch, eine Inkarnation Adams.

Cayce sah also das Waagezeitalter (etwa 10641 bis 12800 nach Christus) als unser endgültiges Ziel voraus. Bedeutet dies, daß der adamische Mensch seine letzte Erfüllung und geistige Erneuerung in jenem Zeitalter des Gerichts erlangen wird? Wird es die Erde, wie wir sie kennen, dann nicht mehr geben, weil eine wiedergeborene oder neu geschaffene Menschheit sie für immer hinter sich läßt, um sich auf dem ätherischen Strom kosmischer Schwingungen himmelwärts zu erheben? Diesen drängenden Fragen füge ich noch eine weitere hinzu: Wenn die Waage wirklich als Endpunkt unserer langen Reise zu betrachten ist, wußte Cayce dann auch, daß unsere physichen Anfänge – als adamische Menschheit – im Zeichen der Jungfrau lagen? Wahrscheinlich war Cayce als der ins libysche Gebirge verbannte Priester Ra Ta von dem großen Eingeweihten Hermes über die Geheimnisse des Zodiakus unterrichtet worden.

Daß Adam im Zeitalter und Zeichen der Jungfrau erschien, wird zusätzlich gestützt durch E. W. BULLINGERS kühne Hypothesen, die nun schon fast ein Jahrhundert alt sind.

Bullinger, ein direkter Abkömmling des berühmten Bullinger der schweizerischen Reformation, war ein anglikanischer Geistlicher und namhafter Gelehrter, aber auch ein großartiger Sprachforscher. Bullingers Theorie ist in einem unscheinbaren Buch mit dem Titel *The Witness of the Stars*[6] (1893) niedergelegt. Ihr zufolge stellt der ursprüngliche Tierkreis, dessen kaum erkennbare Kopie der heutige sei, die mystische Abbildung einer uralten, in himmlischen Symbolen gezeichneten Prophezeiung dar, die möglicherweise auf ENOCH oder sogar ADAM zurückgehe. Diese Prophezeiung, die in verschiedenen Büchern des *Alten Testaments* nachklinge, berichte von einem kommenden Messias – dem für die Welt geschlachteten Lamm, dem für die Errettung der verlorenen Menschheit dargebrachten Opfer, dem Sohn Gottes, als Mensch geboren und gestorben, gekreuzigt und auferstanden, dem Erlöser, der zweitausend Jahre später wiederkehren würde, um sein Recht geltend zu machen.

Bullinger beschreibt auch eine symbolische Beziehung zwischen den zwölf Zeichen des Zodiakus und den zwölf Söhnen JAKOBS; er nimmt außerdem an, daß ADAM, SETH oder ENOCH – die mutmaßlichen Begründer des legendären Tierkreises – den gesamten Gang der jüdischen Geschichte und die Evolution des Messias als »Zweig« aus Jesses Stamm voraussahen.

Die Ereignisse nahmen also ihren Anfang im Zeichen der Jungfrau. Bullingers Theorie zufolge fiel die Entstehung des Zodiakus – der bei weitem älter ist, als die modernen Interpretationen es vermuten lassen – wohl in das Zeichen der Jungfrau, und nicht auf 0 Grad Widder (oder auch auf einen umstrittenen Punkt im Stier, wie von manchen Sternkundlern behauptet wird; der adamische Mensch muß sich ebenfalls während jenes Jungfrauzeitalters entwickelt haben, in einem Zeitraum, der zwischen den Jahren 13 119 und 10 960 vor Christus liegt.

Bullinger erläutert ferner, daß der Name des Jungfrauzeichens im Hebräischen *Bethulah* lautet, was »eine Jungfrau« heißt; sein arabischer Name bedeutet »ein Zweig«. Dieses einleitende Thema wird dann anhand zahlreicher biblischer Zitate geschickt weiterentwickelt und bezieht auch astronomische Tatsachen mit ein. Zum Beispiel trägt die erste Konstellation der Jungfrau den Namen *Comah*, was soviel heißt wie »der Erwünschte« oder »der Ersehnte«. Die älteren Darstellungen des Zodiakus, so Bullinger, zeigten diese Konstellation als eine Frau, die ein Kind in ihren Armen hält. Er zitiert dann vor allem aus den astrologischen Schriften der Perser, Chaldäer und Ägypter, um seine Interpretation zu belegen. Wir erfahren auch, daß der altägyptische Name für das Sternbild *Comah* nach einer präziseren symbolischen Ausdrucksweise *Shes-nu* lautete, übersetzt: »ersehnter *Sohn*«.

Dann wird der goldene *Arkturus* aus der Konstellation des *Boötes* (wir sind immer noch beim Sternbild der Jungfrau) als »er kommt« interpretiert – ein Hinweis auf Christus.[7] Innerhalb der gleichen Konstellation gibt es an der Speerspitze von Boötes, dem *Schäfer* – »dem Kommenden« –, den Stern *Al Katurops*; dieser Name bedeutet »der Zweig« oder »mit Füßen getreten«. *Nekkar*, »der Durchbohrte«, heißt ein anderer Stern derselben Konstellation.

So führt uns Bullinger durch die verschiedenen Tierkreiszeichen mit den ihnen zugeordneten Sternen und Sterngruppen und schildert eindringlich die qualvolle Erdenreise des Messias, seinen schließlichen Triumph und sein zweites Kommen, dessen letzte Phase natürlich in das Löwezeichen fällt. Hier treffen wir auf den herrlichen *Orion*, dessen Fuß sich auf den Kopf des Feindes (*Lepus*) senkt. Und wir sehen den Messias als den Löwen aus dem Stamm Juda (der durch das Löwezeichen symbolisiert wird), wie er gerade die alte Schlange *Hydra*, den Teufel, zertritt.

Bedauerlicherweise, so geht aus Bullingers Untersuchungen hervor, haben Verfälschungen in griechischen und lateinischen Texten, die von der modernen Astronomie und Astrologie als zweifelsfrei feststehende Tatsachen übernommen wurden, die althergebrachte Symbolik vernebelt und geradezu entstellt. Doch die Symbole existieren. Die an den Himmel geschriebene Geschichte ist so dauerhaft wie das Wort der Bibel.

Doch gehen wir nun zurück zu den Generationen der alten Patriarchen, wie sie in der Genesis beschrieben sind. Wenn Enoch und Hermes, wie die Readings andeuten und auch verschiedene noch erhaltene Legenden bekräftigen, als dieselbe Wesenheit anzusehen sind, und wenn Enoch tatsächlich eine Inkarnation Adams war, wie es diversen esoterischen Quellen und auch den Readings zu entnehmen ist, dann läßt sich Adams Erscheinen im Jungfrauzeitalter recht einfach bestimmen.

Die Cayce-Readings schildern Hermes (Enoch) als den Meisterarchitekten der Pyramide von Gise, die vermutlich während einer Zeitspanne von hundert Jahren, von 10490 bis 10390 vor Christus, erbaut wurde. Der biblische Bericht gibt Enochs Alter mit 365 Jahren an. Es wird jedoch nicht gesagt, daß er starb; statt dessen finden wir einen rätselhaften Hinweis auf eine Art physischer »Entrückung« (*Genesis* 5, 22–24): »Enoch lebte in enger Verbindung mit Gott. Er wurde 365 Jahre alt. *Dann war er plötzlich nicht mehr da*; denn Gott hatte ihn weggenommen.« In den apokryphen *Geheimnissen Enochs*[8] wird sein Fortgang mit diesen mystischen Worten umschrieben: »Als Enoch zum Volk gesprochen hatte, hüllte der Herr die Erde in Dunkelheit ... und sie bedeckte die Männer, die bei Enoch standen, und Enoch wurde in die Höhe entrückt ... und das Licht kam wieder.«

Ich nehme an, daß Enoch nach Ägypten gebracht wurde – genauer gesagt, ins libysche Gebirge –, wo er sich den Readings zufolge mit dem verbannten Ra Ta zusammentat und später mit dem Priester und dessen Gefolgsleuten nach Ägypten zurückkehrte. Der fremde Lehrer in ihrer Mitte wurde allerdings in diesem neuen Land nicht unter dem Namen Enoch bekannt, sondern hieß dort THOTH oder HERMES (siehe Kapitel 5).

Zählen wir nun, ausgehend vom Jahr 10 490 vor Christus, in dem vermutlich der Bau der Pyramide von Gise begann, 365 oder mehr Jahre zurück, so ergibt sich für Enochs Geburt etwa das Jahr 10 855 vor Christus. Der Patriarch lebte sechs Generationen nach Adam; jedoch umfaßte diese Zeitspanne wahrscheinlich mehr als sechshundert Jahre. Nach meinem Dafürhalten müssen jedenfalls Adams Anfänge in Eden etwa tausend Jahre vor Enochs Zeit gelegen haben, nicht nur sechshundert. Andernfalls hätte Adam bei Enochs Geburt noch gelebt – ein Umstand, der sowohl durch die Aufzeichnungen Cayces wie auch durch die von Jung und anderen Gelehrten zitierten, legendenartigen Berichte widerlegt wird, nach denen sich Adam einige Male wiederverkörpertc, erstmals als Enoch und zuletzt als Jesus Christus.

Wahrscheinlich kam Adam um das Jahr 12 000 vor Christus zur Erde, also etwa in der Mitte des Jungfrauzeitalters.

Alles oben Angeführte zielt darauf ab, die Theorie vom gegenwärtigen Weltenjahr zu untermauern, das in der Jungfrau beginnt und in der Waage endet. Amilius, der Schöpfer des sichtbaren Universums – *einschließlich des Zodiakus* –, bestimmte den Ablauf der Tierkreiszeitalter, als er das »Zeitalter der Jungfrau« wählte, um in seiner eigenen Schöpfung als Adam, der Menschensohn, aufzutreten. Dazu kam er in physischer Gestalt zu den Seinen, um die ihm bestimmte Rolle des Erlösers zu übernehmen.

5

Ein Arier in Ägypten

Aufbruch vom Berge Ararat

Fragen wurden laut. Unter den Älteren waren viele bestürzt und debattierten. Zweifellos kam dem Stamm des Häuptlings Zu der blauäugige Knabe mit seiner blassen Haut merkwürdig, wenn nicht gar bedrohlich vor. Er war keiner von ihnen, trotzdem mußte er wegen seiner außergewöhnlichen sozialen Stellung voll anerkannt werden.

Die Mutter des Kindes, eine Tochter des Häuptlings, berichtete: Die Götter, die über jene Gegend zwischen den Bergen des Kaukasus und dem Kaspischen Meer herrschten, hätten sie aufgesucht und die Empfängnis herbeigeführt.[1] Sie erklärte, der Knabe solle Ra Ta heißen, was soviel bedeutet wie »der erste reine Weiße auf Erden«.[2] Sie sprach von ihrem neugeborenen Sohn in der Tat so ungewöhnlich würdevoll und bestimmt, daß sich einige durch ihre Worte seltsam berührt fühlten, während anderen eher unbehaglich zumute war.

Alle wußten um ihre Unschuld und Reinheit. Keiner wagte, an der Glaubwürdigkeit ihrer Darstellung zu zweifeln, war sie doch die Tochter des Häuptlings. Und doch sah das Kind so fremdartig aus; außerdem hatte es unter den Stammesleuten keinen Vater, der es sein eigen nennen und aufziehen konnte. So forderten einige im Ältestenrat, man solle sich des Knaben entledigen. Andere wiederum warnten vor der Vergeltung durch höhere Mächte, falls man sich zu einer solch unbesonnenen Tat hinreißen lasse. Denn in jener Zeit, etwa 10600 Jahre vor dem Erscheinen Jesu Christi auf Erden[3] und nur etwa ein Jahrtausend nach Adams Ankunft, waren die Götter noch nicht so weit aus den Gedanken und Taten der Menschen verdrängt, daß man vergessen hätte, sie zu achten und zu fürchten. So wurde lediglich beschlossen, die Mutter und ihr neugeborenes Söhnchen fortzuschicken, sie zu verbannen und für immer aus dem Stamm auszustoßen; nur widerstrebend willigte Zu ein. Jedoch wurde ihnen als Begleitung eine kleine Gefolgschaft von »Dingern« mitgegeben, jener grotesken Kreaturen, die aus dem unseligen Beischlaf der Söhne Belials mit den Bestien auf Erden hervorgegangen waren und nun für die

Menschensöhne arbeiteten; diese »Dinger« sollten sie auf ihren Wanderungen beschützen und ihnen dienen.

So kam es, daß Ra Ta und seine Mutter schließlich an die Hänge des Berges Ararat gelangten. Dieser Berg war nach einem karpatischen Nomadenhäuptling benannt worden, der sich dort mit einer Schar seiner Stammesangehörigen niedergelassen hatte; er befindet sich im nordwestlichen Teil des später Persien genannten Landes oder arischen Reiches, das heute auf türkischem Staatsgebiet liegt.

König ARARAT, verwundert über das ungewöhnliche Aussehen des Kindes, hieß die Verstoßenen sofort in seinem primitiven Zeltlager willkommen. Er behandelte sie fortan als die Seinen. Obwohl Ararat das Vorgehen Zus verurteilte, spürte er doch instinktiv, daß die Götter vielleicht die Hand im Spiel gehabt hatten, als die Verstoßenen aus Gründen, die sich seiner Kenntnis entzogen, bei ihm Zuflucht suchten und sich seiner Obhut anvertrauten.

Der Knabe Ra Ta wuchs schnell zu einem anmutigen und stattlichen Jüngling heran. Immer deutlicher kam eine geradezu unheimliche hellseherische Begabung zum Vorschein, die König Ararat sorgfältig beobachtete. Oft wanderte Ra Ta allein davon, tief in tranceähnliche Meditation versunken. Vom König auf diese langen Schweigephasen angesprochen, gab er ihm zur Antwort:

»Die Götter sprechen manchmal zu mir, wenn ich sehr still bin. Es ist, als ob eine wissende innere Stimme mir Anweisungen erteilt.«

Der König nickte beifällig. »Das ist gut, mein Sohn«, sagte er zu ihm. »Achte sorgfältig auf diese Stimme. Ich glaube, die schöpferischen Kräfte sprechen durch dich, und wenn du alt genug bist, werde ich dich zu einem Priester meines Volkes machen. Du wirst dann die Menschen über das Wirken der höheren Gesetze unterrichten, die man das ›Gesetz des Einen‹ nennt. Nach diesem Wissen trachten alle redlichen Menschen.«

Ra Ta war hocherfreut: Genau dies hatte ihm seine innere Stimme als sein zukünftiges Schicksal vorausgesagt.

Des Königs eigener Sohn, ARART, hütete auf den am Berghang gelegenen Weiden die Schafe. Er war etwas älter als Ra Ta, und zwischen den beiden hatte sich eine enge Freundschaft entwickelt. Arart war in den Künsten der Kriegsführung und der Politik bewandert, doch suchte er auch nach moralischem und religiösem Wissen, das ihn eines Tages zu einem weisen Herrscher machen sollte. Da Ra Ta ein natürliches Verständnis für geistige Angelegenheiten besaß, lauschte der künftige König gebannt seinen Worten, wenn Ra Ta sich auf den hügeligen Weiden zu Arart gesellte, ihn mühelos und geduldig belehrte und ihm alle möglichen ethischen und metaphysischen Fragen wie aus einem inneren Weisheitsquell heraus beantwortete.

In seinem einundzwanzigsten Lebensjahr hatte Ra Ta eine Vision. Da sie zugleich eine Weisung beinhaltete, beeilte sich Ra Ta, dem König davon zu erzählen. Sie handelte von einer schon im Entstehen begriffenen, gänzlich »neuen Ordnung« der Dinge, und König Ararats Volk wie auch Ra Ta sollten dazu ausersehen sein, bei den kommenden Ereignissen eine entscheidende Rolle zu spielen. Unter der Leitung von Arart, dem Sohn des Königs, als ihrem neuen Herrscher und Ra Ta als ihrem spirituellen Lehrer und Führer, müßte eine neunhundertköpfige Gruppe auf einer langen Reise nach Süden in das Land Ägypten ziehen. Sie würden die dort ansässigen Eingeborenen mit göttlicher Hilfe auf möglichst friedliche Weise bezwingen und dann in jenem alten Königreich eine neue Herrschaft errichten; denn jenes Land war zwar in materieller Hinsicht weit entwickelt, geistig jedoch heruntergekommen. Ra Ta erfuhr in seiner Vision auch, Ägypten sei das spirituelle Zentrum der kosmischen Kräfte auf Erden. Er erläuterte dem König, aus diesem Zentrum sollten zahlreiche spirituelle Veränderungen und Lehren hervorgehen, um die Nationen und Rassen zu höherem Bewußtsein zu erwecken und sie auf ihren geistigen Ursprung und auf ihre Verantwortung aufmerksam zu machen. Ohne ein solches spirituelles Erwachen, so warnte Ra Ta den König Ararat, könne die Menschheit nicht darauf hoffen, eine nahe bevorstehende, große planetarische Umwälzung zu überleben; auch könnten dann die notwendigen Vorbereitungen nicht getroffen werden, um die heiligen Aufzeichnungen ihrer Ära als Warnung und Offenbarung für die Generationen einer fernen Zukunft aufzubewahren, damit sie dereinst zur rechten Zeit enthüllt werden könnten.

Gespannt betrachtete der König den neu ernannten jungen Priester, wie er da vor ihm stand: groß, wie aus Alabaster geschnitten und mit einer wallenden Mähne flachsblonden Haars. Der König hatte den inspirierten Worten Ra Tas aufmerksam zugehört, und es bedurfte nur eines Blickes in die undurchdringlichen Tiefen dieser seltsamen blauen Augen, um zu wissen, daß diese Prophezeiung beachtet werden mußte. Die Aussicht stimmte ihn allerdings ein wenig traurig, denn er würde mit den alternden Angehörigen seines Stammes auf den Hängen des großen Berges zurückbleiben, zu dem er sie einst gebracht hatte, um ihnen eine neue Heimat zu geben; unterdessen zöge sein Sohn, seinem früheren

Beispiel folgend, mit einer großen Schar kühner Pioniere in neues, fernes Land.

Obwohl ihn Ra Tas Vision überzeugte, wunderte sich Ararat insgeheim vielleicht darüber, daß ausgerechnet Ägypten als Zentrum auserkoren war. Doch den Readings zufolge war dies aus mehreren Gründen unvermeidlich:

Warum Ägypten? Dieses Land war [durch die Kräfte, die Ra Ta führten] ... zum Zentrum allen kosmischen Geschehens wie auch der geistigen Kräfte bestimmt worden, und dort waren am wenigsten Störungen durch die heftigen Erschütterungen auf Erden zu erwarten, die [bald danach] die [endgültige] Vernichtung von Lemurien, Atlantis und – in späteren Zeiten – die Sintflut bewirkten.

Untersucht man die Linien auf der Erde mittels genauer mathematischer Berechnungen, so wird man feststellen, daß ihr Zentrum in der Nähe der Stelle liegt, wo die große Pyramide [die Pyramide von Gise, die später von Ra und Hermes errichtet wurde] ... heute noch steht.

Damals gab es die mathematischen, die astrologischen und die numerologischen Anhaltspunkte wie auch den persönlichen Drang [der Ra Tas Entscheidung für Ägypten bewirkte]. (281–42)

Der Hinweis auf die »Linien der Erde« bezieht sich aller Wahrscheinlichkeit nach auf bestimmte in der Esoterik bekannte Kraftlinien, die sich vermutlich auf geheimnisvolle Weise durch den Stand der Sterne bestimmen lassen. Die prähistorische Wissenschaft könnte sich dieser Energielinien bedient haben, um die genaue Position für viele heilige Bauwerke festzulegen, die zum Teil noch heute, wie etwa Stonehenge oder die Pyramide von Gise, als stumme Zeugen eines uralten, längst vergessenen Wissens anzutreffen sind.

Was Ra Tas »persönlichen Drang« betrifft, so entsprang dieser vermutlich den in seinem Unterbewußtsein gespeicherten Erinnerungen an seinen ägyptischen Zyklus als der androgyne Herrscher Asapha. Die alten Erlebnisse zogen ihn jetzt wieder in die Region, die einst, während einer ähnlichen Phase planetarischer Krisen, als geistiges Zentrum gedient hatte. Es »wiederholt sich vieles im irdischen Geschehen und im Kreislauf der Zeit«.[4]

Die Vorbereitungen für den Aufbruch vom Berge Ararat und für die lange, gefährliche Reise, die nun bevorstand, nahmen viele Monde in Anspruch. Vorräte waren zu sammeln; Schlingen und andere einfache

Waffen mußten für die vielleicht bevorstehenden Kämpfe, aber auch zur Verteidigung auf dem Marsch und zur Jagd nach frischem Wild hergestellt werden; Ararats Krieger richteten eigens schreckliche Kampftiere ab, darunter Stiere, Bären, Leoparden und Falken; einigen davon hingen sie kunstvoll geschmiedete Dornenkrägen um, damit sie noch gefährlicher wirkten.[5] Ararat ersann diese Schreckensstrategie, um mögliche Feinde vielleicht schneller zu unterwerfen, indem sie diese einschüchterten und ohne unnötiges Blutvergießen zur Kapitulation brächten. Ra Ta zog es vor, den Ägyptern freundlich zu begegnen und sie durch »sanfte Gewalt« zu überzeugen; dies wollte er in Verbindung mit Ararts massiverer Taktik versuchen. Friede, nicht Krieg, war Ra Tas Ziel. Ihm lag daran, daß sich Ararts ins Land eindringende Scharen nicht nur mit den Völkern Ägyptens, sondern auch mit den übrigen Stammesverbänden der Menschheit vermischen sollten; dann würden sich die Menschen wieder enger mit dem Schöpfer und auch untereinander verbunden fühlen.

In Ra Tas und Ararts Umgebung lebten viele jener klassenlosen Geschöpfe, die bei den Atlantern »Dinger« hießen und nun als Arbeitskräfte dienten. In dem neuen Land, in das sie unterwegs waren, sollten sie von dem Priester aus ihrem untergeordneten Status zu potentiell gleichgestellten Wesen erhoben werden; durch Läuterung würden sie »vielleicht zu Werkzeugen, an denen die göttliche Gnade und das Wissen um geistige Einflüsse und Kräfte sichtbar werden könnte«.[6]

Die aus etwa neunhundert Seelen bestehende Karawane brach endlich auf, und Ra Ta und Arart kehrten dem Berge Ararat für immer den Rücken. Der schreckenerregende Zug, der gut eine Meile lang war, bewegte sich größtenteils zu Fuß weiter. Anstelle von Wagen oder Karren wurden Lasttiere benutzt.[7] Die Reise war lang und beschwerlich, und es waren viele zeitraubende Lageraufenthalte nötig, um wieder neue Kräfte zu sammeln und die Vorräte zu ergänzen. Doch jenseits der weiten Ebenen und zerklüfteten Berge Arabiens lag leuchtend das Land der Verheißung und des Überflusses.

Ägypten! Dort ergoß der Strom der Lebens seine überquellenden Wasser in das grüne und fruchtbare Delta, und die hellen Strahlen der Sonne fielen auf dunkelhäutige Menschen, deren anhaltender Wohlstand allmählich zu Trägheit und Materialismus geführt hatte. Die Einwohner Ägyptens waren hauptsächlich Nachkommen von Asaphas fast gänzlich in Vergessenheit geratenem Volk. Und eben dieser Asapha kehrte jetzt zu den Seinen zurück. Sie würden den fremdartigen, hellhäutigen Priester mit seiner charismatischen Ausstrahlung als ein Ebenbild der Sonne selbst ansehen.

Die Sieger und die Besiegten

König Raai war ein friedliebender Mensch. Auch zog der betagte Herrscher der Ägypter die Einsamkeit dem Prunk und dem Zeremoniell vor. Er hatte sich in der letzten Zeit immer mehr zurückgezogen, denn seiner Veranlagung nach war er eher ein Philosoph, und Staatsangelegenheiten langweilten ihn. Mit zunehmendem Alter verwendete er daher immer weniger Aufmerksamkeit darauf, sein Volk zu regieren. Er überließ es seinen Untertanen, ihre Angelegenheiten selbst zu regeln. Glücklicherweise war dies in seinem wohlhabenden Land nicht allzu schwierig, denn die Bürger lebten zufrieden genug, um ihn vor keine ernsteren Probleme zu stellen.

So schien es jedenfalls.

Doch eines verhängnisvollen Tages, gerade bei Sonnenaufgang, fielen plötzlich Arart und seine wild aussehenden Stammesangehörigen in die noch schlafende Stadt Luz ein.

Erschrockene Bauern, die schon früh am Morgen auf ihren Feldern arbeiteten, flohen entsetzt beim Anblick der herannahenden Krieger, die zu beiden Seiten von furchterregenden, blutrünstigen, an ihren Stricken zerrenden Bestien flankiert wurden. An der Spitze des seltsamen Zuges schritt mit erhobenen Händen eine hohe, bleiche Gestalt, wie sie ihresgleichen nie zuvor gesehen hatten: der Priester Ra Ta, der ihnen bedeutete, sie sollten sich ergeben und Frieden schließen.

Sie schlossen tatsächlich Frieden – nicht nur die Bauern, denen Arart und seine Krieger auf ihrem siegreichen Marsch begegneten, sondern auch die aufgeschreckte Stadtbevölkerung. Lediglich einige schlecht gewappnete und zahlenmäßig weit unterlegene Wachen vor dem Königspalast leisteten kaum ernstlichen Widerstand. Inmitten des Gefechtes trat jedoch König Raai hervor. Er gebot dem sinnlosen Widerstand seiner Leute Einhalt. Nachdem er von Ra Ta die Zusicherung erhalten hatte, daß die Eindringlinge mit guten Absichten gekommen waren, die mit den Vorschriften des »Gesetzes des Einen« im Einklang standen, übergab er sein Herrscheramt würdevoll an Arart.

So wurde Arart zum ersten der aus dem Norden stammenden »Hirtenkönige« ernannt, und seine Herrschaft begann. (Sein Sohn Araa-

RAART, der einige Jahre später in dem neuen Land geboren wurde, erhielt als zweiter diesen Titel.[8]) Die symbolische Bedeutung dieser Bezeichnung ist ungewiß, doch zweifellos brachte sie in einfacher Weise die Herkunft der neuen Regenten zum Ausdruck.

Warum unterwarf sich Raai so ohne weiteres? Den Readings zufolge handelte er nach der christlichen Maxime, das eigene Interesse zugunsten des Gemeinwohls zurückzustellen.[9] Vielleicht versuchte Raai aber auch, durch die Machtübergabe seine materiellen Güter zu retten, da ein weiterer Widerstand gegen Ararts Truppen ihn möglicherweise nicht nur den Thron, sondern auch noch alle seine Besitztümer und sogar sein Leben gekostet hätte.[10]

Unter den Ägyptern lebte ein junger Schriftkundiger und Lehrer mit ungewöhnlichen mentalen Fähigkeiten; er war das Oberhaupt einer Sekte, der sogenannten Euranianer.[11] In der Numerologie wie auch in anderen Geheimkünsten wohl bewandert, erregte er schon bald König Ararts Aufmerksamkeit. Obwohl er einmal von Ararts furchtsamem Vorgänger, König Raai, seiner Macht beraubt wurde, genoß dieser beeindruckende Denker und Okkultist noch immer großen Respekt bei vielen einflußreichen Landsleuten und hatte eine beträchtliche, wenn auch zurückhaltende Gefolgschaft. Da nun der neue Regent Arart zahlreiche grundlegende Veränderungen in der sozialen, moralischen und religiösen Ordnung des Landes vornahm, erkannte er die Notwendigkeit, eine prominente Persönlichkeit aus der einheimischen Bevölkerung an seiner Seite zu haben – gewissermaßen als vertrauenswürdigen Ratgeber, der seinem Volk die Absichten und Ziele der neuen Regierung und der neuen Gesetze erläutern konnte, die König und Priester formuliert hatten. Auf diese Weise sollte Unmut und Kritik vorgebeugt werden, die sich möglicherweise breitmachten. Den einflußreichen, jungen Führer der Euranianer mit dieser Aufgabe zu betrauen, erschien Arart sehr naheliegend.

Und so wurde der junge Ägypter in seinem zweiunddreißigsten Lebensjahr an den prunkvollen und luxuriösen Hof des mächtigen Arart berufen: in eine vergleichbare Position, wie sie Jefferson beim Entwurf der Unabhängigkeitserklärung einnahm. Wie nämlich in einem der Readings für Herrn PARKER, der jenes Oberhaupt der Euranianer gewesen war, erklärt wurde, »machte sich der Schriftkundige daran, dem Volk die Gesetze und Vorschriften zu erläutern, wie Jefferson die Idee der Freiheit lehrte ... und legte die Wahrheiten dar, die die Beziehungen des Menschen zu den höheren, schöpferischen Energien und Kräften betreffen.«[12]

Seine Berufung erfolgte im dritten Jahr von Ararts Herrschaft. Zur Zeit der Invasion Ägyptens durch Ararts Truppen[13] war der jugendliche Schreiber erst neunundzwanzig Jahre alt. Damals betrachtete man in vielen Teilen der Welt das Alter von dreiunddreißig Jahren als den Beginn der Mannesreife. Der König selbst war vermutlich nicht viel älter, und Ra Ta hatte bereits mit einundzwanzig Jahren seine erste Vision von der Reise nach Ägypten gehabt – einem Marsch, für den Ararts Truppen vermutlich ein Jahrzehnt oder länger benötigten, bedenkt man die langwierigen und wohlerwogenen Vorbereitungen wie auch die langen und häufigen Feldlager, die der riesige Troß erforderlich machte. Jedenfalls waren sowohl der »Hirtenkönig« Arart wie auch der Priester und der einheimische Schreiber recht junge Zeitgenossen. Dieses regierende »Dreigespann« muß daher mit seinen vereinten Kräften, die auf die Verwirklichung des vom Priester vorgegebenen Ideals und auf geistige Reformen gerichtet waren, dieses Land, das natürlich an sein früheres gemächliches Tempo und an materialistische Ziele gewöhnt war, in beträchtliche Unruhe versetzt haben. Es konnte daher nicht ausbleiben, daß die Unzufriedenheit wuchs, besonders in der ehemals herrschenden Klasse. Immer vernehmlicher erhoben sich die Stimmen der Unzufriedenen, als Ra Tas unablässige Bemühungen im Lauf der Jahre zu immer einschneidenderen Reformen führten, wobei auch die letzten Spuren einer materialistischen, klassenbewußten Kultur durch eine von den Grundsätzen der Gleichheit und Spiritualität ausgehenden Regierung verschwanden. Vor allem die ihrer Ämter enthobenen Aristokraten, die über den Verlust ihrer Privilegien verärgert waren, zeigten sich zunehmend rebellischer. Sie protestierten, da sie ihre Interessen nicht ausreichend berücksichtigt sahen.

Genau zu diesem Zeitpunkt tat König Arart einen völlig unerwarteten Schritt. Sein im neuen Land geborener Sohn und Erbe, ARAARAART, war zwar erst sechzehn Jahre alt, also noch ein Jüngling; doch Arart ahnte, daß sich genau diese Tatsache zu seinen Gunsten auswirken würde. Er beschloß, dem Knaben seinen Thron zu überlassen und dann den ägyptischen Schriftkundigen, dem zu vertrauen er gelernt hatte, zu einem regelrechten Mitglied des königlichen Haushalts zu machen und ihm den Namen »AARAT« als Familiennamen zu geben. Weiter plante er, Aarats bemerkenswerte Talente sozusagen als Gegengewicht zu dem neuen, jungen König einzusetzen, indem er ihn in die Stellung eines Sonderberaters für den jugendlichen Regenten erhob. Dies erwies sich als eine kluge Strategie. Die einheimische Bevölkerung wurde durch diese versöhnliche Geste erheblich besänftigt, und die verschiedenen Reformen, die im Gange waren, konnten wie vorgesehen weitergeführt werden. Der zurückgetretene König behielt sich selbst eine Rolle im Hintergrund vor; im übrigen vertraute er darauf, daß sein Sohn, der trotz seiner Jugend von schneller Auffassungsgabe und auch redegewandt war, schon bald mit der Macht weise umgehen lernen und sich als hervorragender Herrscher erweisen würde. Fast hätte er recht behalten.

Als er dreißig Jahre alt war, untersuchte Araaraart II., wie dieser nächste »Hirtenkönig« genannt wurde, die politischen Verhältnisse in seiner persönlichen Umgebung und traf dann eine scheinbar kluge Entscheidung. Zum einen wollte er vielleicht den weitreichenden Einfluß seines ägyptischen Beraters Aarat eindämmen, zum anderen den Anschein einer demokratisch ausgerichten Regierung erwecken; so bildete der junge König ein Kabinett, einen Rat mit zwölf Mitgliedern[14], die er je zur Hälfte aus der einheimischen Bevölkerung und aus seinem eigenen Volk auswählte. Diese zwölf, die sich untereinander und mit dem König berieten, sollten ihn bei seinen Entscheidungen in Staatsangelegenheiten unterstützen. In das wichtige Amt des Obersten Ratgebers berief Araaraart II. eine etwas machiavellistische Figur namens Asriaio, einen Landsmann aus dem Norden, der bereits am Hof seines Vaters Oberster Ratgeber gewesen war.

Wenn diese Neuerungen auch den Eindruck erweckten, die Forderungen und Bedürfnisse des Volkes würden nun mit größerem Nachdruck am Hof vertreten, so bedeuteten sie für den jungen König doch auch einen beträchtlichen Machtzuwachs gegenüber seinem ägyptischen Rivalen Aarat, dessen Stimme fortan nur noch eine von zwölfen sein würde. Dennoch sollte sich dieser Schachzug letzten Endes zum Nachteil der Interessen des Königs auswirken, da Araaraart nun zunehmend auf den Rat anderer hörte, statt auf seine eigene innere Stimme.

Ra Ta, der Hohepriester, sollte ein weiteres Opfer von Araaraarts politischen Manipulationen werden.

Anfänglich traf Ra Tas Ernennung zum Hohenpriester, der als höchste Autorität in allen religiösen oder spirituellen Angelegenheiten sowohl über das einheimische Volk wie auch über Ararts Leute bestimmte, im neuen Land auf eifersüchtigen Widerstand und heftige Ablehnung seitens gewisser einflußreicher Kreise. Diese deutlich vernehmbare Opposition verstummte jedoch allmählich, da die visionären psychischen Kräfte des Priesters sogar für seine lautstärksten Gegner immer klarer zutage traten. Zuletzt wagten sie es nicht länger, sich gegen ihn auszusprechen. Zudem hatten seine Pläne für eine moralische und spirituelle Erneuerung Ra Ta nach und nach zu einer Persönlichkeit gemacht, der das Volk mit Respekt und Ehrfurcht begegnete. Höhepunkte seines Erfolges waren die außerordentlichen Ergebnisse bei den Läuterungsritualen: Im Opfertempel befreite er die »Dinger« von ihren grotesken Behinderungen wie Pferdefüßen, Schwänzen oder Federn und anderen Verunstaltungen und Auswüchsen, und im Schönen Tempel bildete er diese Seelen nach ihrer physichen Reinigung mental und geistig für den höheren Dienst an Gott und der Menschheit aus. In ihrer Unwissenheit hielten manche den Priester selbst für einen Gott.

Die Ägypter waren Ararts eher bäuerlichen, einfachen Stammesleuten kulturell überlegen. So vergnügten sie sich beispielsweise schon seit langem mit Luftreisen in gasgefüllten Ballons, die die Atlanter in vergangenen Zeiten bei ihnen eingeführt hatten. Und als nun evakuierte Atlanter in ständig wachsender Zahl eintrafen – sie verließen ihre Heimat, da ihre Priester und Priesterinnen sie vor der bevorstehenden Vernichtung Poseidias gewarnt hatten und der Kampf mit den Söhnen Belials immer heftiger tobte –, sah Ra Ta eine Gelegenheit, andere Gegenden der Welt, in denen sich Menschensöhne versammelt hatten, zu besuchen. Er bereiste Indien, das Land Gobi, Og und das heutige Peru wie auch die Karpatenregion; überall sprach er zu den geistigen Führern über die kommende, neue Ordnung der Dinge und über die Vorbereitungen für die eben entstehende, neue Wurzelrasse. Er ging auch nach Alta, in die Hauptstadt von Poseidia, wo er sich mit vielen Anhängern des Gesetzes des Einen beriet. Einer der dortigen Führer, ein großer Weiser namens HEPT-SUPHT, beschloß, mit dem Priester nach Ägypten zu ziehen und ihn bei seinen umfassenden Reformen zu unterstützen. Denn er wie auch Ra Ta wußten, daß Ägypten in naher Zukunft zu einem bedeutenden geistigen Zentrum werden sollte und zu einem Ort, an dem die unersetzlichen Aufzeichnungen ihrer Ära versiegelt und verwahrt werden sollten, so wie es in Atlantis bereits geschehen war und später auf Veranlassung Iltars in Yucatan geschehen würde.[15]

Diese mehr esoterischen Aktivitäten betrafen die geistigen Angelegenheiten des Landes, doch Ägypten erlebte auch rapide Entwicklungen auf dem Gebiet des Handels, der Bautätigkeit und der Künste. Unter der Oberaufsicht Ararts I. und später seines Sohnes und Nachfolgers, Araaraarts II., wurde der Bergbau, vor allem auch die Suche nach kostbaren

Schmuck- und Edelsteinen und nach Mineralien wie Zink, Kupfer, Zinn und ähnlichem energisch vorangetrieben. Immer mehr Tempel und andere Bauwerke wurden errichtet. Vorratshäuser entstanden an den Knotenpunkten der Straßen und dienten als Umschlagplätze für den internationalen Tauschhandel der Kaufleute aus aller Herren Länder. Ägypten blühte auf.

Trotz des Wohlstandes war jedoch nicht jedermann glücklich. Viele der früheren Vergnügungen hatte der Priester für ungesetzlich erklärt. Seine immer häufigeren Abwesenheiten – er besuchte oft andere Erdteile, wo er sich mit geistigen Führern beriet – wurden daher als willkommene Gelegenheit benutzt, sich erneut den sinnlichen Ausschweifungen hinzugeben, die Ra Ta verboten hatte. Die Zubereitung berauschender Getränke war eine davon, und eine weitere bestand im sexuellen Mißbrauch jener armen, gequälten Kreaturen, die die verschiedenen Stadien der Reinigung und höheren Entwicklung im Opfertempel und im Schönen Tempel durchliefen.

Als der Priester überraschend von einer archäologischen Expedition zurückkehrte, erfuhr er aus erster Hand von dieser Mißachtung seiner Gebote. Er geriet außer sich vor Zorn. Zu seiner Enttäuschung hatten nicht nur verärgerte ägyptische Untertanen die Gesetze übertreten, sondern auch einige Leute aus Araaraarts eigener Sippe. Ra Ta wandte sich mit seinen Beschwerden an die Ratsversammlung.

Unschuldig und vertrauensselig wie er war, ahnte der Priester allerdings nicht, daß einige der Ratsmitglieder selbst auf der Seite der Gesetzesbrecher standen. Zu ihnen gehörte auch der Oberste Ratgeber ASRIAIO; er hatte den üblen Machenschaften von Ra Tas Feinden nachgegeben, die auf Möglichkeiten sannen, den Priester in Verruf zu bringen und zu stürzen. So kam es zum ersten Konflikt zwischen Kirche und Staat in der Geschichte der Menschheit.

Wenn der Teufel keine andere Möglichkeit findet, eines Mannes habhaft zu werden, so schickt er eine Frau. Und genau dies taten die Verschwörer.

Eines von Ra Tas Geboten lautete, daß kein Mann mehr als eine Frau haben solle. Nur zu gut kannte man jedoch den leidenschaftlichen Wunsch des Priesters, möglichst viele Vertreter der in der Entstehung begriffenen weißen Rasse heranzubilden, zu der er selbst gehörte. Ra Ta wußte, wie die Haut eines Menschen aufgehellt werden konnte; er wendete diese äußerst bemerkenswerte Fähigkeit, die er sich vermutlich bei den Atlantern angeeignet hatte, mit wechselndem Erfolg bei den Läuterungsritualen im Opfertempel und später dann auch im Schönen Tempel an. Er war so eifrig bestrebt, den Gang der Evolution zu beschleunigen, daß er diesen »blinden Fleck« in seinem Verständnis und seiner Handhabung geistiger Gesetze, denen derartige Angelegenheiten unterworfen sind, gar nicht bemerkte.

Da sie also von dieser einen Schwäche des Priesters wußten, zogen die Verschwörer auch ihren Nutzen daraus. Im Schönen Tempel trat eine Tänzerin namens ISRIS auf, die ihrer hellen Hautfarbe und ungewöhnlichen Anmut und Schönheit wegen von vielen Männern heftig begehrt wurde. Als Tochter des zweiten Opferpriesters war sie eine besondere Favoritin des jungen Königs Araaraart II. Wenn sie nun davon überzeugt werden konnte, daß eine Verbindung mit dem Priester einem guten Zweck diene, nämlich der Zeugung wirklich perfekter Nachkommen, würde der nächste Schritt recht einfach sein: Ein verführerischer Blick aus Isris Augen und ein paar schmeichelnde Worte, und schon hätten die Verschwörer leichtes Spiel mit dem Priester.

Natürlich kam alles wie erwartet: Neun Monate nach der gesetzeswidrigen Vereinigung mit Ra Ta brachte die Tänzerin eine Tochter zur Welt. Jetzt galt es nur noch, die Falle zuschnappen zu lassen, die den Priester überführen würde, sein eigenes Gebot zu verletzen. Der Fall gelangte zur Rechtsprechung vor den König. Daß Ra Ta das von ihm selbst erlassene Gesetz übertreten hatte, erzürnte Araaraart vielleicht weniger als der Umstand, daß ausgerechnet seine Lieblingstänzerin Isris die Partnerin bei diesem sexuellen Fehltritt war. So ließ er sich leicht davon überzeugen, daß Ra Ta bestraft werden müsse. Die Frage war nur, ob man ihn töten sollte, wie es einige Extremisten unter den Ratsmitgliedern forderten, oder ob eine weniger drastische Strafe für den unglücklichen Priester, der beim König in Ungnade gefallen war, genügte?

Schließlich wurde Araaraart von seinem Obersten Ratgeber Asriaio gedrängt, die beiden Missetäter zu verbannen. Aarat, der Ägypter, unterstützte diesen Vorschlag.

Ra Ta wurde also ins Exil geschickt, begleitet von 231 Seelen, die ihm die Treue hielten. Zu ihnen zählten der atlantische Weise Hept-supht und die Lieblingstochter des Priesters, ARIS-HOBETH, deren Name soviel wie »die Begünstigte« bedeutete. Diese beiden und auch die traurige, reumütige Isris erleichterten dem Priester die nun bevorstehenden, harten Exiljahre im fernen nubischen Gebirge.

Aus der verhängnisvollen Vereinigung von Ra Ta und Isris war ein hübsches, aber unglückliches Mädchen mit Namen Iso hervorgegangen;

der rachsüchtige König behielt es als Geisel zurück. Obwohl gut für es gesorgt wurde, starb es an Vereinsamung, ehe die Zeit des Exils vorüber war. Ein Reading ergab, daß es sich bei diesem Kind um Gladys Davis Turner, Edgar Cayces Zwillingsseele, gehandelt hatte, die der Leser bereits aus früheren Kapiteln kennt.

Während der Priester und die mit ihm ziehenden Verbannten unter der glühenden ägyptischen Sonne nach Süden unterwegs waren, sann Ra Ta wehmütig über die weitreichenden und tragischen Konsequenzen des Augenblicks nach, in dem er seiner Schwäche erlegen war. Und als er auf die vor ihm liegenden purpurfarbenen Berge Nubiens blickte, die in ihrer schwarzen Majestät bedrohlich und geheimnisvoll aufragten, glaubte er, gleich einem schwachen Echo das spöttische Gelächter der Götter zu vernehmen.

Der Priester im Exil

Die Cayce-Readings zur Ra Ta-Periode nennen die Stätte des Exils abwechselnd das »nubische« oder »libysche« Gebirge, und ebenso werden die Bewohner der Gegend entweder als Libyer oder Nubier bezeichnet. Mindestens an einer Stelle wird Abessinien, das heutige Äthiopien, als der Schauplatz des weiteren Geschehens erwähnt.[16] Dorthin wurden Ra Ta und die Schar der mit ihm Verbannten entweder auf ausdrücklichen Befehl Araaraarts geschickt, oder sie entschlossen sich aus freien Stücken, diese Gegend aufzusuchen.

Angesichts der einzigartigen Verbindungen, die ihn dort erwarteten, nehme ich an, daß Ra Ta wieder von visionären Eingebungen geführt wurde. Möglicherweise forderten die Exilbestimmungen des Königs lediglich, daß der Priester an einen Ort außerhalb der ägyptischen Grenzen verbannt wurde. Auch wenn das libysche Reich tatsächlich vom König vorgegeben worden war – und zugegebenermaßen heißt es im Reading 294–151: »Diese Leute wurden nach Libyen gesandt!« –, kann man vermuten, daß zumindest die Wahl des nubischen Gebirges auf Ra Ta zurückgeht.

Dafür spricht eine Bemerkung im Reading 294–248, die besagen könnte, daß Ra Ta eben diesen Ort seiner Verbannung in den nubischen Bergen bereits kannte. Obwohl dieser Hinweis keine eindeutigen geographischen Angaben enthält, spielt das Reading auf Ra Tas Rückkehr von »einem jener Besuche auf dem Berg« an. Darüber hinaus betrifft es eine Zeit unmittelbar vor dem Verrat an Ra Ta, als er die ersten Beweise für das lüsterne Treiben und andere selbstsüchtige Handlungen jener entdeckte, die für den Opfertempel zuständig waren. Lag es für den Priester, als er sich nach Libyen ins Exil geschickt sah, nicht nahe, zu dem Berg zurückzukehren, auf dem er erst kürzlich meditiert und Forschungen angestellt hatte? Der Zweck dieser Forschungen, die offenbar schon eine Weile andauerten, bestand darin, »zu ergründen, unter welchen sozusagen archäologischen Bedingungen die früheren Bewohner dieser Länder lebten«.[17] Nachdem Ra Ta in einer weit zurückliegenden Inkarnation als Asapha in Oberägypten regiert hatte, stiegen aus der Tiefe seiner Psyche sicherlich Erinnerungen an das gesamte Gebiet und die damaligen Einwohner auf, über die er vermutlich geherrscht hatte.

Welche Rückschläge Ra Ta als entmachteter Hoherpriester in Ägypten auch immer einstecken mußte, in Nubien wurde er dafür reichlich entschädigt:

In Nubien erwartete sie eine derartige Veränderung, daß sie in jeder auf das menschliche Leben zutreffenden Hinsicht bessere Bedingungen vorfanden... Da der Priester in jener Zeit eine immer engere Verbindung mit den schöpferischen Kräften bekam, waren auch die Möglichkeiten für Ra Tas Selbst oder seinen Körper um so größer, diese Verbindung *materiell* sichtbar zu machen. Aus diesem Grunde herrschte Frieden, nicht nur bei den Menschen in der Umgebung des Priesters, sondern im ganzen Land. (294–150)

Auch leitete Ra Ta bemerkenswerte Unternehmungen in die Wege, die teilweise bis in die Gegenwart fortwirken:

Man begann in Nubien, Denkmäler zu errichten, die zum Teil noch heute im Gebirge jenes Landes zu sehen sind. Ganze Berge wurden ausgehöhlt, bis man zu den ewigen Feuern gelangte, die bis heute brennen. Der Priester begann damals, die Wirkungen der Zeit dazustellen, indem er die geographische Länge und Breite (wie man sie heute nennt) berechnete und auch die Bewegungen der Sonne und der Sterne, die Konstellationen und die verschiedenen Einflüsse, die an einem Ort festzustellen sind. So wurden in Nubien erstmals jene Phasen berechnet, in denen die Sonne auf das menschliche Leben Einfluß nimmt – denken wir daran, daß in dieser Periode die *gegenwärtige Rasse* ins Leben gerufen wurde. Ra Ta untersuchte diese *Einflüsse* in ihrer Wirkung auf den Körper, die Psyche, den Geist und die Seele. (294–150)

Was meinte Cayce, als er im eben zitierten Abschnitt auf »diese Periode« verwies, in der »die gegenwärtige Rasse ins Leben gerufen wurde«? Die Antwort hängt davon ab, wie man die mehrdeutige Formulierung auslegt – und unklare Textstellen gehören zu den Haupthindernissen bei der Arbeit mit den Cayce-Readings. Spielt der Ausdruck »diese Periode« auf Ra Tas und nicht auf unsere Ära an? Meiner Ansicht nach ja. Dann bezieht sich dieser Hinweis zweifellos auf die Entstehung unserer gegenwärtigen, nämlich der vierten Wurzelrasse, zu einer Zeit, in der die adamische Epoche noch in den Anfängen lag.

Wie wir sehen, umfassen Ra Tas esoterische Bemühungen alle Arten von Himmelsbeobachtungen und wissenschaftlichen Forschungen, die einen Teil unseres Erbes ausmachen. An den Readings über Ra Ta, aber auch über spätere Inkarnationen fällt auf, wie nachdrücklich Edgar Cayce immer wieder von der Rolle der Sonne, des Mondes, der Planeten und der Sternbilder spricht, nicht nur hinsichtlich ihrer Gesamtwirkung auf das menschliche Leben, sondern auch auf andere Daseinsformen sowie auf den Planeten Erde selbst. Neben den Kundgaben zu speziell diesem Thema gehen auch Cayces sämtliche Lebensreadings auf astrologische Aspekte der Seelenentwicklung ein. Beispielsweise ist die Rede davon, es gehöre zu den Erfahrungen einer Seele, zwischen ihren irdischen Verkörperungen eine gewisse Zeit auf geistigen Ebenen, irgendwo in unserem Sonnensystem, im Bereich bestimmter Planeten zu verbringen. Schließlich wird in den Cayce-Readings darauf hingewiesen, daß sich die Seele, nachdem sie ihre Lernprozesse in unserem Sonnensystem abgeschlossen hat, für ihre Weiterentwicklung durch die Sphäre von Arkturus oder Polaris hindurch zu anderen Bewußtseinsebenen begibt.

Die Nubier waren ein kriegerisches Volk. Sie reagierten daher auch feindselig, als der Hohepriester aus dem ägyptischen Königreich im Norden nun urplötzlich mit einer großen Gefolgschaft ankam und Anstalten machte, auf einer gut sichtbaren Hügelkuppe, auf der zuvor seine Ausgrabungen stattgefunden hatten, eine Exilgemeinde zu gründen. Ein derartig kühnes Vorgehen empfanden die Nubier zunächst als bedrohlich.

Doch der charismatische Priester konnte sie schon bald durch sein Vorbild und seine Grundsätze für sich gewinnen: Seine erhabene Lehre schlug Wurzeln und gereichte den Nubiern wie auch seinem eigenen Volk zum Segen. Zu Ra Tas ersten Anhängern zählte ein nubischer Prinz; er war einer der zahlreichen Einheimischen, die den Priester und seine Gefolgsleute etwa neun Jahre später bei ihrer triumphalen Rückkehr nach Ägypten begleiteten.

Die siebzehnjährige libysche Prinzessin AI-SI hatte sich ebenfalls zu Ra Tas Lehren bekehren lassen; auch sie war dazu bestimmt, ihm nach Ägypten zu folgen. Dort wurde sie Musikantin und Priesterin im Schönen Tempel und zeichnete sogenannte »Lebenssiegel«, die die Schlüsselsymbole für die Evolution einer Seele auf Erden darstellten.

Auf dem Berg wurden nun auch Gebetstempel und etwas abseits liegende Gebäude errichtet, in denen verheiratete Paare und ihre Familien wohnen konnten. Dies wich deutlich von den ägyptischen Bräuchen ab, nach denen Männer und Frauen streng voneinander getrennt lebten und nur zu festgesetzten Zeiten zum Vollzug der Ehe in dafür bestimmten Räumen zusammenkamen. Dieses neue, häusliche, familiäre Leben, das Ra Ta auf seinen Reisen in einigen Ländern beobachtet hatte, brachte seinem Volk ein neuartiges Glücksgefühl, Wohlstand und Frieden.

Die Kunde von Ra Tas bemerkenswerten Leistungen kam nicht nur König Araaraart in Ägypten zu Ohren, dessen Herz bereits von Reuegefühlen gequält war, sondern drang auch in ferne Länder und lockte Sucher an.

Einer von ihnen war der große Eingeweihte HERMES. Die Geschichte kennt Hermes unter verschiedenen Beinamen. Bei den Ägyptern hieß er TOTH oder TOTH-HERMES, die Griechen verliehen ihm später den legendären Titel HERMES TRISMEGISTUS, was »dreimal Großer« bedeutet. Für die alten Ägypter war er »der Schreiber der Götter« und der »Herr der göttlichen Worte«; auch wurde er als »das Herz und die Zunge Ras« angesehen. Aber um seine Identität wirklich zu erfassen, müssen wir uns einer kaum bekannten islamischen Legende zuwenden, die im Jahre 1352 nach Christus von Îbn Batuta aufgezeichnet wurde. Sie besagt, daß Hermes kein anderer war als der Patriarch ENOCH (den muselmanischen Gelehrten als Idrîs bekannt), und daß *er es war, der die Pyramide von Gise erbaute.* In der apokryphen Literatur finden sich reichlich Hinweise darauf, daß Enoch, der offenbar in seinem 365. Lebensjahr den Blicken seines Volkes entrückt wurde – »denn Gott hatte ihn weggenommen« (Genesis 5, 22) –, in Wirklichkeit viele weitere Jahrzehnte damit zubrachte, in der ganzen Welt umherzureisen; offenbar wollte er die Menschen vor drohenden katastrophalen Umwälzungen warnen und sie von der Notwendigkeit überzeugen, sich wieder auf Gott zu besinnen. Möglicherweise war er es sogar, der Noah einige Jahrhunderte später vor der nahe bevorstehenden Sintflut warnte.

Die Edgar-Cayce-Readings bezeichnen Enoch als eine Inkarnation von Jesus Christus, der in einem noch weiter zurückliegenden Erdenleben als Adam verkörpert gewesen sein soll. Sehr alte Quellen – C. G. JUNG und auch MANLY P. HALL zitieren sie in einigen ihrer Veröffentlichungen – stellen Adam, Enoch und Jesus ebenfalls als ein und dieselbe Wesenheit in verschiedenen Verkörperungen dar. Daß Enoch und Hermes wesensgleich sind, deckten schließlich Personen auf, die Edgar Cayce nahestanden. Wiederholt war von Hermes als einer Verkörperung Jesu Christi die Rede, vor allem in Reading 281–10, in dem etliche Fragen einer Frau BARLOW beantwortet wurden. Sie erfuhr, daß sie in Ägypten als ISAHOLLI mit der Wesenheit des späteren Jesus Christus verbunden war. Da sie dem Priester während seines Exils als Dienerin aufgewartet hatte und auch zugegen war, als sich Hermes zum ersten Mal bei ihnen einfand, liegt diese Schlußfolgerung nahe: Hermes und Jesus Christus waren zwei Verkörperungen derselben Wesenheit.

Im Reading 69–1 wird Hermes einfach »der Lehrer« genannt: »Die Wesenheit Isaholli befand sich unter jenen, die auf dem heiligen Platz warteten, wo damals der Priester und *der Lehrer* die moralischen Gebote, die Strafgesetze und die geistigen Regeln darlegten.« (Hervorhebung vom Verfasser.) Reading 281–43 weist ausdrücklich auf den »erhabenen Lehrer« in Ägypten hin.

Hermes begleitete die Verbannten später bei ihrer Rückkehr nach Ägypten. Als Meisterarchitekt leitete er dann den Bau der Pyramide von Gise. Es ist nicht allzu überraschend, daß er maßgeblich an der Errichtung dieses Bauwerks beteiligt war. Die »Pyramide der Erkenntnis« genannt, war sie als ein Einweihungstempel geplant, zu dem Hermes in einem späteren Zeitalter als JESUS zurückkehren würde; dort sollte er von JOHANNES DEM TÄUFER nach den Riten der Essener eingeweiht werden und sich auf seinen Leidensweg vorbereiten. So wollen es jedenfalls die Readings wissen ...

Daß mit der für Jesus so zutreffenden Bezeichnung »erhabener Lehrer« Hermes gemeint war, wird durch einen Hinweis im Reading 69–1 unterstützt; ihm zufolge »vermittelte« Isaholli nach der Rückkehr aus dem Exil tatkräftig »zwischen dem König, *dem Lehrer* und dem Minister [d. h. dem Priester]« (Hervorhebung vom Verfasser).

Die Jahre im Exil zogen sich lange hin. Aus Ägypten kamen Boten zu Ra Ta, die von zunehmenden Unruhen und Zwistigkeiten zwischen den Einheimischen und Araaraarts Leuten berichteten; dazu schilderten sie noch die Schwierigkeiten, die der rapide anwachsende Zustrom von Atlantern verursachte, die aus ihrer zum Untergang geweihten Heimat flohen. Den Priester machte diese Kunde sehr niedergeschlagen. Er, den seine Vision mit weit gesteckten Zielen nach Ägypten geführt hatte, mußte nun befürchten, daß die Früchte seiner gesamten früheren Arbeit durch den Streit und die Zwietracht zunichte gemacht würden, die im Laufe seiner langen Abwesenheit entstanden waren. Sein Kummer wurde noch größer, als er vom Tod seiner kleinen Tochter Iso erfuhr, die der rachsüchtige König als Geisel zurückbehalten hatte.

Seine Jahrzehnte zuvor in Ägypten begonnene Arbeit hatte Ra Ta in den nubischen Bergen fortgeführt und dabei sichtbare Erfolge erzielt. Trotzdem sehnte sich Ra Ta nach einer Aussöhnung mit seinem Volk wie auch mit dem jungen König, der ihn in die Verbannung geschickt hatte. Er und seine Gefährtin Isris hatten für ihre gesetzeswidrige Vereinigung, die der Priester in seinem Übereifer als ein zulässiges Mittel angesehen hatte, die Entwicklung der neuen weißen Rasse zu fördern, teuer bezahlen müssen. Er gestand sich nun ein, daß er gefehlt hatte, wenn auch das Strafmaß in keinem Verhältnis zu seinem Vergehen stand. Schließlich war das Gesetz, das er – verführt durch eine Hinterlist seiner Gegner – übertreten hatte, nicht vom König, sondern von ihm selbst als Hohempriester erlassen worden.

Im neunten Jahr seines Exils erfuhr er schließlich, daß der König die Verbannung aufgehoben, ihn begnadigt und ihm seine frühere Position als höchste geistige Autorität wieder verliehen hatte. Dies war ein Augenblick bittersüßen Triumphs für »diesen armen, gebrechlichen Ausgestoßenen«,[19] wie seine damalige Verfassung beschrieben wird.

Die Anhänger des Priesters nahmen diese Neuigkeiten mit gemischten Gefühlen auf. Viele von ihnen waren nämlich inzwischen mit den Nubiern verschwägert und wollten ihre Verwandten und Freunde nicht verlassen. Außerdem kam die Begnadigung durch den König nur nach ermüdenden und langwierigen Verhandlungen zwischen den beiden Parteien zustande, und nun kam sie vielleicht zu spät, denn ihr Führer war schon über hundert Jahre alt. Die Menschen, die Ra Ta am nächsten standen und seine zunehmende Schwäche bemerkt hatten, befürchteten, er würde nicht mehr lange leben. Es wäre wirklich sehr tragisch, wenn er gerade jetzt, da seine Ehre gerettet war und er seinen Sieg feiern konnte, nicht mehr die Energie oder den Willen hätte, ein zerstrittenes Volk wieder zusammenzuführen und es zum Gesetz des Einen zurückzubringen.

Wenngleich auch andere an einer Wiedergenesung des Priesters zweifelten, einer zweifelte nicht: der altehrwürdige Weise und Lehrer Hermes. Er wußte, was er wußte. Und er sagte nichts, denn das entsprach seiner Art.

Vielen war diese alterslose Gestalt, die plötzlich wie aus dem Nichts bei ihnen aufgetaucht war, ein Rätsel. Seine visionären Äußerungen richteten sich meistens an den Priester, der ihm immer aufmerksam zuhörte. Wie der Priester hatte auch er seltsame, prophetische Träume, doch sein eigentliches Geheimnis lag tiefer. Der alte, bärtige Mann hatte etwas Unheimliches. Er mußte seine durchdringenden, graublauen Augen nur einen Moment lang schließen, und schon konnte er genauso leicht in die Vergangenheit und in die Zukunft blicken, wie ein Jäger seine Beute im Visier behält. Alles Wissen schien ihm jederzeit zur Verfügung zu stehen.

Dennoch war dieser mysteriöse Hermes stets bescheiden und selbstlos. Dies vor allem machte ihn so geheimnisvoll. Man spürte, daß sich unter seinem perlgrauen Gewand der strahlende Glanz eines Gottes verbarg.

Ein Königreich in Aufruhr

Dem König war von Anfang an nichts als Kummer beschieden.

Eifersucht führte Araaraart II. ins Verderben. In Augenblicken der Besinnung verwünschte der junge Herrscher insgeheim den Tag, an dem er auf die Stimmen der Verschwörer unter seinen Beratern gehört hatte. Sie hatten seine offensichtliche Schwäche für die Tempeltänzerin Isris ausgenutzt, um seinen Zorn auf den Priester zu entfachen, der in die Falle gegangen war. Hätte Ra Tas Gesetzesbruch eine andere als die Lieblingstänzerin des Königs betroffen, so wäre er kaum derart in Wut geraten, und aller Wahrscheinlichkeit nach wäre der Priester niemals auf Geheiß des Königs aus dem Land gejagt worden. Doch der König war nicht nur schlagfertig, sondern auch jähzornig. Dies war einer seiner charakterlichen Mängel. Und da er sich durch andere zu bestimmten Handlungen hatte drängen lassen, mußte er in seiner Eigenschaft als König zu dem stehen, was viele Menschen in seiner Umgebung und im ganzen Reich in zunehmendem Maß als eine schwerwiegende Fehlentscheidung ansahen.

Der impulsive Araaraart konnte allerdings nicht wissen, warum er sich stets auf eine so seltsame und unwiderstehliche Art zu Isris hingezogen fühlte – und Isris hatte seine Gefühle niemals zu dämpfen versucht: Als sie sich erstmals auf Erden verkörperten, waren sie Zwillingsseelen.[20] Diese außergewöhnliche Beziehung mag als mildernder Umstand gelten, wenn man sich über die harte Entscheidung des Königs ein Urteil bildet. In einem viel späteren Leben im Heiligen Land, als sich der ehemalige jugendliche Herrscher Ägyptens als ein tugendhafter und treuer Jünger Jesu Christi mit Namen ANDREAS inkarnierte, wachte seine Zwillingsseele aus dem Jenseits über seine Taten; sie weilte zu jener Zeit nicht auf der Erde und wurde zu einem »Schutzengel«, wie man sagen könnte. Im zwanzigsten Jahrhundert schlüpfte der einstige Araaraart, seinem Karma entsprechend, in eine Rolle, die ihn bis an die Grenzen seiner Kraft forderte: Er wurde der treu sorgende und hilfsbereite Sohn eben dieses Priesters, den er einstmals ins Exil geschickt hatte, und Isris erschien als seine geliebte Mutter.

Der Urteilsspruch des Königs löste bürgerkriegsähnliche politische Unruhen aus, und bald entbrannte auch ein Glaubenskrieg. Die politische Revolte wurde von Araaraarts jüngerem Bruder RALIJ, dem Prinzen der Region von Ibex, in dem Bemühen entfacht, die Macht an sich zu reißen. Vermutlich plante er ursprünglich die Intrige gegen den Priester, um einen Keil zwischen die weltliche und die spirituelle Macht zu treiben und dadurch die Autorität des König zu untergraben. Doch er erreichte sein Ziel nicht, denn der Aufstand der Ibexer wurde niedergeschlagen. Zu den religiösen Streitigkeiten kam es, als übereifrige Anhänger des vertriebenen Priesters Ra Ta, angeführt von einem gewissen OELOM, den Palast zu stürmen versuchten. Der Rebellenführer wurde im anschließenden Gefecht mit den Truppen des Königs getötet. (Eben dieser Oelom lebte in neuerer Zeit als Cayces »offizieller« Biograph und verteidigte die Sache des Priesters nun auf eine vernünftigere Art.)

Diese und ähnliche Geschehnisse machten die einheimischen Ägypter immer rebellischer, und eine Reihe von königlichen Erlassen wurde nun ungestraft mißachtet. Die nach Ägypten strömende Flut von Atlantern, die vor den heftigen Erdstößen in Poseidia flohen, beobachteten ungläubig und voller Verachtung den allmählich um sich greifenden Zerfall von Recht und Ordnung in dem einstmals so vielversprechenden Königreich.

Araaraart war in arger Bedrängnis. Er mußte eine Lösung für sein Dilemma finden, wenn er seine ins Wanken geratene Herrschaft nicht noch mehr gefährden wollte. Sein Oberster Ratgeber Asriaio, nun ernsthaft betroffen über die ungünstige Wende der Ereignisse, trachtete danach, seinen damaligen unheilvollen Ratschlag wiedergutzumachen. Der schlaue, alte Politiker schlug vor, der König solle eine ausgewählte

Gruppe einheimischer Anhänger des Priesters, die beim Tempeldienst eine wichtige Rolle gespielt hatten, aus Nubien zurückholen. Nach seiner Überzeugung würde dies die ungebärdige Bevölkerung besänftigen.

Aber der König widersprach. Mit dieser Maßnahme würde er nur seine Schwäche eingestehen, argumentierte er.

So nahmen die Ereignisse zunächst einen mehr oder weniger chaotischen Fortgang, doch allmählich beruhigte sich die Lage wieder ein wenig. Ständig traten allerdings verschiedene einflußreiche Persönlichkeiten mit dem Vorschlag an den König heran, den verstoßenen Priester zurückzurufen; dies sei das einzige Mittel, das Volk zu einen und die Ordnung wiederherzustellen.

Lautstark meldeten sich die Atlanter zu Wort und verschafften sich beim König am meisten Gehör; sie hatten mittlerweile an Macht gewonnen und bildeten eine wichtige und äußerst eigenständige Gemeinschaft im Land. Ihre Führer bestanden immer nachdrücklicher auf der Rückkehr des atlantischen Weisen Hept-supht, der einige Jahre zuvor als einer der Führer des Gesetzes des Einen mit dem Priester nach Ägypten gekommen und ihm auch ins Exil gefolgt war. So sah sich der König zuletzt aus politischen Gründen gezwungen, auf ihre hartnäckigen Forderungen einzugehen. Außerdem war Hept-suphts unbestechliche Neutralität in der ganzen Angelegenheit unumstritten, und der König hoffte vielleicht, daß die Anwesenheit dieses Mannes sich für die Wiederherstellung des Friedens als nützlich erweisen könnte. Dies geschah im dritten Jahr von Ra Tas Verbannung.

Die Rückkehr Hept-suphts stellte in der Tat einen Wendepunkt dar, wenn es auch weiterer sechs Jahre geschickter Verhandlungen seitens Hept-suphts und zahlreicher anderer Abgesandter bedurfte, um den starrsinnigen König und den geächteten Priester miteinander vollständig auszusöhnen.

Als der König schließlich das Verbannungsurteil aufhob, erkannte er damit eigentlich an, daß Ra Ta der einzige Führer war, der das Land wieder einen und die seit langem eiternden Wunden heilen konnte. Doch tief in seinem sorgenvollen Herzen sprach Araaraarts Gewissen: Der König wußte, daß die spirituelle Zielsetzung und die höhere Führung, die das Volk seines Vaters ursprünglich nach Ägypten gebracht hatten, allein von dem Priester ausgegangen waren; wenn diese Führung andauern und die göttlichen Absichten wieder mehr Gewicht erhalten sollten, wäre dazu Ra Tas uneingeschränkte Herrschaft erforderlich. Der König würde von nun an in jeder Hinsicht mit dem Priester zusammenwirken müssen; seine Macht würde stark beschnitten sein, und er hätte kaum mehr als repräsentative Funktionen. Die wahre Autorität im Land wäre das Gesetz des Einen.

Die Rückkehr des Priesters

Eine Reihe bemerkenswerter Ereignisse, die für sich genommen scheinbar keine tiefere Bedeutung hatten, gingen Hand in Hand mit der Rückkehr Ra Tas und seiner Schar treuer Anhänger. Eine sorgsam verborgene, doch stets entscheidende Rolle spielte dabei der selbstlose, große Eingeweihte Hermes. Fast scheint es so, als hätte er beschlossen, nicht im Blickfeld zu stehen und in allen Angelegenheiten gleichsam durch den Priester zu sprechen und zu handeln. Sein geheimnisvolles Wirken bestätigt die in Legenden niedergelegte Auffassung, Hermes sei »das Herz und die Zunge von Ra«.[21]

Im folgenden gebe ich einen Überblick über die Ereignisse in den Jahren nach der Rückkehr des Priesters, die vermuten lassen, daß der sich entwickelnde Christus – als Hermes – an ihnen beteiligt war.

Unmittelbar vor der Abreise versah Ra Ta jeden seiner treuen Anhänger – jene, die den »Namen des Priesters genannt hatten«,[22] wie die eigenartige Formulierung in einem der Readings lautet, die an einen biblischen Hinweis auf Christus erinnert – mit einem unverwechselbaren körperlichen Mal; die jeweilige Seelenwesenheit sollte dies als ein »Zeichen« ihrer geistigen Verbundenheit und Einheit mit ihm auch bei allen zukünftigen Verkörperungen auf Erden behalten. Es war in gleicher Weise ein Zeichen seines Segens wie auch ein bleibendes Erkennungsmal.

Nach seiner Rückkehr in das ägyptische Reich wurde Ra Ta nur noch *Ra* genannt – eine symbolische Bezeichnung für den *Sohn*, in erster Linie aber für die *Sonne*, mit welcher der Priester nun immer öfter in Verbindung gebracht wurde; die wörtliche Übersetzung der Hieroglyphen für seinen früheren Namen »Ra Ta« lautet hingegen »die zur Erde [gebrachte] Sonne«.

Im weiteren wurde der Name der ägyptischen Hauptstadt *Luz* in *Bethel* geändert. »Luz« heißt nach einer Übersetzung soviel wie »Mandel«, nach einer anderen soviel wie »Licht«; »Bethel«, so kann man anhand eines Bibellexikons feststellen, bedeutet »Haus Gottes«, obwohl das betreffende Cayce-Reading es so ausdrückte: »Bethel bedeutet ›Schweigen ist Gold‹, wenn du dich in der Gegenwart Gottes befindest.«[23] Jedenfalls aber scheint die Umbenennung ziemlich sicher von Hermes (Jesus Christus) angeregt worden zu sein, denn man stößt auf eine verblüffende biblische Parallele, die wie eine Wiederholung der altägyptischen Geschichte anmutet. Im auserwählten Land hatte JAKOB einen visionären Traum, in dem er auf einer breiten Treppe, die von der Erde bis zum Himmel reichte, dem Herrn begegnete: »Er [Jakob] nannte die Stätte Bet-El (Haus Gottes); *vorher hieß der Ort Luz.*« (Genesis 28, 19; Hervorhebungen vom Verfasser.)

Auch hieß es, der Priester habe sich nach seiner Rückkehr sechseinhalb Jahre lang erholen können. Diese Zeit innerer Läuterung befähigte ihn dann wohl, seine Arbeit noch für weitere hundert Jahre fortzusetzen. Vermutlich hatte bei diesem Verjüngungsprozeß, der zwar einigen der alten atlantischen Adepten bekannt war, aber in Ägypten nicht praktiziert wurde, ein noch größerer Eingeweihter als der Priester selbst seine Hand im Spiel. Hermes war ein solcher Adept, und sein eigenes Alter war geheimnisumwittert. In den Readings finden sich dazu kaum Einzelheiten, doch die Aktivierung der Zirbeldrüse – auch der Sitz des Christusbewußtseins genannt – durch tiefe Meditation, muß der Schlüssel gewesen sein. Denn in einem von Cayces eigenen Lebensreadings heißt es: »Erhalte die Funktion der Zirbeldrüse, dann wirst du nicht altern – du wirst immer jung bleiben!«[24]

Schließlich wird Hermes ganz unumwunden als »der Führer oder tatsächliche Baumeister«[25] der Pyramide von Gise bezeichnet, die damals als der Tempel der Eingeweihten oder die Pyramide der Erkenntnis bekannt war. In den Readings zu dieser Periode ist dies der einzige Fall, in dem Hermes eindeutig eine aktive, öffentlich sichtbare Rolle zugeschrieben wird. Die Ausnahme hat ihren guten Grund: Schließlich war diese Pyramide im wesentlichen seine ureigene, großartige, geistige Hinterlassenschaft für die Menschheit. Und hier mußte der große Eingeweihte – als jugendlicher Jesus – seine schwierigste Prüfung ablegen: Drei Tage und drei Nächte hatte er in einem leeren Sarkophag in der Königskammer zuzubringen, um sich auf seine letzte Rolle als gekreuzigter Erlöser und auferstandener Christus vorzubereiten. Kein anderer konnte an seine Stelle treten, denn dies war sein persönliches Schicksal.

Der triumphale Zug hatte das nubische Exil in gasgetriebenen Fahrzeugen verlassen, die von den Atlantern nach Hept-suphts Anweisungen bereitgestellt worden waren. Er erreichte nun die Stadt Luz, wo er mit freudigen Willkommensrufen begrüßt wurde. Gratulanten drängten sich in großer Zahl auf den Straßen, sie bestreuten den Weg der Heimkehrer mit rosafarbenen und weißen Lotusblüten.

Ra Ta war in das einfache blaugraue Leinengewand der Priester gekleidet. Die zurückgeschlagene Kapuze gab den Blick auf seine zwar gealterten, aber dennoch vom angeborenen Adel seiner geistigen Natur geprägten Züge frei. Die tiefliegenden azurblauen Augen suchten die Menge unruhig ab; er war nicht sicher, ob er die Person, die er suchte, nach neun Jahren noch erkennen und ob sie ihn wie alle anderen willkommen heißen würde: Sein junger Sohn, RA-LA-RAL, der bei dem König geblieben war, als der Priester ins Exil ging, war es, nach dem Ra Ta jetzt so beklommen und mit bangem Herzen Ausschau hielt.

Nunmehr neun Jahre lag die Entscheidung des Knaben zurück, ein moralisches Prinzip über die Familienbande zu stellen: Der tapfere Junge hatte im Meinungsstreit um das Vergehen seines Vaters die Partei des Königs ergriffen. Das hatte einerseits Ra Tas väterliche Gefühle verletzt, ihn andererseits aber doch stolz gemacht. Denn Ra-La-Rals Entscheidung hatte sicher viel innere Stärke erfordert, eine Eigenschaft, die Ra Ta in ihm, als einem Priesteranwärter, immer wachzurufen bemüht war. Doch hatte er ebenfalls stets betont, daß ein Priester dazu fähig sein mußte, Mitgefühl und Nachsicht zu üben. Und bald würde er wissen, ob Ra-La-Ral, nun ein Jüngling von achtzehn Jahren, gelernt hatte, sein Gerechtigkeitsempfinden mit der Weisheit des Herzens zu verbinden.

Ra Tas Befürchtungen waren grundlos. Sein Sohn hatte ihn bereits entdeckt und die Reihen des offiziellen königlichen Empfangskomitees durchbrochen, um in einer heftigen Aufwallung der Gefühle seinem Vater entgegenzustürmen. Sie umarmten sich lange und unter Tränen.

Als er dann die noch immer reizende Isris erblickte, bewies der stattliche junge Ra-La-Ral seine Reife: Er begrüßte sie mit einem Lächeln, das von seiner völligen Vergebung zeugte. Darauf tauschte er mit seiner kleinen Halbschwester ISIBIO, die dem Priester und seiner Gefährtin im Exil geboren worden war, einen Kuß aus; damit besiegelte Ra-La-Ral sein Verzeihen mit einem Eheversprechen. Seine Ehe stand im Zeichen absoluter Treue, und strikt befolgte er das Gesetz, das sein Vater gebrochen hatte.

Mit der Ankunft des Priesters kehrten auch wieder Frieden und Eintracht im ganzen Land ein. Der König, der Priester und der Lehrer arbeiteten so eng zusammen, als hätten sie ein Herz und eine Seele. Die neue Ordnung schlug Wurzeln in Ägypten, und der Aufbauprozeß konnte nun wirklich beginnen.

Der Ruf der Lotusblume

Mit der Heimkehr des Priesters brach ein strahlendes, neues Zeitalter an. An alle Nationen erging der Aufruf, zu »kommen und zu sehen«, welche Leistungen in Ägypten vollbracht wurden.

Die Menschen, die sich nun einfanden, waren in den Ländern, aus denen sie stammten, größtenteils geistige Führer. Es fasziniert, daß sich viele von ihnen, obwohl sie jetzt in ganz anderen Verhältnissen lebten, während Edgar Cayces Lebzeiten wieder inkarnierten und wie durch einen inneren, unwiderstehlichen Drang zu ihm geführt wurden. Meist tauchten sie scheinbar zufällig auf. Manche gingen wieder ihres Wegs, andere entschlossen sich dazu, erneut mit dem »wiedergeborenen Priester« zusammenzuarbeiten, der sie einst ins Land der Lotusblume gerufen hatte; doch dieses Mal versammelte er sie in Virginia Beach zur »Vorbereitung auf individuelle Taten in vielfältigem Dienst an den Mitmenschen«[26], um es mit den Worten eines Readings auszudrücken.

In einem Reading vom 3. September 1931 für Edgars Gattin Gertrude, die in der ägyptischen Periode seine Gefährtin Isris (später Isis genannt) gewesen war, wurde die Frage gestellt: »Durchschreiten wir gegenwärtig eine Periode, die der Zeit der Verbannung in Ägypten ähnlich ist?« Diese Frage erhob sich, weil sich Edgar neun Monate zuvor von einem früheren Freund und Wohltäter, Herrn PARKER, getrennt hatte, was für ihn sehr bitter war. Herr Parker, ein junger jüdischer Börsenmakler, war in Ägypten ausgerechnet jener Aarat gewesen, der zusammen mit Asriaio den König dazu veranlaßt hatte, das Verbannungsurteil auszusprechen. Jetzt entzog er Cayce plötzlich seine finanzielle Unterstützung; damit erzwang er die Schließung des Cayce-Hospitals, womit er Edgars hart errungenen Triumph zunichte machte: Schon immer war es Edgars Ziel gewesen, eine Stätte zu errichten, an der er seine ganzheitliche Heilmethode in die Praxis umsetzen konnte. Doch die Antwort dieses Readings brachte ihm eine sehr schöne Ermutigung:

> *Eher* die Periode der Rückkehr für jene, die *gegenwärtig* noch dieselben Wünsche wie damals haben, um weiterzumachen – nicht wahr? Die *Verbannung* war eine Periode des Streits, des Mißtrauens, der Intrigen, des Staunens über Taten, der veränderten Umgebung und Lebensbedingungen. Sind seit der Veränderung nicht neun Monde oder Monate vergangen? (838–30)

Der Hinweis auf die neun Monde spielte wohl auf den Abbruch der

Beziehungen mit Herrn Parker im Januar 1931 an. Obwohl das Krankenhaus nicht wieder eröffnet wurde, fand Cayce die Hilfe und Unterstützung einer Anzahl von Ärzten, die bereit waren, sein dreigliedriges Heilverfahren anzuwenden und Körper, Psyche und Geist als eine Einheit zu behandeln. Hier nahm die heute weit verbreitete Bewegung des ganzheitlichen Heilens ihren Anfang. An der Spitze dieser Pioniere stand Dr. Harold J. REILLY, dessen Gesundheitsinstitut im Rockefeller Center in New York zu einem Mekka für Heilung Suchende wurde und vielen prominenten Persönlichkeiten einige Jahrzehnte lang gute Dienste leistete. In einem Lebensreading von Edgar Cayce erfuhr Dr. Reilly, daß er in Ägypten gemeinsam mit Cayce auf dem Gebiet der Heilkunst tätig gewesen war.

Reading 254–47 zeigt ebenfalls eine Parallele zu Cayces ägyptischem Zyklus auf. Dort heißt es, dieses Mal würden »wieder viele Versuche unternommen, genau wie auch damals«. Es sei nun die Zeit gekommen, »in der sich die individuellen Wesenheiten wieder zu einer zielstrebigen Arbeit zusammenfinden.«

Schließlich bringt eines von Edgar Cayces eigenen Lebensreadings die Ähnlichkeiten mit der ägyptischen Periode deutlich zum Ausdruck:

> Es wurde immer wieder zu verstehen gegeben, daß diese Handlungen der Edgar Cayce genannten Wesenheit ein Abbild der Taten aus der ägyptischen Zeit sind.
>
> Wie gezeigt wurde, gab es eine Periode der Verbannung, eine Periode der Heilung; dann kam die Zeit der Verjüngung. (294–197)

Jene ägyptische Epoche, so wird uns gesagt, könne als eine der bedeutungsvollsten Phasen der Weltgeschichte gelten.[27] Wenn dies zutrifft, dann befinden wir uns zweifellos nun inmitten einer ähnlich großartigen historischen Ära, da dieser so wesentliche Zyklus sich auf einer höheren Entwicklungsstufe wiederholt.

Die namhaftesten unter den geistigen Lehrern, die im Anschluß an Ra Tas Verjüngung nach Ägypten reisten, waren die folgenden: AJAX, ein Lehrer aus Atlantis; SANEID aus Indien; YAK aus den Karpaten und der verehrte TAO aus der Mongolei, dem damaligen Land Gobi. Sie kamen, um von Ra – als dem Sprachrohr des Hermes – aus erster Hand die Grundsätze zu vernehmen, die die ganze Menschheit unter dem Gesetz des Einen verbinden sollte.

Es war ein wunderbares Erlebnis gegenseitigen Gebens und Nehmens, zu dem lediglich der Atlanter weniger beitrug als die anderen. Er hielt sich gerne etwas abseits, denn trotz all seiner erhabenen Weisheit schien er an einer typisch atlantischen »Krankheit« zu leiden – einem Gefühl der Überlegenheit:

Der Wesenheit konnte wenig geholfen werden; sie tadelte den dort herrschenden König und fühlte sich kaum mit dem führenden Priester verbunden; alles, was dort zählte, war minderwertig gegenüber dem, was die Wesenheit aus Atlantis gewohnt war. Als sie von den Verbindungen, vor allem der des Priesters, mit Frauen, dem anderen Geschlecht, hörte, zog sie sich zurück.

Auf diese Weise bildete sich in dieser Wesenheit vieles heran, mit dem sie sich heute auseinandersetzen muß, was berücksichtigt werden muß, was im gegenwärtigen Leben erduldet werden muß – wenn das errungen werden soll, was bei der Entwicklung der Seele zum Ausgleich führt. (487–17)

Dem Atlanter AJAX gereichte die damalige Erfahrung also nicht zum Vorteil. Doch diese Wesenheit[28] hatte in ihrem gegenwärtigen Leben eine einzigartige Gelegenheit, sich zu bewähren: Sie entschloß sich, mit dem ehemaligen Priester, dessen Mängel sie einst höher bewertete als dessen Tugenden, eine enge Beziehung einzugehen. Wie gut sie ihre Chance nutzte, kann nur die betreffende Wesenheit selbst beurteilen.

In der Tat hatte Ra eine Schwäche für Frauen. Ob seine Gefährtin Isis (ehemals Isris), die jetzt von ihrem Volk sehr verehrt und buchstäblich in den Rang einer Königin erhoben wurde, sich dazu entschloß, ein enthaltsames Leben zu führen, ist nicht bekannt. Doch man weiß, daß Ra sich anderweitig nach Gesellschaft umsah; im Verlauf seiner dahinschwindenen Jahre fand er sie bei einer Reihe hübscher, gefälliger Gespielinnen. Und natürlich bildete auch er in seinem Selbst etwas heran, mit dem er schließlich wieder konfrontiert wurde. Seine Schwäche kam vor allem in einem sehr viel späteren Zyklus wieder ans Licht, bei seinem »zweifachen« Leben auf dem amerikanischen Kontinent als der Herumtreiber und Tunichtgut John Bainbridge.

In der alten indischen Stadt Delhi und ihrer Umgebung verkündete der Lehrer Saneid seinem Volk erstmals »die einende Wirkung der Lehre, die aus anderen Ländern kam«[29]; denn er hatte, als er dem Ruf in die wunderschöne Stadt Bethel gefolgt war, durch den bereichernden Gedankenaustausch mit Ra und den anderen geistigen Führern viele Einsichten gewonnen. Es ist daher nicht allzu erstaunlich, daß er sich gegen Ende des letzten Jahrhunderts wieder in Indien inkarnierte und ein Jogalehrer wurde. Seine Reisen führten ihn natürlich auch nach Amerika und schließlich zu Edgar Cayce. Insbesondere dieses Zusammentreffen scheint nachdrücklich eine Ansicht zu bestätigen, die in den Cayce-Readings sehr oft geäußert wurde: Keine Begegnung kommt zufällig zustande.

Nach Bethel kam auch eine Prinzessin aus den Karpaten, aus dem Land also, aus dem Ararts Volk stammte:

Und als jene Zeit anbrach, in der die Einladung (so würde man es heute nennen) an die Menschen *aller* Länder erging, die damaligen Unternehmungen des Königs, des Priesters und auch der Atlanter kennenzulernen, sehen wir, daß die Wesenheit ihre Tätigkeit dort in einem Alter aufnahm, als sie gerade die Mannesreife erreicht hatte, mit 33 Jahren.

Und wir sehen, daß die Wesenheit zu jenen zählte, die nicht nur gaben, sonderen auch gewannen. Denn so lautet das ewige Gesetz: Was ihr gebt, das werdet ihr an Einsicht gewinnen.

Die Wesenheit blieb in Ägypten . . . bis der Aufbruch jener begann, die in verschiedenen Ländern Abgesandte, Lehrer und Minister werden sollten; dies gehörte zu den Erfahrungen, aus denen sie lernen sollten . . .

Hilfe kam durch eine Gefährtin, die sie dabei unterstützte, die Entwicklung wesentlich voranzutreiben – sie kam aus jenem Land, in dem die Wesenheit und ihr Nachwuchs in Zeiten der Aktivität den Albino oder den Ersten der reinen weißen Rasse in den Karpaten hervorbrachten. (1472–10)

In einer viel späteren Verkörperung im Heiligen Land zehrte eben diese Wesenheit von dem, was sie auf ihren Reisen und durch ihre Studien in Ägypten und anderswo geistig errungen hatte. Ihr Leben war reich gesegnet: Als die Essener Lehrerin JUDITH unterrichtete sie den Jesusknaben persönlich in den Geboten Gottes; später sorgte sie dafür, daß er zu anderen Lehrern nach Indien, Persien und Ägypten geschickt wurde, damit er sich weiter auf seine Aufgaben vorbereiten konnte.

Jener schlaue alte Mann, der bei zwei Königen das Amt des Obersten Ratgebers innegehabt hatte, war noch am Leben, spielte aber keine wichtige Rolle mehr. Doch Asriaio sollte auf eine höchst merkwürdige und unerwartete Weise »unsterblich gemacht werden«: Seine unbewegten und ausdruckslosen Gesichtszüge, denen auch kein Geschlecht anzusehen war, prägen, unter dem traditionellen Kopfputz eines Ratsmitglieds, die Sphinx, jenes Rätsel der Äonen.

Und wie erging es dem Ratgeber Aarat, der sich mit Asriaio zusammengetan hatte, um die Verbannung des Priesters zu bewerkstelligen? Nach Ra Tas Rückkehr wurde nichts gegen ihn unternommen. Man ignorierte ihn einfach, denn er wurde nicht mehr gebraucht. Als er im zwanzigsten Jahrhundert als Wohltäter Edgar Cayces auftrat, zog auch er reichlichen Vorteil aus der Situation: Niemand erhielt so viele Readings wie Parker, von denen sich viele, auf seine eigennützigen Fragen hin, mit so profanen Themen wie dem Börsengeschäft, der Interpretation persönlicher Träume und mit seinen Problemen in zwischenmenschlichen Beziehungen befaßten. Immer mehr mischte sich Parker in die persönlichen Angelegenheiten von Edgar Cayce ein, zum Beispiel auch das Abhalten von Readings; fast verhielt er sich so, als sei Cayce sein »Leibeigener«. Dadurch wurde dem empörten Seher schließlich klar, daß ihm seine Unabhängigkeit mehr wert war als Parkers finanzielle Unterstützung mit all ihren lästigen Verpflichtungen. Die Beziehung wurde gelöst.

Die Pyramide der Erkenntnis

Unter all den Geheimnissen und Rätseln der Zeitalter übertrifft wohl keines das Weltwunder der Pyramide von Gise.

Im Lauf der Jahrhunderte haben eifrige Ägyptologen eine Anzahl »wissenschaftlicher« Theorien vorgelegt, um den Ursprung und Zweck dieses Bauwerks wie auch das Konstruktionsverfahren zu erklären. Doch keine dieser einander widersprechenden Meinungen konnte erfolgreich mit dem seit langem bestehenden esoterischen Glauben aufräumen, daß diese Pyramide, die bei weitem älter ist als die derzeitige wissenschaftliche Auffassung es zugibt, niemals als Grab für einen Pharao geplant war, sei es nun für Cheops oder einen anderen. Sie wurde vielmehr von Eingeweihten erbaut, deren Wirken der bekannten Kultur der Pharaonen vorausging und deren Baukunst hoch entwickelt war. Nach Ansicht der Okkultisten diente die Pyramide als Einweihungstempel und als astronomisches Observatorium. Mit den genau berechneten Maßen der merkwürdigen Sonderkammern und Gänge stellt es eine verschlüsselte Aufzeichnung kommender Ereignisse für jene dar, die das enträtseln können, was in Raum und Stein, in Form, Winkel und Proportionen geschrieben steht.

Die Cayce-Readings bekräftigen die esoterische Betrachtungsweise, sie gehen sogar noch viel weiter. Sie lüften nicht nur den Schleier alter Geheimnisse, sondern teilen verblüffende Neuigkeiten mit.

Unter anderem bestätigen sie, was die meisten Okkultisten schon lange vermuten: In dem ausgeklügelten, unter der Führung von Ra und Hermes entworfenen Grundriß des Gise-Komplexes diente die Sphinx nicht nur Dekorationszwecken.

Die Sphinx, mit deren Konstruktion bereits vor der Verbannung des Priesters begonnen wurde, sollte eine Mischung aus Mensch und Tier symbolisieren, die der Läuterung und Korrektur durch die Reinigungsrituale im Tempel bedurfte, denn »was die Völker jener Zeit anbetraf, so blieb viel Animalisches – das in Atlantis völlig getilgt worden war – bei den Völkern Ägyptens zurück«.[30] (Der ruhige, besinnliche Gesichtsausdruck des Obersten Ratgebers, der den Löwenkörper schmückte, hatte natürlich nur symbolische Bedeutung, da ASRIAIO zu dem Stamm der Karpater gehörte, der rein geblieben war.)

Nach der Rückkehr des Priesters wurde die Sphinx vollendet. Von da an hatte sie eine bestimmte, verborgene Bedeutung und wurde nun zu einem Hüter oder einer Wache. Ein geheimer Korridor führte von der rechten Tatze der geheimnisvollen Sphinx zu einer nahegelegenen, unterirdischen Pyramide, die sich genau zwischen der Statue und dem Fluß befand. Diese unterirdische Pyramide war als Aufbewahrungsort für die Annalen der großen atlantischen Kultur gedacht, die nun ihren Niedergang erlebte. Auch sollte sie viele Artefakte der damaligen ägyptischen Kultur bergen, unter anderem Grabsteine und Tafeln sowie verschiedene, damals gebräuchliche Musikinstrumente und ähnliche Gegenstände. Schließlich sollten dort die vermutlich von Hermes hinterlegten Aufzeichnungen aufbewahrt werden, die Prophezeiungen des Schicksals Jesu Christi – »jene Aufzeichnungen, die erst noch in jener Gruft gefunden werden müssen und sich auf die Vorbereitung des Mannes, des Christus, beziehen – noch ruhen sie unentdeckt in der Pyramide [der Aufzeichnungen]«[31,32].

Als die Pyramide der Erkenntnis schließlich fertiggestellt war, mußte sie durch ein Ritual versiegelt werden, das nur ein Eingeweihter ausführen konnte. Der atlantische Weise Hept-supht hatte die Versiegelung der Aufzeichnungen im jetzt versunkenen Atlantis geleitet, bevor er nach Ägypten ausgewandert war; deshalb wurde er vom König, vom Priester und vom Lehrer für diese okkulte Zeremonie auserwählt. Allein schon der Name HEPT-SUPHT wies auf seine Eignung für dieses heilige Amt hin; möglicherweise war er ihm im Anschluß an jene Zeremonie in

Atlantis als Ehrentitel verliehen worden, denn er bedeutet: »Hilf, es verschlossen zu halten.«

Während eines Lebensreadings für eine Frau KENNEDY, eine Anwesende bei den damaligen Zeremonien, hatte Edgar Cayce plötzlich einen Traum oder eine Vision von diesem einstigen Ritual und den dazu gehörenden Festlichkeiten:

Eine große Menschenmenge ging, um ein Grab zu weihen, das für jemanden errichtet oder vorbereitet worden war. Es wurde sieben Tage lang gefeiert mit allen möglichen Arten von Tanz, Gebeten und Gesängen. Gerade bevor der letzte Teil des Rituals vollzogen werden sollte, sah ich, wie jemand auf die Spitze dieser Pyramide oder dieses kegelförmigen Gebildes kletterte und einen großen Gegenstand aus irgendeinem Metall oder aus Messing erklingen ließ. (294–131)

Was hatte das zu bedeuten?

Es sollte den Betroffenen klar sein, daß sich hier sozusagen der Vorhang vor einem physischen Erlebnis eines physischen Körpers hob, mit dem die Wesenheit Frau Kennedy verbunden *war*... Es handelt sich um eine Zeit, in der viele wieder versuchen, in Wirklichkeit, physisch, so wie damals zu handeln. Daraus ergibt sich vielleicht ein besseres Verständnis dieser Zeit wie auch der zwischenmenschlichen Beziehungen und ihres Ineinandergreifens, und dies kann dann mit den alltäglichen Erfahrungen in Zusammenhang gebracht werden. (294–131)

Drei Fragen und Antworten schlossen sich an:

F–6 War dies ... eine Erfahrung aus Ägypten?
A–6 Ägypten; denn es war die Weihe jenes Grabmals oder jener ersten kegelförmigen Pyramide, die noch nicht entdeckt wurde, und nun des Grabes so vieler, die zu jener Zeit miteinander verbunden waren. [Es ist zu beachten, daß die meisten weiteren Readings diese Pyramide nicht als Grab, sondern entweder als »Tempel der Aufzeichnungen« oder als »Pyramide der Aufzeichnungen« erwähnen, doch offensichtlich diente sie auch insofern als Grab, als in ihr die Mumien von Aris-Hobeth und Arart I. wie auch die anderer hochgestellter Persönlichkeiten aufbewahrt wurden.]
F–7 Wer kletterte auf die Spitze und ließ das große Metallstück ertönen?
A–7 Diese Wesenheit hat noch nicht um Informationen nachgesucht. Wenn sie es tut, wird sie Auskunft erhalten.

F–8 Zu welcher Zeit in der ägyptischen Ära geschah dies?

A–8 Als der König, der gekommen war [Arart I.], daranging, seinen Thron zu übergeben. Der Vater des jungen Königs, der Herrscher. (294–131)

Dieses Reading stammte vom Januar 1932. Jedoch suchte die Wesenheit, die als der einstige Hept-supht bezeichnet worden war, erst im September 1933 um Informationen nach. Ihr wurde mitgeteilt: »So wurde er, der die Aufzeichnungen hütet und sie unter Verschluß hält, oder Hept-supht, erwählt als derjenige, der das Grab *versiegeln* sollte.«[33]

Einige der in diesem Reading (378–14) enthaltenen Aussagen waren recht verwirrend; ein Folge-Reading für dieselbe Person (378–16) etwa einen Monat später, klärte sie wenigstens zum Teil auf. Offensichtlich leitete Hept-supht die Versiegelungszeremonien sowohl bei der Pyramide von Gise (damals »Pyramide der Erkenntnis« genannt) wie auch bei der früher errichteten »Grabpyramide« oder der Pyramide der Aufzeichnungen:

Vieles könnte über die Taten der Wesenheit [Hept-supht] gesagt werden, die das Siegel von Alta und das der Atlanter benutzte, wie auch über die Hilfe, die sie leistete, als die Einweihungspyramide [in Gise, die Pyramide der Erkenntnis] wie auch die Pyramide der Aufzeichnungen, deren Entdeckung noch bevorsteht, vollendet wurde. (378–16)

Einem Lebensreading[34] zufolge regierte die als »der junge König« – oder Araaraart II. – bekannte Wesenheit 98 Jahre lang; sie starb im Alter von 114 Jahren (wie sich der Leser erinnern wird, bestieg Araaraart mit sechzehn Jahren den Thron und schickte mit etwa dreißig Jahren den Priester ins Exil). Nun erwähnt Reading 378–16 im Zusammenhang mit der »Versiegelung der Aufzeichnungskammern« ausdrücklich die Anwesenheit König Araaraarts (und auch anderer). Daraus geht klar hervor, daß die Pyramide der Aufzeichnungen einige Jahrzehnte vor der Pyramide der Erkenntnis versiegelt worden sein muß; deren Bau begann nämlich 10490 vor Christus und wurde hundert Jahre später, 10 390 vor Christus, beendet. (Hätte der König diese Zeremonie noch miterlebt, wäre er mindestens 150 Jahre alt gewesen!)

F–3 War es die Wesenheit [Hept-supht], die bei der Fertigstellung der Pyramide das Metallstück zum Klingen brachte?

A–3 Sie ließ das Metallstück ertönen bei der Vollendung von Gise [der großen

Pyramide oder der Pyramide der Erkenntnis], sie [hatte auch] die Aufzeichnungen im Grab versiegelt [in der Pyramide der Aufzeichnungen oder »Grabpyramide«], deren Entdeckung noch bevorsteht. (378–14)

Im Reading 378–16 findet sich eine Aussage, die äußerst informativ ist, wenn man sie *sorgfältig* analysiert. Sie scheint zwischen zwei verschiedenen, Jahrzehnte auseinanderliegenden Zeremonien zu unterscheiden: Die eine stand mit der »Grabpyramide« (der Kammer der Aufzeichnungen) in Zusammenhang, an der offenbar große Menschenmassen teilnahmen, möglicherweise um König Arart I. und anderen, die dort, bei den Aufzeichnungen bestattet wurden, die letzte Ehre zu erweisen; die andere, die viel spätere Versiegelungszeremonie der Pyramide von Gise, hatte einen mehr esoterischen und geheimen Charakter:

In den Kammern [der Pyramide] der Aufzeichnungen gab es bei den Zeremonien mehr Menschen, als bei der Vollendung der sogenannten Pyramide [d.h. der Pyramide von Gise oder der Pyramide der Erkenntnis] zusammengerufen wurden. (378–16)

Dann beschreibt Cayce die Klangzeremonie und andere Rituale, die anläßlich der offizellen Fertigstellung der Pyramide von Gise stattfanden:

Als die Pyramide von Gise fertiggestellt war, wurde ein Gebilde als Abschluß auf die Spitze gesetzt, das aus einer Kombination oder Legierung von Bronze, Kupfer und Gold bestand und zum Klingen gebracht werden sollte, sobald sich alle Eingeweihten um den Altar oder die Pyramide versammelt hatten. Dieser Klang diente – in den verschiedenen Ländern – als Aufruf zum Gebet oder zum Kampf oder zur Arbeit in irgendeinem Bereich, der für die tätigen Massen von Bedeutung war.

Die Weihezeremonien oder Verrichtungen begannen mit der Aufstellung der Priester und der Eingeweihten in der Reihenfolge, die ihrem Beitritt zum Gesetz des Einen entsprach, das durch das Wirken von Hept-supht in dieser Zeit eingeführt worden war. In ihrem Verlauf brachte der Anführer das Gebilde auf der Spitze zum Klingen, wie es ihm in seinem Amt zukam. Und der Priester [Ra] opferte dann mit den Menschen, die sich in den Korridoren versammelt hatten, die von den verschiedenen Eingängen aus durch die Pyramide führten, den Göttern, die unter jenen Völkern wohnten, Weihrauch. (378–16)

In demselben Reading findet sich ein faszinierender Bericht über die frühere Zeremonie bei der Versiegelung der Kammern der Aufzeichnungen; auch enthält er eine Anspielung darauf, wann und durch wen die Kammern dereinst geöffnet werden könnten:

Denn jene, die im Tempel des Opfers wie auch im Schönen Tempel geschult wurden, waren dabei, als die Aufzeichnungskammern versiegelt wurden. Denn diese Aufzeichnungen sollten so bewahrt werden, wie die Priester von Atlantis oder Poseidia sie übermittelt hatten, als ihre Schriften über die Entwicklungen der Gesetze, die sich auf den Einen bezogen, in ihre Kammern gelegt wurden. Sie sollten erst dann wieder geöffnet werden, wenn sie unmittelbar vor den Veränderungen auf der Erde wieder in die Materialität oder ins irdische Dasein zurückkehren würden; jene Veränderungen, so sehen wir, beginnen im Jahr 58 und enden mit den Umwälzungen, die durch die Bodenerhebungen und die Verlagerung der Pole bewirkt werden. Im Jahr 98 (nach der heutigen Zeitrechnung) werden dann jene Einflüsse vorherrschen, die in vielen Aufzeichnungen erwähnt werden, die von den Bewohnern dieses Landes der semitischen Völker niedergelegt wurden.

Die *Versiegelung* wurde von Hept-supht gemeinsam mit Ra Ta, Isis und König Araaraart vorgenommen, als sich all die Völker zu diesem Zweck versammelt hatten; Weihrauch stieg vom Altar des Tempels und den Läuterungsaltären auf, die nun auf dem Gelände um das Grabmal oder um den Tempel der Aufzeichnungen herum ihrer Bestimmung zugeführt wurden; und es fanden viele Läuterungsrituale statt, welche die Menschen von jenen Dingen oder Zuständen befreiten, durch die sie mit den niederen Reichen verbunden waren und die in allen Ländern zur Verehrung Baalials [Belials] und zum Verlangen nach fleischlicher Vereinigung und Macht geführt hatten. (378–16)

Wie verhält es sich nun mit der Entdeckung der Aufzeichnungskammern? Wird dieses Ereignis im Neuen Zeitalter stattfinden und einer künftigen Generation zugedacht sein? Wahrscheinlich ist dies der Fall:

Diese [Pyramide der Aufzeichnungen] kann von Unwissenden nicht betreten werden. Denn jene, die als Wachen zurückgelassen wurden, können nicht passiert werden, bis die Zeit ihrer Verjüngung vorüber ist oder bis die fünfte Wurzelrasse entsteht. (5748–6)

Die Readings bezeichneten den ehemaligen Hept-supht ganz offen als denjenigen, der geistig übermittelte Anweisungen erhalten wird, wenn die Zeit reif ist. Sie nannten noch zwei andere Personen, die ihn begleiten würden, einer von ihnen als Führer, und fügten hinzu: »Diese werden in Erscheinung treten.«[35]

Der ehemalige Hept-supht, Herr SHULTZ, starb am 7. Mai 1960. Seine nächste Verkörperung wird möglicherweise mit den Veränderungen in Zusammenhang stehen, welche um die Jahrhundertwende das Neue Zeitalter einleiten und dieses Ereignis ankündigen. In dieser Zeit wird die fünfte Wurzelrasse ihren Anfang nehmen.

Wir kommen nun zu einer anderen Angelegenheit. Für manche ist sie das geheimnisvollste Rätsel – allerdings nur deshalb, weil sie davon ausgehen, daß zur Zeit der Errichtung der Pyramide von Gise nur eine primitive Kultur bestand, die unserer wissenschaftlichen Errungenschaften entbehrte. Doch jeder erfahrene Ingenieur, der jemals die Pyramide untersuchte und den esoterischen Charakter ihrer Ausrichtung und Abmessungen wie auch die erstaunliche Präzision bemerkte, mit der die massiven Blöcke des Bauwerks behauen und aneinandergefügt wurden, kam mit der festen Überzeugung zurück: Dies alles setzt die Arbeit eines wirklich hervorragenden Genies voraus. Vermutlich diente sie als Vorbild für alle übrigen, kleineren und weniger bedeutenden Pyramiden, die im Verlauf der ägyptischen Geschichte erbaut wurden. Im Jahre 1880 erklärte William Flinders PETRIE – ein Ingenieur, der sich an die schwierige Aufgabe gemacht hatte, den Pyramidenkomplex aus jedem nur erdenklichen Winkel zu vermessen –, daß die erstaunliche Exaktheit jedes einzelnen Details nur eine Schlußfolgerung zulasse: Sie *könne nur* das geistige Werk eines einzelnen Menschen sein. Warum konnte der Ingenieur darin so sicher sein? Petrie beharrte darauf, daß nur ein einzelnes, phänomenales Genie, von der Art, wie es nur einmal in einem Jahrtausend vorkommt, ein solch wunderbares Gebilde erdacht haben könne. Man muß ihm recht geben, zumal eben Hermes ein solches Genie war. Dies führt uns zu einem weiteren großen Geheimnis, das die Cayce-Readings lüften:

F–14 Wie wurde diese bestimmte große Pyramide von Gise erbaut?

A–14 Durch den Gebrauch jener Kräfte der Natur, die Eisen schwimmen lassen. Auf dieselbe Weise schwebt Stein in der Luft. Dieses Prinzip wird im Jahr 1958 entdeckt werden. (5748–6)

Das zugrundeliegende Prinzip ist recht einfach zu begreifen: Luft ist leichter als Wasser; also muß das Gewicht eines eisernen Schiffskörpers durch einen ausreichend großen, mit Luft angefüllten Hohlraum aufgehoben werden, um die Wirkung der Schwerkraft zu überwinden. Doch wie kann Stein auf ähnliche Weise in der Luft schweben? Das heutige aeronautische Wissen (mittels dessen Stein natürlich von einem Ort zum anderen befördert werden kann) scheint Cayce nicht gemeint zu haben: Er sprach von einem Verfahren zur Aufhebung des Gewichts, das damals (1932) noch nicht bekannt war. *Was* war es dann, das 1958 entdeckt wurde, also genau 13 Jahre nach Cayces Tod? Just in jenem Jahr veröffentlichte der Physiker Werner HEISENBERG seine einheitliche Feldtheorie der Elementarteilchen, die Masse, Energie und Schwerkraft in einen Zusammenhang bringt. Aber dies führt uns in jenen esoterischen Bereich der Physik, in dem es neben anderen mysteriösen Themen, die sich noch immer in theoretischen Stadien befinden, um Neutrinos und Antimaterie geht.[36] Vermutlich verbirgt sich hinter den häufigen Hinweisen der Cayce-Readings auf die sogenannten »Kräfte der Natur«, die von den Atlantern im Zusammenhang mit ihren Methoden der Energiesteuerung angewendet wurden, ein uraltes Wissen, das erst jetzt von unseren Physikern wieder entdeckt wird.

Glücklicherweise ließ Cayce es jedoch nicht bei dieser einen Erklärung bewenden. Er lieferte noch eine weitere, die eher geistiger Natur ist und sich auf die »Tätigkeiten jener« bezieht, »die in dem bewandert sind, was zu der Quelle gehört, aus der alle Macht stammt.« Und er fuhr fort:

Denn solange jene in Körper und Gemüt und in ihren Taten rein und dem Gesetz des Einen Gottes treu bleiben, gibt es eine Quelle, die nie versiegt, die alle Bedürfnisse befriedigt, die Elemente und deren Aktivitäten beherrscht oder jene Menschen mit allem versorgt, was in dieser Hinsicht nötig ist. (5750–1)

In der Praxis äußerte sich dieses geistige Prinzip oder Gesetz offenbar in einer Art Antigravitationskraft, die bei Vehikeln angewendet wurde, die wir heute als »Luftschiffe« bezeichnen würden:

Seit der Priester zurückgekehrt und wieder tätig war, vermochte die Wesenheit damals jene zu unterstützen, *die kosmische Kräfte benutzten, um die Steine zusammenzufügen*; auch konnte sie jene unterweisen, die mit der Kommunikation mit anderen Ländern zu tun hatten; und sie wirkte bei dem mit, was heute als Luftschiff bezeichnet würde. (820–1, Hervorhebungen vom Verfasser.)

An dieser Stelle wird nun doch die Anwendung geistiger Gesetzmäßigkeiten auf der materiellen Ebene herangezogen, um zu erklären, wie Hermes, Ra und die anderen Eingeweihten, die am Bau der »Pyramide der Erkenntnis oder von Gise«[37] beteiligt waren, das erhabene Werk in Angriff nahmen. Jesus sollte später dieselbe Herrschaft des Geistes über die Materie unter Beweis stellen, als er auf dem Wasser wandelte und den Sturm besänftigte. Und der Tag wird kommen, so vermute ich, an dem Wissenschaftler und Mystiker in der Lage sein werden, solche Phänomene auf dieselbe Art zu betrachten. Denn beide werden die Einheit aller Kräfte oder das Gesetz des Einen erkennen.

Um der Menschheit dieses kosmische Gesetz zu vermitteln, betrat Ra die Erde. Später, als er sein Werk vollbracht hatte, verließ er sie wieder:

Und es kam die Zeit, als die Pyramide oder das Denkmal vollendet war, da er, Ra, den Berg erklomm und hinweggetragen wurde. (294–152)

6

Die Flucht aus Sodom

Unmittelbar bevor Sodom zerstört wurde, floh LOT aus der Stadt. Ihn begleiteten zwei Fremde, die zu seiner Warnung ausgesandt worden waren.

Nach einer Traumdeutung, die Edgar Cayce am 1. April 1932 erhielt, war er selbst eine dieser beiden biblischen Gestalten gewesen. Da diese zwei Boten in der *Genesis* (19,1) jedoch als »Engel« und nicht als Menschen bezeichnet werden, wurde in einem weiteren Reading gefragt:

F-2 Lebte der Körper (die Seelenwesenheit Edgar Cayce) zu jener Zeit tatsächlich als physisches Wesen?
A-2 Wie gesagt, als einer der beiden, die dem Volk zur Warnung vor dem gesandt wurden, was da kommen sollte. (294-136)

Diese Antwort war zweideutig; sie bestätigte lediglich, welche Rolle Cayce damals spielte, nämlich die eines Boten. Die ursprüngliche Frage blieb ungeklärt: War er ein Mensch mit einem fleischlichen Körper oder ein ätherisches, feinstoffliches Wesen?

War diese Ambivalenz beabsichtigt? Jedenfalls waren diese beiden Boten Gottes nach der Genesis keine gewöhnlichen Sterblichen. Sie verfügten über spirituelle Kräfte: So konnten sie die Männer aus Sodom mit zeitweiliger Blindheit schlagen – jene Männer, die gewaltsam in Lots Haus einzudringen versuchten und die beiden sympathisch wirkenden Fremden ergreifen wollten, um sie für ihre widernatürlichen sexuellen Betätigungen zu mißbrauchen. Diese Art Verfehlung war es, die den Zorn Gottes auf die Einwohner Sodoms herabbeschwor (und wohl auch auf die ebenso verkommenen Menschen in der benachbarten Stadt Gomorrha).

Natürlich legte ABRAHAM vor Gott Fürsprache für seinen Neffen Lot ein, und zwar in seinem berühmten Zwiegespräch mit dem Herrn (*Genesis* 18,20–33); dort geht es um die Frage, wie viele Gerechte nötig seien, um eine dem Untergang geweihte Stadt vor der Zerstörung zu retten. Doch da auch Lot und seine Verwandten nicht vollkommen gerecht waren, konnten sie nur verschont werden, so stellte sich heraus, wenn sie der Warnung Folge leisten würden, die Stadt zu verlassen – diesen Gnadenbeweis hatten sie Abraham zu verdanken.

Während die beiden Boten Gottes in der Bibel als »Engel« bezeichnet werden (*Genesis* 19,1), treten sie vorher in Gesellschaft des Herrn selbst auf; seltsamerweise werden sie als »ein Fremder und zwei Begleiter« (*Genesis* 18,2) beschrieben, die plötzlich vor Abraham erscheinen, als er vor seinem Zelt auf der Ebene von Mamre sitzt. Nach einem telepathischen Vorfall um Abrahams Weib SARAH, die sich allein im Zelt befand, »machten sich die drei Männer auf den Weg, und Abraham begleitete sie ..., bis sie an eine Stelle kamen, von der aus man die Stadt Sodom«, ihr Ziel, »sehen konnte« (*Genesis* 18,16). Der Herr erwägt, ob Abraham erfahren soll, welches Schicksal über die sündige Stadt verhängt ist, in der sein Neffe Lot wohnt. Der Bericht fährt fort (*Genesis*18,22): »Seine beiden Begleiter gingen in Richtung Sodom« – offenbar handelt es sich bei ihnen um die Boten, die später den Auftrag ausführen, Lot zu warnen –, »während der Herr noch bei Abraham zurückblieb.«

Nicht nur an dieser Stelle wird vom Herrn wie von einem gewöhnlichen Sterblichen gesprochen. Auch in vorangegangenen Kapiteln dieses Buches begegneten wir ihm in Gestalt des Menschensohnes Adam, später als Enoch oder Hermes. Wie die Cayce-Readings vermuten lassen, erscheint er als der Priesterkönig MELCHISEDEK, von dem es in der Bibel heißt (Hebräer 7,3): »Man kennt weder seine Eltern noch seinen Stammbaum; seine Lebenszeit hat weder Anfang noch Ende. Er gleicht dem Sohn Gottes ...« In den Readings wird er als »*Melchisedek* auf dem Wege zur Vollkommenheit«[1] vorgestellt, dann wieder als »derjenige, der Vater Abraham als ein Fürst erschien, als *Melchisedek*, der Priester von Salem ... *ein lebendiger Mensch aus Fleisch und Blut*, der zur Erde kam, weil Gottvater den Menschen einen Ausweg zeigen wollte.«[2] (Hervorhebungen vom Verfasser.)

Obwohl uns ein Reading mitteilt, daß »kein Mensch Gott je gesehen hat«[3], ist der *Herr* für Abraham jederzeit deutlich sichtbar: so zum Beispiel, als er ihn aus der Stadt Ur hinausführte; oder als Abraham ins Land Kanaan zog und dem Herrn dort, »wo er ihm erschienen war« (*Genesis* 12,7), einen Altar errichtete; oder als er Abraham bei einer Reihe anderer Gelegenheiten seine Gnade erwies. (Abraham wird nach seinem Sieg in der »Schlacht der Könige« von Melchisedek – offensichtlich dem Herrn –, den er vertraulich begrüßt, gesegnet. Aus der Art ihrer Begegnung und aus Abrahams Ehrerbietung geht deutlich hervor, daß sie sich bereits kannten. Dies stimmt mit der okkulten hebräischen Literatur überein, derzufolge Abraham die ursprüngliche Lehre, die später als die hebräische *Kabbala* überliefert wurde, direkt von Melchisedek empfing.[4])

Nach der Genesis liegen zwischen Abrahams und Noahs Leben etwa 600 Jahre. Die Sintflut kam erst, als Noah schon älter war, nämlich etwa 9600 vor Christus. Demnach muß Abraham etwa um das Jahr 9000 vor Christus gelebt haben. (Die Zeitangabe für die Sintflut stammt aus einer *wissenschaftlichen* Quelle: Geologen der Universität von Miami entdeckten 1975 überzeugende Beweise für eine große Flutkatastrophe in genau jener Periode des Altertums. Sie ermittelten das Alter von winzigen Meeresmuscheln, die in Sedimentgesteinsschichten gefunden worden waren, mit Hilfe der Radiokarbonmethode[5]. Die zeitliche Übereinstimmung dieser wissenschaftlichen Forschungsergebnisse mit den von Cayce auf psychischem Wege ermittelten Daten ist zu auffällig, als daß man sie ignorieren könnte: Cayce nannte in seinen Readings das Jahr 10 390 vor Christus für die Vollendung der Pyramide von Gise, und die Einlagerung der Aufzeichnungen aus dem untergegangenen Atlantis hatte gut siebenhundert Jahre zuvor, zu Enochs Zeit, stattgefunden.)

Wir nehmen also an, daß Ra Ta und Enoch (oder Hermes) – gemeinsam mit einem namenlosen Dritten – zur gleichen Zeit auf Erden wiedergeboren wurden, und zwar in den Tagen von Abraham und Lot; während man den einstigen Enoch nun als Melchisedek identifizieren kann, muß der ehemalige Ra eine namenlose Wesenheit bleiben. War er, wie Melchisedek selbst, eine Art »vierdimensionales« Wesen – dem Anschein nach aus Fleisch und Blut, doch weit über die Begrenzungen erhaben, denen Sterbliche unterliegen? Es scheint so. Doch soll damit nicht angedeutet werden, er habe dieselbe Stufe spiritueller Entwicklung erreicht wie der als Melchisedek verkörperte Jesus; möglicherweise kam aber der einstige Priester Ra Ta als ein Miteingeweihter *nach dem Willen Jesu Christi* als verkörperte Gedankenform zur Erde, um in einem wahrscheinlich nur kurzen Dasein eine besondere Mission zu erfüllen.

Sollten diese Vermutungen zutreffen, so erklären sie nicht nur die sonst unverständlichen Begebenheiten, wie sie in der Genesis geschildert sind; sie erhellen auch die zu Beginn dieses Kapitels zitierte ausweichende Antwort eines Readings auf die Frage, ob Cayce in Sodom eindeutig in einem menschlichen Körper inkarniert gewesen sei: Im üblichen Sinn dieses Wortes war er es vermutlich nicht.

Nach den Readings war Cayces Verkörperung als Ra Ta oder seine »Versetzung in die Materialität«, wie dieser Vorgang dort genannt wurde, »aus den Kräften der Unendlichkeit oder von der Sonne aus« erfolgt; sein nächstes Leben als Uhjltd in Persien hingegen »ging von den Zentren aus, um die euer eigenes Sonnensystem kreist – vom Arkturus.«[6] Daß hier der Name Arkturus fiel, war ungewöhnlich. Hatte Cayce – als Ra – einen Grad seelischer Reife erreicht, der ihn befähigte, unser Sonnensystem zu verlassen und sich für seine weitere Entwicklung auf den Arkturus zu begeben? In den Readings wurde der Arkturus übrigens auch als der Stern von Bethlehem bei der Geburt des Jesuskindes oder als »*Sein* Stern«[7] erwähnt; es hieß von ihm, er sei nicht nur »das Zentrum dieses Universums«[8], sondern auch die Sphäre, zu der der auferstandene Christus sich begeben habe.[9]

Warum erhielt Cayce auf die Frage nach seiner Verkörperung in Sodom eine ausweichende Antwort? Wäre ihm die volle Wahrheit über seinen wahren damaligen Entwicklungsstand und seine innere Beziehung zu Jesus Christus offenbart worden, so wäre der zum Zeitpunkt der Readings noch ungeläuterte Edgar Cayce spirituell vielleicht nicht darauf vorbereitet gewesen, mit einer solchen Eröffnung in angemessener Demut umzugehen. Falls diese Bemerkung anmaßend klingt, so möchte ich darauf hinweisen, daß Edgar Cayce erst im Jahr 1938, als er sechzig Jahre alt war, von seinem Leben als LUCIUS erfuhr, dem frühkirchlichen Führer aus Laodicea und Verfasser des Lukas-Evangeliums (siehe Kapitel 11). Die beschämende Erklärung dafür lieferte Reading 294–142: »Wäre dies früher enthüllt worden, so hätten sie sich damit aufgebläht!«

In der Tat rang Edgar Cayce in diesem Leben mit einer gewissen charakterlichen Unbeständigkeit, die insbesondere in seinen jungen Lucius-Jahren und auch in seinen beiden Bainbridge-Leben zum Vorschein gekommen war und die es nun zu überwinden galt. Das geschah auch. Im Jahr 1932 schilderte Cayce bei der bereits erwähnten Traumdeutung, er selbst habe sich als einen der beiden zur Warnung Lots ausgesandten Boten gesehen. Wie erst die vollständige Interpretation ergab, traf Cayces Vision zwar zu, war jetzt aber tatsächlich als Warnung *für ihn selbst* gemeint. Es hieß, er werde »wie durch Feuer« auf die Probe gestellt, ganz so, wie einstmals Lot und dessen Familie. Lots Weib hatte zurückgeblickt und den Tod gefunden, als sie bei ihrem Aufbruch aus der Stadt Sodom zögerte. Zudem hatte Lot den Rat der Boten Gottes, auf einen Berggipfel zu fliehen, nicht beachtet und wählte statt dessen die nahe gelegene Stadt Zoar mit ihren ihm bekannten Annehmlichkeiten. Zwar besann er sich später eines Besseren, doch es war bereits zu spät! Er hatte seine spirituellen Möglichkeiten vertan und seine Unwürdigkeit bewiesen.

Cayces Situation glich insofern der von Lot, als er damals in Virginia Beach ständig zu Wohnungswechseln genötigt war, denn die gemieteten Häuser wurden immer wieder verkauft. Auf Cayce wirkte das sehr entmutigend; er war versucht, den »Berggipfel zu verlassen« – Virginia Beach – und an einen der früheren, mit weniger Problemen belasteten Wohnorte zurückzukehren. Doch gerade in diesen Schwierigkeiten bestand sowohl die spirituelle Prüfung wie auch die Möglichkeiten zu innerem Wachstum.

Cayce war also ermahnt worden, den Weisungen der Readings zu folgen, denn durch sie war er ursprünglich nach Virginia Beach gekommen, in die Umgebung, die für seine seelische Entwicklung und sein spirituelles Wachstum den besten Nährboden abgab.

Diese Ermahnung beachtete er. Nach kurzer Zeit wurde er zu dem mit braunen Schindeln gedeckten Wohnsitz am Arctic Crescent geführt, zu dem Haus, das für den Rest seines Lebens sein Heim werden sollte. Einige Jahre später wurde den Cayces und ihrer wachsenden Anhängerschar in einem Reading eröffnet, Virginia Beach sei »das Zentrum und der einzige Hafen der weißen Bruderschaft.«[10]

Die Zerstörung Sodoms durch Feuer und das merkwürdig plötzliche Erscheinen oder Verschwinden jener »drei Männer«, von denen in der Genesis berichtet wird, lädt zu einer kurzen Nachbemerkung ein.

Dem biblischen Bericht über die Vernichtung Sodoms und Gomorrhas zufolge ließ der Herr »Schwefel und Feuer« vom Himmel auf die lasterhaften Einwohner der beiden Städte regnen. Und früh am nächsten Morgen »ging Abraham an die Stelle, wo er mit dem Herrn gesprochen hatte« (*Genesis* 19,27). Wo Sodom und Gomorrha gestanden hatten, sah er jetzt »eine Rauchwolke aufsteigen wie von einem Schmelzofen.« (Genesis 19,28)

Auch Cayce sah in seinem Traum »Feuer und Schwefel regnen«, als er und sein Begleiter mit Lot, dessen Weib und beiden Töchtern aus der schwer geprüften Stadt flohen. Cayce berichtete: »Mit den Worten ›sie erstarrte zur Salzsäule‹ war gemeint, daß sie wirklich durch große Hitze gingen, die von dem Feuer vom Himmel herrührte, und alle wurden dadurch geprüft. Ich kam durch das Feuer hindurch.«[11] (Die Warnung: »Sieh dich nicht um!« läßt auch auf Strahlung schließen.)

Schwefel gehört zu den Substanzen, die bei einem Vulkanausbruch ausgestoßen werden. Es gibt jedoch weder tätige noch erloschene Vulkane in der Gegend um das Jordantal, wo Sodom und Gomorrha vermutlich lagen. Ebensowenig kann der zerstörende, feurige Regen auf

»natürliche« Weise erklärt werden. Daher bestehen zwei Möglichkeiten: Entweder handelte es sich um ein übernatürliches Phänomen oder aber um einen Luftangriff, bei dem Brandbomben eingesetzt wurden, wahrscheinlich sogar höher entwickelte Waffensysteme, vergleichbar mit Laserkanonen oder Atombomben.

Woher hätte ein solcher Angriff kommen können? Die Luftschiffe der atlantischen Ära waren von der Erde verschwunden, kurz nachdem diese Kultur zur Zeit von Ra und Hermes durch Erdbeben und Flutkatastrophen untergegangen war – mindestens ein volles Jahrtausend vor Abraham und Lot.

Könnten Melchisedek und seine Genossen – vielleicht von einem Planeten im Bereich des Arkturus – mit einem Raumschiff gekommen sein, von dem aus sie auf Geheiß des Herrn Sodom und Gomorrha angriffen?

Alles, was auf »Science Fiction« oder »Ufologie« hindeutet, wird von den offiziellen Sprechern der *Edgar Cayce Foundation* und der ihr angeschlossenen Organisation, der *Association for Research and Enlightenment* (Vereinigung für Wissenschaft und Erleuchtung) in Virginia Beach zwar strikt abgelehnt. Doch kein ernsthafter Cayce-Forscher kann es sich leisten, diesen Aspekt der Readings zu vernachlässigen, der nur zu oft mit einer Geste großer Verlegenheit unter den Teppich gekehrt wird: Cayces Kundgaben erwecken *tatsächlich* den Anschein, als bestätigten sie außerirdische Besuche auf unserem Planeten.

In einem Reading, in dem es um die atlantische Inkarnation eines 26jährigen Mannes geht, findet sich die interessante Aussage: »Die Art der Transportmittel, die Art des Verkehrs mittels Luftschiffen spielte sich in jener Zeit so ab, *wie Hesekiël viel später beschrieb*«[12] (Hervorhebung vom Verfasser). Das Buch Hesekiël ist ein Buch der Visionen, das im sechsten Jahrhundert vor Christus geschrieben wurde. Das erste Kapitel enthält die seltsame Schilderung einer ungewöhnlichen Vision des Propheten:

»Ich sah, wie der Sturm eine mächtige Wolke von Norden herantrieb; sie war von einem hellen Schein umgeben, und Blitze zuckten aus ihr. Die Wolke brach auf, und aus ihrem Inneren leuchtete ein helles Licht, wie der Glanz von gleißendem Gold. In dem Licht sah ich vier Gestalten, die wie Menschen aussahen ...« (Hesekiël 1,4–5)

»Die Räder waren riesengroß, und ihre Felgen waren ringsum mit funkelnden Augen bedeckt – ein furchterregender Anblick. Wenn sich die geflügelten

Gestalten fortbewegten, dann bewegten sich auch die Räder mit ihnen, und wenn sich die Gestalten von der Erde erhoben, hoben sich auch die Räder von der Erde.« (Hesekiël 1,18–19)

Wer diese Schilderung auf sich wirken läßt, kommt schwer um den Eindruck herum: Sodom und Gomorrha wurden durch außerirdische Wesen zerstört.

Haha. D.i. „Scheiße"
FR DO 28.7.88 – 8a20'

7

Uhjltd, der Nomadenkönig

Der Sand der Zeit hat viele Ereignisse der Geschichte unter sich begraben, doch im Verlauf der immer wiederkehrenden Zyklen wird vielleicht noch manches verborgene Wissen wieder an den Tag kommen. Wir müssen nur geduldig warten, bis der ewig wehende Wind den Sand davonträgt und von den steten Veränderungen menschlicher Existenz Zeugnis ablegt.

In einer Höhle in der Nähe von Shushtar, im heutigen Iran, liegen die sterblichen Überreste des altehrwürdigen Führers, Lehrers und Heilers UHJLTD begraben und harren ihrer künftigen Entdeckung durch Archäologen.

Dann kann dank der Radiokarbonmethode vielleicht auch das Zeitalter, in dem Uhjltd lebte, exakt ermittelt werden. Die Cayce-Readings sind in diesem Punkt nicht besonders genau.

Doch es gibt wenigstens einen bedeutsamen Anhaltspunkt, der vielen Cayce-Forschern entgangen ist.

»Frage deinen Onkel Dudley!«, sagten gewöhnlich die Erwachsenen in meiner Umgebung, wenn ich ihnen knifflige, das heißt unbeantwortbare Fragen stellte. Dann lachten sie. Als Jugendlichen verletzte mich das, in meinen Ohren klang es völlig sinnlos und schien mir kaum des Nachdenkens wert. Gewöhnlich antwortete ich stereotyp: »Aber ich habe gar keinen Onkel Dudley!«

Nun, eines Tages fand ich ihn. Es ist eine »Ironie des Schicksals«, daß nun gerade dieses Kapitel eine besonders schwierige Frage aufwirft – und daß es ausgerechnet »Onkel Dudley« ist, der die Antwort gibt.

Dudley WENTWORTHE war, gemäß Reading 962–1, im alten Manhattan eine angesehene Persönlichkeit und diente dort als Schreiber der englischen und holländischen Siedler. Er war fähig, freundlich und besaß ein derart phänomenales Gedächtnis für Einzelheiten, daß ihm zu Ehren die bis heute gängige Redensart geprägt wurde: »Frage deinen Onkel Dudley!«

Herr HOOVER hatte schon lange, bevor er als Dudley Wentworthe lebte, existiert, zu Uhjltds Zeiten, zunächst als Schatzmeister am Hof von Krösus, dem für seinen Reichtum und seine Gier bekannten König von wahrscheinlich uralter Abstammung; später gab er sein selbstsüchtiges Leben voller Luxus auf, um sich Uhjltds Volk in der »Stadt der Hügel und Ebenen« anzuschließen. Eines der Lebens-Readings dieser Wesenheit hat uns nun ein kleines Juwel beschert, ein »Geschenk«, das wir dem ungewöhnlichen Gedächtnis dieser Wesenheit verdanken. Denn als Cayce in der *Akasha-Chronik* das Schicksal Hoovers erforschte, um Genaueres über dessen Leben als IXELTE in Persien in Erfahrung zu bringen, stieß er auf eine Goldader – auf ein Datum:

Die Wesenheit gehörte zu den Schatzmeistern, die dem ersten und dem zweiten Krösus dienten; denn dies gehörte zu ihren alten Erfahrungen und war etwa sieben- bis zehntausend Jahre vor Christus. (962–1)

Diese Angabe ist zwar nicht sehr genau, doch wenigstens zerstreut sie jeden Zweifel daran, daß Uhjltds einstige Herrschaft in der Entstehungszeit des großen iranisch-arischen Reichs gelegen haben muß.

In einer Fußnote von Gladys Davis Turner findet sich eine äußerst spekulative Zeitangabe für die Uhjltd-Ära, nämlich das Jahr 8058 vor Christus. Die beiden letzten Ziffern »58« erläutert ein Hinweis Cayces näher, wonach viele bedeutsame Umwälzungen im Verlauf der menschlichen Geschichte im 58. Jahr des betreffenden Jahrhunderts ihren Anfang nahmen. (Sogar die für unser Jahrhundert vorhergesagten Veränderungen sollen zwischen ›58 und 98‹ stattfinden.[1]) Frau Turners intuitive Datierung fällt in den im Reading 962–1 genannten Zeitrahmen, und sie scheint auch zu der folgenden Frage und Antwort zu passen.

F-3 Mit welchem Namen, wenn überhaupt, wird die (von Uhjltd errichtete) »Stadt der Hügel und Ebenen« in der biblischen Geschichte belegt?
A–3 Sie wird als Aufenthaltsort einiger Kinder Kains bezeichnet und später in Verbindung mit Kindern von Shem genannt. (288–48)

Als Uhjltd dort eintraf, war diese Region allerdings unbewohnt; die Nachkommen Kains und auch Shems hatten jene Gegend schon vor langem verlassen. Doch wenn die Angaben in der Bibel stimmen, wanderte Shems zahlreiche Nachkommenschaft niemals aus, sondern war lediglich über das ganze Persien oder Arabien verstreut. Shem war ein Sohn Noahs und einer der Ahnen Abrahams, dem der Herr versprochen hatte, seine Nachkommen würden so zahllos wie die Sterne sein. Sie bildeten die shemitischen oder semitischen Völker, die sich allmählich in ganz Lydien, Syrien, Chaldäa, in Teilen Assyriens und Persiens und auf der ganzen arabischen Halbinsel niederließen. Sehr wahrscheinlich vermischten sie sich im Laufe der Zeit mit den in alle Winde zerstreuten Nachfahren von Ra und Zu, von denen auch Uhjltd abstammte.

Gibt es Parallelen zwischen der von Cayce geschilderten Uhjltd-Periode und den Darstellungen der biblischen Geschichte? »In bezug auf CUSHI«, lautete die knappe, ziemlich rätselhafte Antwort eines Readings auf eine entsprechende Frage.[2]

Cushi hatte dem König DAVID die schlimme Nachricht vom Tod seines Sohnes ABSALOM überbracht, nachdem ein anderer Läufer, von dem er überholt worden war, den König vor Kummer zu schützen versucht hatte, indem er ihm meldete, alles sei in Ordnung. JOAB, einem Heerführer Davids, war es gelungen, die treulosen, von Absalom angeführten Truppen bei Gilead in die Flucht zu schlagen. Absalom hatte bei dem Versuch, seinem Vater die Macht zu entreißen, »das Herz Israels gestohlen« und war geflohen; Joabs Männer setzten ihm nach. Doch der gutmütige König, noch immer voller Liebe zu seinem verräterischen Sohn, hatte seinen Feldherrn Joab streng ermahnt, milde mit Absalom zu verfahren. Joab aber mißachtete diese Anweisung und tötete Absalom, als dieser sich beim Ritt durch ein Dickicht mit seinen Haaren in den Ästen eines Baums verfing. Die Parallelen zwischen König Uhjltd und König David liegen also nicht im geschichtlichen Umfeld (denn zwischen ihren Leben waren einige Jahrtausende vergangen); sie bestehen vielmehr in ihren tragischen Schicksalen und dem Umstand, daß sie beide verraten wurden.

Dies ereignete sich zu einer Zeit, da die Stämme von Ra und Zu sich endgültig auflösten.

EUJUELTD, ein Nomadenführer, dessen sich ständig verlagernder Herrschaftsbereich an der Grenze zwischen Arabien und Persien lag, gehörte mit seinen Stammesleuten zu den verstreuten Überresten von Zus Volk. Auf seinen Streifzügen durch die Wüste begegnete er der ungewöhnlich schönen SLUMDKI – einer Nachfahrin des legendären Ra – und verliebte sich in sie.

Aus ihrer Verbindung ging Uhjltd hervor.

Uhjltds nomadische Vorfahren sollen, abgesehen von einigen kaukasischen Charakterzügen, von der Stärke und den Mysterien Ägyptens wie auch von der Pracht und den Geheimnissen Indiens geprägt gewesen sein. Bei ihrer Vereinigung dienten seine Eltern als Werkzeuge für die Verkörperung eines Menschen, der von der Herrlichkeit Gottes Zeugnis ablegen würde. Und so kam Uhjltd, der einstige Priester Ra Ta, erneut mit einer bestimmten Mission zur Erde. Sein Name (ausgesprochen *»Juh-alt«*) bedeutet »Erhöhung«[3] – nicht die Erhöhung des Selbst, sondern die des Schöpfers. Diese Aufgabe erfüllte Uhjltd dadurch, daß er zu einem Friedensstifter wurde. Das gelang ihm, indem er die ewige Lehre verkündete, daß »alle Menschen Brüder sind und Gott ihr Vater ist« – und selbst entsprechend lebte. Sein Sohn ZEND, wohl eine Verkörperung von Jesus Christus, entwickelte später diesen Grundsatz weiter und schenkte der Welt eines der ersten religiösen Gedankensysteme, das im sogenannten *Zend-Avesta* niedergelegt wurde. Dem ersten Zoroaster, einem Enkel Uhjltds und Sohn Zends, blieb es vorbehalten, diese Lehren unter dem Namen des *Zoroastrismus* zu verbreiten und zu popularisieren.*

Uhjltd wurde wie ein Beduine erzogen. Was wir als gesetzlos bezeichnen würden, betrachteten die unter harten Bedingungen lebenden Nomaden als notwendige und normale Lebenseinstellung. Vorbeiziehende Karawanen wurden geplündert, rivalisierende Stämme überfielen sich wechselseitig.

Ein gemeinsamer Feind jedoch, und zugleich ein sehr lohnendes Angriffsziel, war der persische König KRÖSUS mit seinem sagenhaften Reichtum und seiner berüchtigten Grausamkeit. In seiner Hauptburg unterhielt er außerdem eine Ausbildungsstätte für Mädchen, die für die liebeshungrigen Beduinen, in deren Lagern oft Frauenmangel herrschte, eine zusätzliche, verlockende Beute darstellten.

Der persische Herrscher und seine Verbündeten waren natürlich ständig bemüht, die Nomaden zu unterwerfen und die lebenswichtigen Handelsstraßen zwischen Persien, Indien, Ägypten, dem ägäischen Land, dem kaspischen Meer und den Völkern aus dem Norden (der Ukraine)

* Aus der Sicht der Religionshistoriker stellen sich die Zusammenhänge anders dar: Den »Zoroastrismus« hat, wie schon der Name andeutet, *Zoroaster* (Zarathustra) selbst gestiftet, ein persischer Prophet, der zwischen *1000 und 600 vor Christus* gelehrt haben soll. Auf ihn gehen höchstwahrscheinlich die »Gathas« zurück, die ältesten Teile des *Awesta*, der heiligen Schrift des Parsismus. Diese heißt so nach der altiranischen Sprache, in der sie abgefaßt wurde, dem Awestischen. Da diese Sprache im Lauf der Zeit außer Gebrauch kam und nicht mehr verstanden wurde, ist der Schrift ein mittelpersischer Kommentar beigegeben worden: Das mittelpersische Wort *Zand* bedeutet »Erklärung«. Dieser Kommentar wurde zusammen mit dem Text weitertradiert: als *Zend-Avesta*.

wie auch dem mazedonischen Gebiet (dem späteren Griechenland) frei zu halten.

Man nimmt an, daß KRÖSUS II. zu Beginn der Uhjltd-Ära in Persien herrschte und ihm ein Sohn als Krösus III. auf den Thron folgte. In den Cayce-Readings werden immer wieder verblüffende karmische Zusammenhänge sichtbar. So verkörperten sich auch diese beiden persischen Könige im gegenwärtigen Jahrhundert wieder, fanden ihren Weg – unabhängig voneinander – nach Virginia Beach und erhielten Lebensreadings. Der einstige Krösus II. erfuhr in seinem Lebensreading, er sei ein »hartherziger Bursche« gewesen, der seine Macht im Umgang mit anderen ständig mißbrauchte.[4]

Seinem Nachfolger, Krösus III. – in vieler Hinsicht humanitärer gesinnt als sein Vorgänger, insbesondere was Erziehungsfragen betraf – wurde mitgeteilt, auch er sei »hart gewesen gegen die, die zu viele Ideen hatten«[5]; obwohl zwischen ihren beiden Königreichen Friede geschlossen worden war, mißbilligte er wohl die Reformen in der von Uhjltd regierten »Stadt der Hügel und Ebenen«.

Der friedliebende Uhjltd war nicht der einzige Sohn, der aus der Verbindung des großen Nomadenhäuptlings Eujueltd mit der lieblichen Slumdki hervorging. Seine Brüder hatten jedoch weniger idealistische Neigungen. Den zweiten Sohn, OUJIDA, trieb ein Rivalitätsgefühl, wie es zwischen Geschwistern häufig vorkommt; durch seine Kampflust gewann er die besondere Zuneigung des Vaters, während Uhjltd der Liebling der Mutter blieb. Oujida befehligte die Abteilung des Stammes, die die tollkühnsten und gewalttätigsten Überfälle unternahm, und wollte damit wohl zeigen, daß er Uhjltds sanftere Natur als Schwäche ansah; doch die Stammesregeln verpflichteten ihn dazu, Uhjltds Oberherrschaft als älterer Bruder anzuerkennen – zumindest nach außen hin. Die Rolle des Vaters, der, ohne es zu bemerken, die Kluft zwischen den Brüdern vergrößerte, geht aus folgendem Auszug hervor:

Die Wesenheit [Eujueltd] verließ den Weg, wegen der körperlichen Kraft, die von Oujida und den anderen Söhnen ausging, doch fand er ihn wieder – wenn auch körperlich gebrochen und seelisch gequält durch die Mühen, die er in den Zeiten der Unterdrückung und Unterwerfung zu erdulden hatte. Er ging wieder zum Sohn [Uhjltd], um Hilfe, um Unterstützung zu erhalten; und die Wesenheit erlebte ein neues Erwachen. (707–1)

Bei einem der ersten und erfolgreichsten Überfälle von Oujida kam es zu einem Kräftemessen zwischen den beiden Brüdern. Den Kriegern Oujidas war es dank einer verwegenen Strategie und einer glücklichen Wahl des Zeitpunkts gelungen, in die Festung des persischen Königs einzudringen, einen Teil seines Schatzes zu rauben und mit etlichen weiblichen Gefangenen aus der königlichen Ausbildungsstätte zu entkommen. Erst später, nach der Rückkehr ins Lager seines Vaters, entdeckte Oujida, daß sich unter den Frauen die Adoptivtochter des Königs Krösus selbst befand.

Das rebellische Mädchen, ELIA mit Namen, warnte ihren kühnen Entführer, daß grausame Vergeltungsmaßnahmen über sein Volk hereinbrechen würden, wenn man sie nicht freiließe. Ihr Zorn entfachte nur die Glut der Leidenschaft in Oujidas Brust, denn das Mädchen war lieblicher als alle, die er je gesehen hatte, und die Zornesröte auf ihrem Gesicht und das wütende Funkeln in ihren meergrünen Augen machten sie noch schöner. Trotz der Begierde, die ihn erfaßt hatte, vergaß Oujida nicht, wie dringend nötig es war, seinen älteren Bruder Uhjltd zu beschwichtigen; dessen sanfter, lächelnder Tadel konnte schrecklicher sein als all die zornigen Worte eines Mädchens. Um der zu erwartenden Reaktion Uhjltds auf sein draufgängerisches Verhalten die Spitze zu nehmen, schleppte Oujida die gefangene Elia zum Zelt seines Bruders, verneigte sich tief vor Uhjltd und bot ihm die Tochter des Krösus als seinen Anteil an der Beute an.

Der lächelnde Uhjltd lehnte das Angebot ab. Diese neuerliche Demütigung machte Elia nur noch zorniger. Doch als sie den Ausdruck von Mitgefühl auf dem Antlitz dieses ungewöhnlichen Führers betrachtete, rührte seine sichtbare Kraft und Würde tief in ihrem Innern etwas an; Elia verspürte eine Verwirrung, die sie sich nicht erklären konnte. Möglicherweise empfand Uhjltd ähnlich wie sie, wenn er seine Gefühle auch sorgfältig verbarg. In ihrem vorangegangenen Leben waren die beiden nämlich ein Ehepaar gewesen: Ra Ta und ASUA, die erste Frau des jungen Priesters. Nachdem er mit seiner neuen Gefährtin Isris ins Exil gegangen war, hatten sie nicht mehr zusammen gelebt.

Oujida nahm nun selbst Elia als seine Frau zu sich. Sie gebar ihm eine Tochter, INXA mit Namen. Diese Tochter war niemand anderes als Ras einstige Gefährtin ISRIS, die jetzige Frau HOPKINS. Unfähig, die Härten und vermeintlichen Demütigungen ihres neuen Lebens im Lager der Beduinen zu ertragen, und ohne Rücksicht auf die Bedürfnisse ihrer kleinen Tochter, stieß sich Elia ein Messer in die Brust und nahm sich so das Leben. Das mutterlose Kind wurde nun von Oujida verstoßen.

Und was hatte es mit Oujida auf sich? Auch er hatte in Ägypten eine Rolle gespielt. Er war der Meistermathematiker ARSHRA gewesen, der zur selben Zeit, als Ra Ta und Hermes mit dem Bau der Pyramide von Gise begannen, den Grundstein zur Sphinx gelegt hatte. Erwuchsen in ihm bei dieser Gelegenheit eine heimliche Abneigung und ein Gefühl der Rivalität gegenüber dem Priester, dessen größeres Monument die Bedeutung der Sphinx in den Schatten stellte? Vielleicht.

Eines Tages, nach einer überraschenden Attacke der rachsüchtigen Perser, blieb Uhjltd bewußtlos auf dem Schlachtfeld liegen. Im Glauben, er sei tot, ließ man ihn dort zurück. Er lebte aber noch, wenn auch schwer verletzt. Als er sein Bewußtsein nach zwei Tagen wiedererlangte, bemerkte er, daß nur die Anwesenheit seines treuen Hengstes, der bei seinem niedergestreckten Körper Wache hielt, die hungrigen, kreischenden Aasgeier davon abgehalten hatte, ihm das Fleisch von den Knochen zu reißen. Plötzlich fand sich Uhjltd in eine herrliche Lichtflut getaucht, die ihm auf wunderbare Weise Gesundheit und Wohlbefinden wiedergab. Als er sich nun erhob, voll Freude darüber, daß er noch lebte, erkannte Uhjltd, daß ihm sein Leben vermutlich aus einem bestimmten Grund geschenkt worden war. Er war entschlossen, diesen Grund ausfindig zu machen.

Die Jahre kamen und gingen. Eines Tages, als er auf seinem grauscheckigen Roß nach Norden trabte, dachte Uhjltd über die Veränderungen nach, die im letzten Jahrzehnt in seinem Leben eingetreten waren. Den größten Teil der Zeit hatte er in Ägypten zugebracht, beim Volk seiner Mutter und den dortigen Priestern, und manches über die uralten Mysterien erfahren.

In der Folge hatte er sich viel Wissen erworben, das er nun unbedingt anwenden wollte. Doch bei seiner Rückkehr vor neun Monaten mußte er feststellen, daß das Volk seines Vaters in viele Gruppen aufgespalten war; es lag im Krieg mit den Persern, und verheerende Angriffe und Gegenangriffe wechselten sich ab, in die auch einige Nachbarstämme verwickelt waren. Die nomadischen Stammesangehörigen, jetzt stark zersplittert, bedurften eines starken Führers, der in der Lage war, sie zu einen. Ihre Wahl war auf den zurückgekehrten Uhjltd gefallen, und er hatte sich einverstanden erklärt.

Mit seinen dreiunddreißig Jahren war Uhjltd in der Tat eine imposante Erscheinung. Hochgewachsen und von aufrechter Haltung, besaß er einen wohlproportionierten Körper; sein dichtes, rabenschwarzes Haar umrahmte ein edles Antlitz, das man einfach bewundern mußte, denn Sanftmut, Schönheit und männliche Stärke spiegelten sich darin wider. Die durchdringenden grauen Augen unter den dichten, dunklen Brauen verliehen ihm einen geheimnisvoll spirituellen Ausdruck, während das ausgeprägte Kinn und die gebogene Nase von seiner angeborenen Führernatur zeugten. Uhjltd wollte den ständigen Kämpfen ein Ende bereiten und den Handel als friedliche Erwerbsquelle einführen. Diese Art, die Probleme seines Volks anzugehen, stieß auf den Widerstand Oujidas und einiger anderer, die an den alten, kriegerischen Methoden festhielten und Uhjltd die Lösungen, die er vorlegte, insgeheim verübelten. Uhjltds wußte dies in seinem Herzen, und es stimmte ihn traurig.

An besagtem Tag nun ritt er auf die Festung der Perserkönigs zu, ein einsamer Gesandter auf der Suche nach einer Möglichkeit, Krösus und dessen Volk den Wunsch seiner Stammesgenossen zu übermitteln, den Streitigkeiten der Vergangenheit um des allgemeinen Friedens willen ein Ende zu bereiten.

Das war ein gewagtes Unterfangen. Manche hielten es wohl für tollkühn. Doch Uhjltd sah einen Friedensvertrag mit den Persern als den notwendigen, ersten Schritt an, um sein Volk in ein neues Zeitalter des Friedens und des Wohlstandes zu führen.

Die Sonne stand tief über den fernen Hügeln, als Uhjltd schließlich einen Brunnen in der Nähe der persischen Hauptstadt erreichte. Im Schatten dreier Palmen ruhten er und sein Pferd aus. Plötzlich erblickte er eine herannahende junge Frau, gleich einer wunderschönen Fata Morgana im vergehenden Licht über dem Wüstensand.

Da sie offensichtlich keine Dienstmagd war, vermutete Uhjltd, daß dieses bezaubernde Mädchen ihren gewagten, frühabendlichen Spaziergang außerhalb der sicheren Mauern von Krösus' sagenhafter Stadt nicht allein deshalb unternahm, weil das Wasser an dieser Oase der Reisenden besser schmeckte; wahrscheinlich verspürte sie – wie er auch – einen großen Freiheitsdrang, der sie dazu bewog, Gelegenheiten wie diese wahrzunehmen, um sich ungebunden zu fühlen. Als sie ihn schließlich bemerkte, erschrak die junge Frau offensichtlich. Beinahe ließ sie ihren Krug fallen.

Uhjltd lachte gutmütig und beeilte sich, sie zu beruhigen: »Ich tue Ihnen nichts zuleide. Ich bin nur hier, damit mein Pferd sich erholen kann und um etwas frisches Wasser aus dem Brunnen zu schöpfen, damit unser Durst gestillt wird.«

Das Mädchen betrachtete ihn nun vorsichtig und mit heimlichem

Wohlgefallen. Er sah auffallend gut aus. Für einen Beduinen hatte er überraschend liebenswürdige und edle Gesichtszüge.

»Mein Herr, Sie dürfen gerne hier rasten und trinken«, erwiderte sie. Insgeheim staunte sie darüber, daß sie diesen fremden Nomaden ohne die fast selbstverständliche Verachtung ansprach, die sie für jene niederträchtigen Räuber und Wegelagerer empfand, die ihre Kindheitsfreundin und Gefährtin Elia vor einem Jahrzehnt entführt hatten. Nur durch einen Glücksfall war sie selbst, ILYA, deren Vater von königlichem Geblüt und ein Bruder des Regenten war, einem ähnlichen Schicksal entgangen. Dafür hatte sie Rache geschworen. Doch sie konnte nicht sicher sein, ob der lächelnde Fremde, der sie nun so interessiert betrachtete, ein Angehöriger desselben furchtbaren Stammes war. Er schien anders als alle Nomaden, denen sie je begegnet war oder von denen sie gehört hatte. In seiner Gegenwart fühlte sie sich seltsam bewegt, auch hatte sie ihre Gefühle nicht vollständig im Griff. Doch sie wußte, daß sie auf der Hut sein mußte, bis sie seine Herkunft kannte.

»Mein Name ist Uhjltd«, sagte er, als läse er ihre Gedanken. »Erst kürzlich kehrte ich vom Volk meiner Mutter in Ägypten zurück, um mich wieder den Stammesleuten meines Vaters im Süden anzuschließen. Ich komme im Frieden.«

Der Name Uhjltd fuhr wie ein Dolch in Ilyas Herz. Sie konnte sich genau erinnern, ihn in Verbindung mit jenem Nomadenstamm gehört zu haben, der Elia vor Jahren in die Gefangenschaft verschleppt hatte und der ihr Volk dauernd mit Überfällen auf die Karawanen plagte. Wenn ihre Vermutung stimmte, dann sollte dieser Beduine dafür büßen.

»Kommt ein Beduine jemals im Frieden?« fragte sie.

»Ich wäre froh, wenn ich eine Gelegenheit erhielte, es zu beweisen«, antwortete Uhjltd. »Als Führer meines Volks bin ich hierhergekommen, allein und unbewaffnet, um einen Friedensvertrag mit den Männern hinter den Toren dieser Stadt abzuschließen, auf daß wir künftig wie Brüder miteinander leben können, nicht wie Feinde, die sich ständig bekämpfen.«

Sonderbare Worte von einem Beduinen, dachte Ilya verbittert. Doch sie verbarg ihre düsteren Gedanken und lächelte statt dessen gewinnend.

»Erwarten Sie mich hier am Morgen, in der Dämmerung«, sagte sie zu ihm. »Ich will sehen, ob ich das Treffen arrangieren kann, das Sie wünschen. Mein Vater hat nämlich einigen Einfluß bei Hof.«

Uhjltds durchdringende graue Augen forschten in der Tiefe der himmelblauen Augen des lächelnden Mädchens. Ihr bleiches, feines Antlitz, ihre anmutige Gestalt, ihre glänzenden, goldenen Haarflechten unter dem Schleier und ihre wohlklingende Stimme, die wie der Gesang einer Nachtigall ertönte – das alles hatte ihn völlig bezaubert. Konnte er ihren Worten trauen? Er wußte es nicht. Aber wenn es eine List war, so würde er gerne ihr Gefangener sein. Doch eine Stimme tief in seinem Innern sagte ihm, daß er sich auf sie verlassen konnte.

»Ich werde hier sein«, sagte er, »und Ihre Rückkehr morgen in der Dämmerung erwarten.«

Sie wandte sich zum Gehen.

Uhjltd rief ihr nach: »Darf ich Ihren Namen erfahren?«

»Ilya«, lautete die Antwort, und ihre Stimme klang wie kleine Glöckchen, als sie ihm einen Abschiedsblick über die Schulter zuwarf.

Wie versprochen, erschien Ilya in der Morgendämmerung am Brunnen und führte Uhjltd, der sein Pferd losgebunden hatte, damit es auf dem spärlichen Wüstenboden grasen konnte, durch die Tore in die Stadt hinein.

Sofort ergriffen ihn die dort wartenden Wachsoldaten. Zu spät erkannte Uhjltd, daß ihn das Mädchen, das er inzwischen so liebte wie sein Leben, hintergangen hatte. Trotzdem konnte er Ilya nicht hassen. Sein Volk, das wußte er, hatte ihr Grund genug gegeben, sich auf diese Weise an ihm zu rächen.

Als Uhjltd ins Gefängnis geschleppt wurde, wo man ihn bis zu seiner Verurteilung mit schweren Ketten an Händen und Füßen fesselte, fiel sein Blick plötzlich auf die im Hintergrund stehende Ilya. Niemals zuvor in seinem Leben hatte Uhjltd einen solchen Ausdruck tiefster Reue gesehen, als sie in dem Moment, da er abgeführt wurde, ihr tränenüberströmtes Gesicht plötzlich mit beiden Händen bedeckte. Und in seinem Herzen empfand er heimliche Freude: Wenn sie ihn liebte, dann war das alles, was zählte. Sein eigenes Schicksal war dann nicht mehr wesentlich.

Für Ilya wurde das Los des Gefangenen nun zum vordringlichsten Anliegen. Sie wußte, daß sie ein schwerwiegendes Unrecht wiedergutmachen und auf ein Mittel sinnen mußte, dem Beduinen zur Freiheit zu verhelfen. Sie wußte auch, an wen sie sich um Hilfe wenden durfte. Ihre ehemalige Lehrerin IRENAN, die eng mit dem Wachposten ENDESSOSEU befreundet war, konnte ihnen beiden vielleicht Einlaß ins Gefängnis verschaffen. Gemeinsam würde es Ilya und der älteren Frau dann vielleicht gelingen, die Fesseln zu lösen, die jetzt die Handgelenke und Knöchel des armen Uhjltd umspannten und ihn an die Gefängnismauern ketteten. Dieses von Krösus eingeführte, abscheuliche und primitive Verfahren hatte Ilya noch kurz vor Uhjltds Festnahme gutgeheißen. Doch es gehört zu den merkwürdigen Widersprüchlichkeiten des Herzens, daß dort, wo die überraschenden Pfeile der Liebe ihr Ziel finden, die Logik nicht von Bestand ist.

Erst am dritten Tag, bei Sonnenaufgang, konnten Ilya und ihre Verbündete heimlich in das Verließ gelangen, in dem der gefangene Beduine, geschwächt durch die dürftige Nahrung aus Brot und Wasser, in seinen schweren Ketten hing. Als Uhjltd Ilya erblickte, kehrte mit seiner übergroßen Freude auch seine Kraft zurück. Rasch konnten seine beiden Retterinnen die Fesseln lösen, und er war frei.

Er zögerte einen Moment, unsicher, wie er seine tiefempfundene Dankbarkeit und Liebe ausdrücken sollte. Doch Ilya drängte ihn zur Flucht und wies ihm den Weg zur Mauerbrüstung.

Nach einem kühnen Sprung hinunter stieß Uhjltd einen leisen Pfiff aus, der an die Ohren seines wachsamen, in der nahe gelegenen Einöde grasenden Apfelschimmels drang. Gerade als Uhjltd davonreiten wollte und über seine Schulter zur Stadtmauer zurückblickte, wo seine beiden Helferinnen jetzt standen, wurde er Zeuge einer furchtbaren Szene: Wachen, die Uhjltds Flucht bemerkt hatten, stürzten sich auf die ahnungslosen Frauen.

Irenan, die ältere Lehrerin, wurde brutal gepackt und davongeschleppt, vielleicht zur Folter und zum Verhör. Ilya, deren königliche Abstammung offenbar keine Festnahme, wohl aber eine sofortige Strafe zuließ, wurde ohne viel Aufhebens über die Brüstung in die Tiefe gestoßen.

Uhjltd zögerte keinen Augenblick, ungeachtet der Gefahr, die Wachen auf sich aufmerksam zu machen. Eilig ritt er zurück an die Stelle, wo seine verwundete Befreierin in ihrem Blut lag, und setzte sie vor sich auf sein starkes Pferd. Sie in seinen Armen haltend, sprengte er davon – unter einem Hagel von Steinen und Flüchen. Die Steinwürfe verwundeten Uhjltd an Rücken, Schulter und dem Bein, das er sich bereits bei seinem Sprung von der Gefängnismauer schwer verletzt hatte.

Trotzdem ritten sie immer weiter. Es blieb ihnen keine andere Wahl, bis sie einen relativ sicheren Ort gefunden hätten, wo sie sich ausruhen und ihre Wunden pflegen könnten.

Ein solcher Zufluchtsort, so ahnte Uhjltd, böte sich zwischen den Felsen und Steinblöcken des bergigen Geländes, das die Grenze zu den Ebenen im Süden bildete.

Gerade noch rechtzeitig vor Anbruch der Dunkelheit trafen sie in einer tiefen Schlucht auf eine gut verborgene Höhle, in deren Innerm sich eine einladende Quellgrotte mit klarem, frischem Wasser befand. Dort kniete Uhjltd nieder und erhob seine Stimme zu einem Dankgebet. An seiner Schulter spürte er Ilyas sanfte Berührung, und sie versanken nun in stille Meditation.

Tag um Tag verging, und im gleichen Maß, wie ihre Liebe füreinander wuchs, schritt auch die Genesung ihrer Körper mit wundersamer Schnelligkeit voran. Wie er es in den zurückliegenden Jahren beim Volk seiner Mutter von den ägyptischen Priestern gelernt hatte, wandte Uhjltd nun seine psychischen Heilkräfte an, und auch Ilya war dank seiner Führung bald in der Lage, es ihm gleichzutun. So praktizierten sie das Handauflegen, um einander zu helfen.

Am zweiten Tag entdeckte Uhjltd ein Lager mit Proviant, das unter den Felsen außerhalb der Höhle verborgen war. Es bestand aus getrockneten Datteln und Feigen sowie Getreidesäcken, die in luftdichten Beuteln aus Ziegenleder aufbewahrt waren. Diesen Vorrat hatte offensichtlich eine vorüberziehende Karawane zurückgelassen; er sollte ihr als Verpflegung dienen, wenn sie wieder an diesem Ort vorbeikäme. Auch Öle und Gewürze waren vorhanden. Uhjltd rief Ilya herbei, und sie dankten Gott für seine Gnade.

Doch an diesem Abend, gerade als der Mond aufging, wurden sie erneut von Kummer heimgesucht. Keine hundert Meter vom Eingang zu ihrer Höhle entfernt machte eine hinkende, schwarze Mähre stolpernd halt. Auf den Rücken des Tieres waren zwei offenbar leblose Gestalten gebunden.

Erschrocken erkannte Ilya die eine von ihnen sofort als ihre ehemalige Lehrerin, Irenan; die andere, obschon so schlimm zugerichtet, daß sie sich nicht sogleich identifizieren ließ, war Irenans alter Freund, der Wachposten Endessoseu, der an der geheimen Verschwörung zur Befreiung Uhjltds beteiligt gewesen war. Ihn hatte der Tod von seinem Leiden erlöst. Irenans bewußtloser Körper jedoch zeigte noch Spuren von Leben. Uhjltd und Ilya bereiteten hastig ein Lager aus weichen Gräsern. Liebevoll verband Ilya Irenans Wunden und wusch sie. Gemeinsam wendeten sie und Uhjltd die ihm bekannten Heilkünste an, um die Schmerzen der betagten Lehrerin zu lindern und die geistigen Kräfte zu unterstützen, die die Genesung förderten.

In den folgenden Tagen kam Irenan immer wieder für kurze Zeit zu Bewußtsein; sie bekam zu essen und zu trinken. Doch jedesmal, wenn sie Ilya erkannte, machte sie ihre einstige Schülerin für ihren Zustand und für Endessoseus Tod verantwortlich. Diese unversöhnliche Haltung erschwerte natürlich Irenans Genesung.

Für Endessoseus sterbliche Überreste hatte Uhjltd in der Einöde ein Hügelgrab aus Steinen errichtet. Diese einfache Gedenkstätte wurde zum Ort des täglichen Gebets.

Am sechsten Tag erblickte Uhjltd eine kleine Gruppe von Reitern, die über die Ebenen galoppierten. Schon aus der Ferne erkannte er sie als Angehörige seines Stammes und ritt ihnen entgegen, um sie zu begrüßen.

Zu seiner großen Freude entdeckte er unter ihnen seinen viel jüngeren Bruder ULADO. Sie begrüßten einander unter Tränen. Doch als Ulado von all dem berichtete, was sich seit Uhjltds Aufbruch im Lager zugetragen hatte, wurde Uhjltd klar, daß er niemals wieder dorthin zurückkehren konnte; er mußte jenen Ort für immer aus seinem Gedächtnis streichen.

»Viele Männer aus deiner eigenen treuen Garde haben sich gegen dich gewendet, mein Bruder«, sagte Ulado. »Oujida sowie einige der anderen kämpfen miteinander um die Macht. Sie alle haben geglaubt, du seist entweder tot oder in Gefangenschaft geraten. Das Schlimmste ist jedoch, daß die Gebetsstätte, die du für die Morgen- und Abendandacht geweiht hast, entheiligt wurde: Dort sind jetzt die Kamele angepflockt, und der Boden ist mit Dung bedeckt! Wir fünf sind voller Abscheu fortgegangen.«

In diesem Moment, inmitten seines Ärgers und Kummers, wurde Uhjltd unversehens eine Vision zuteil. Klar sah er vor sich, was er zu tun hatte.

Einen Arm um Ulados jugendlich schmale Schultern gelegt, sprach ihr ehemaliger Führer nun zu der kleinen Schar:

»Hier, an diesem Platz«, so verkündete er ihnen, »werde ich auf den Hügeln und Ebenen eine große Stadt errichten. Ihr Name wird IS-SHLAN-DOEN sein. Nur solche Menschen, die nach Frieden und Brüderlichkeit trachten, dürfen hierher kommen. Diese Stadt wird ein großes Zentrum der Heilkünste und des Gottesdienstes. Auch der Handel wird blühen, denn ich beabsichtige, den vorüberziehenden Karawanen Geschäfte anzubieten und Schutz zu gewähren. Doch nicht die Reichen, sondern Unterdrückte und Ausgestoßene wie wir werden aus diesem Ort eine mächtige Stadt machen.«

Ulado ließ seinen Blick umherschweifen, etwas verwirrt durch die visionären Worte seines Bruders, denn weit und breit gab es nichts als kahle Hügel und Ebenen. Doch er wußte, daß die Worte seines Bruders immer in Erfüllung gingen und daß Uhjltd oft Dinge sah, die andere nicht wahrnehmen konnten.

»Sage mir, Bruder«, fragte Ulado eifrig, »was kann ich tun, um den Anfang zu machen?«

»Gehe zurück ins Lager unseres Vaters«, sagte Uhjltd, »und sprich nur mit den Menschen, denen du vertrauen kannst. Sage ihnen, sie sollen ihre Zelte abbrechen und sich uns anschließen!«

Die Gruppe wollte sich sofort auf den Weg machen, um den Befehlen ihres Führers zu gehorchen, doch er hielt sie zurück. Er erzählte ihnen von Ilya und der anderen Frau, die ihm zur Flucht verholfen hatten und nun mit ihm in der Höhle in den Hügeln lebten.

»Schon bald müssen Ilya und ich nach Ägypten gehen, um besondere Vorräte zu besorgen und andere Menschen hierherzuholen, die uns helfen können. Bringt daher zusätzliche Pferde mit und auch eine unserer Frauen, die sich um die schwerverwundete und jetzt in tiefem Schlaf liegende Irenan kümmern kann.«

Als die fünf davonritten, kehrte Uhjltd zur Höhle zurück, wo Ilya auf ihn wartete.

Diese Nacht gehörte der Liebe. Die beiden Seelen begegneten einander, mit einer Sehnsucht und einem Verlangen ohnegleichen, wie sie nur zwei verstehen können, die am Anfang eins waren. Dieser ersten, segensreichen Vereinigung ihrer Körper entstammte die Saat, die eine weitere Inkarnation von Jesus Christus hervorbrachte – die Wesenheit Zend:

Sie wuschen sich an der Quelle in der Höhle und ölten sich ein. Dann begaben sie sich zu ihrem Lager aus Fellen und sahen zu, wie die Sonne über dem Wüstensand langsam unterging. Und in dieser Dämmerstunde fanden sie die erste Antwort ihrer Körper beim Erwachen der Seelen, als sie in eins verschmolzen; so schenkten sie der Welt als Tribut dieser Vereinigung den großen Führer Zend, der ihr als erster die Botschaft des Lebens und der Liebe brachte. (288–6)

Die Stadt auf den Hügeln und Ebenen wuchs und blühte auf. Geeint unter Uhjltds starker Herrschaft und motiviert durch ein allen gemeinsames Ideal, vollbrachten die Bewohner Is-Shlan-doens wahre Wunder bei der Verwirklichung des gewaltigen sozialen Unternehmens, das dazu bestimmt war, der Menschheit und Gott zu dienen.

Uhjltd wendete in den unfruchtbaren Ebenen die gleichen Bewässerungstechniken an, die in Ägypten bereits üblich waren; er ließ die

Bäche aus den nahe gelegenen Bergen in Kanäle leiten, die das Land mit Wasser versorgten, so daß Getreide wachsen und Obstbäume gedeihen konnten. Man fand in den Hügeln auch kostbare Edelsteine und Mineralien, die schon bald zu einem begehrten und einträglichen Handelsobjekt wurden. Die so angelockten Karawanen stammten aus Indien, Ägypten, Mesopotamien, Syrien sowie den Karpaten und Griechenland.

Doch vor allem erlangte Is-Shlan-doen den Ruf eines spirituellen Zentrums, in dem unter der Leitung eines bemerkenswerten Führers auch die Heilkünste ausgeübt wurden. Als Zufluchtsort für Unterdrückte schwoll die Stadt schnell zu einem wogenden Meer aus Zelten an. Zahlreiche, weit verstreut lebende Nachkommen zersprengter Stämme, die den Weg nach Is-Shlan-doen fanden, küßten den Boden unter ihren Füßen und nannten ihn ein Paradies.

Während die Stadt für manche ein Paradies auf Erden war, empfand sie der persische König Krösus als eine unerträgliche Bedrohung. Viele seiner früheren Handelsbeziehungen mit anderen Ländern hatte er an Uhjltd verloren; schlimmer noch, einige seiner bisher zuverlässigsten Untertanen begannen allmählich, über die ungewohnten Härten zu murren, die sie nun, ihrer früheren Einnahmen und der Vorteile daraus beraubt, hinnehmen mußten. Manche wagten sogar, ganz offen von den besseren Lebensbedingungen zu sprechen, die Is-Shlan-doen angeblich bot.

Der verärgerte König sandte berittene Einheiten aus, um diese neue Gefahr für seine Sicherheit zu beseitigen; doch seine demoralisierten Truppen wurden wiederholt von Uhjltds überlegenen Kräften zurückgeschlagen. Schließlich sah Uhjltd, daß diesem tyrannischen persischen Herrscher, der alle Friedensangebote abgelehnt hatte, eine Lektion auf Beduinenart erteilt werden müsse. Mit einer großen Gefolgschaft ihm treu ergebener Krieger griff Uhjltd die Festung von Krösus an und eroberte sie. Um für die Zukunft den Frieden sicherzustellen, wurde Krösus II. zur Abdankung gezwungen; an seiner Stelle bestieg sein noch junger Sohn Krösus III. den Thron. Handelsbeziehungen und freundschaftliche Verbindungen wurden zwischen der persischen Stadt und Is-Shlan-doen geknüpft, und viele der besiegten Perser entschlossen sich sogar, ihren Treueeid nun dem charismatischen und freundlichen Herrscher zu leisten, der sie unterworfen hatte.

In der Anfangszeit von Is-Shlan-doens Entwicklung hielt es Uhjltd für ratsam, einen Großteil der Regierungsgeschäfte seiner angesehenen, alternden Mutter Slumdki zu übertragen, die in Ägypten im Exil lebte, seit ihr Gatte Eujueltd beschlossen hatte, sich mit Oujidas aufrührerischem Klan zusammenzutun. So amtierte Slumdki während ihrer letzten Lebensjahre als Königin:

Die Wesenheit gehörte zu jenem Nomadenvolk und war die Mutter des Herrschers, der die Perser *besiegte*; in dieser Zeit gab sie dem König Uhjltd viel durch Beratung und Meinungsaustausch, sie kam jenem Volk zu Hilfe, das *unterworfen* worden war, und lehrte viel *in* dem Land; doch, obwohl es Verwünschungen gab und Mißverständnisse hinsichtlich des Zwecks des Überfalls oder der Unterwerfung des Volks, nahm es die Wesenheit dem Volk *kaum* übel und wurde zur Regentin, zur Königin, in diesem geteilten Land. Ihr Name war Slumdki. (2708–1)*

Was nun INXA betrifft, die von ihrem Vater im Stich gelassene Tochter Oujidas, so lag die Sorge für sie nach dem tragischen Selbstmord Elias völlig in Slumdkis Händen. Nun jedoch kam sie immer mehr unter Ilyas liebevolle Vormundschaft und begann auch, sich an der Unterweisung und Erziehung des Knaben Zend zu beteiligen. Als Uhjltd und Ilya ein zweiter Sohn, UJNDT, geboren wurde, übernahm die glückliche Inxa die Aufgabe des Kindermädchens.

Über den Nachwuchs von Uhjltd und Ilya heißt es:

Genau diese Kinder hatte die Wesenheit [Ilya] zu jener Zeit, beides Söhne; sie wurden später zu Regenten oder Führern bei jenen Aktivitäten, aus denen Lehrer hervorgingen – wie die Lehren von Zend und die Verbreitung jener Aktivitäten in anderen Ländern. (288–48)

Doch offenbar gab es neben den beiden leiblichen Söhnen noch eine *adoptierte* Tochter. Eine Frau DYLAN erfuhr bei ihrem Lebens-Reading, sie sei während Cayces Leben in Ägypten ein Mitglied »des Haushalts des Königs und die Dienerin des Priesters im Schönen Tempel« gewesen. Wie sich weiter herausstellte, hatte sie auch den persischen Zyklus

* Stellenweise ist der Sinn dieses Zitats schwer zu fassen. Doch ebenso dunkel bleibt das Reading im Original. Besser ist jedoch eine unklare wörtliche Übersetzung als eine, die nur einleuchtet, weil sie sich von der Vorlage entfernt. Cayce kann auf deutsch nicht verständlicher klingen, als sich Cayce auf englisch anhörte.

miterlebt und dort wieder eine erfreuliche Rolle gespielt, als eine der Personen im »Haushalt des Königs oder des Führers Uhjltd, der jenes Volk leitete und als die Tochter jenes Führers. Ihr Name war ULDHA.«[6]

Die karmische Vorgeschichte von Inxas persischer Inkarnation ist faszinierend. Als Ras Gefährtin Isris war sie in ihrem früheren Leben die Mutter von Iso, der Zwillingsseele Ras, gewesen. Dieses Kind mußte zurückgelassen werden, als Ra und Isris ins Land der Nubier verbannt wurden. Bekanntlich starb Iso in ihrer frühen Kindheit aus Verzweiflung und Vereinsamung. Nun kam die ehemalige Isris unter ähnlichen Umständen wieder auf die Erde – als Inxa, die Tochter von Elia, der jetzigen Frau FLANIGAN, die damals die rechtmäßige Ehefrau Ras gewesen war. Nach Elias Selbstmord im persischen Zyklus wurde das mutterlose Kind von seinem Vater Oujida verstoßen. Schließlich war es Ilya (die frühere Iso), die sie aus ihrer mißlichen Lage befreite: Sie stellte Inxa, bis sie ins heiratsfähige Alter kam, unter den Schutz ihres Haushalts und machte sie zum Kindermädchen ihrer Söhne.

Offenbar wurde auch die schwerverwundete Lehrerin Irenan Inxas Fürsorge anvertraut. Auch wenn die Readings diesen Sachverhalt nicht völlig klären, scheint es sich bei ihr doch um die jetzige Frau GOODMAN zu handeln, deren Vorbehalte gegen Frau Turner, die ehemalige Ilya, offensichtlich in jenem persischen Zyklus wurzelten. Diesen Schluß legen jedenfalls die folgenden Fragen und Antworten nahe:

F–4 [Betreffend meine karmischen Beziehungen mit Edgar Cayce]:
A–4 In Atlantis war vieles, das zu Unstimmigkeiten führte – und diese Einflüsse bestimmen, was gegenwärtig *zum Ausdruck kommt.* In Persien und auch in Frankreich [war es so]. Sie und Frau Turner brauchen einander, damit sie jene Probleme lösen können. Nicht im Unguten. Vielmehr begegnen Sie sich in Ihm, der da sagte: »Ich verdamme euch nicht, doch sündigt nicht mehr!« [Anmerkung: Frau Goodman wurde mitgeteilt, sie sei während der Inkarnation des Herrn Maria Magdalena gewesen.] Gebt Leben anstelle von Vergnügen. Gebt Freude statt Schmerz.
F–5 Was geschah in Persien?
A–5 Die Wesenheit rebellierte gegen die Umstände, die in jener Erfahrung herbeigeführt worden waren.
F–6 Und ich starb?

A-6 Und der Körper starb.
F-7 Gegen welche Beziehung rebellierte ich?
A-7 Gegen die Gefährtin [Ilya, Frau Turner] des Lehrers [Uhjltd, Edgar Cayce]. (295-9)

In einem ungewöhnlichen Reading aus dem Jahr 1934, in dem es um die gemeinsame Seelenentwicklung von Edgar Cayce, Frau Goodman und Gladys Davis Turner ging, erhielt Frau Goodman eine ominöse Mahnung, was ihr Verhältnis »zum Werk Edgar Cayces in diesem Leben« betraf.

Es hieß: »War nicht Sein [Jesu] Segen mit Ihnen, als Er Ihnen vergab und Sie nicht verdammte?« Ein Teil der Antwort folgte unmittelbar: »Sie müssen wissen, Ihr Platz, Ihre Bestimmung und Ihre Entwicklung hängen eng mit der Entwicklung des Werks zusammen ... beachten Sie diese Worte, da sie für Sie Worte des Lebens sind!«[7]

Trotz dieser Mahnung zog sich Frau Goodman zurück und gab ihre Arbeit für das Werk aus nichtigen Gründen auf, so wie sie es auch in Persien getan hatte.

Die griechischen Händler, eine verschlagene Gesellschaft, hatten schon lange begehrliche Blicke auf Is-Shlan-doen geworfen. Sie berichteten den militärischen Führern in ihrer Heimat von der reichen Beute, die man in einer so wohlhabenden Stadt finden würde, wenn man sie nur erobern könnte. Doch wußte man, daß Uhjltds Macht viel mehr aus der besonderen Natur seiner Lehren erwuchs als aus irgend etwas anderem. Eine gemeinsame religiöse Überzeugung – die sonderbare Vorstellung, alle Menschen seien Brüder und Gott ihr Vater – hielt das Volk eng zusammen. Wenn daher ein Mittel ersonnen werden könnte, um diese geistigen Lehren zu untergraben, auf denen die gegenwärtige Unangreifbarkeit Is-Shlan-doens beruhte, würden dadurch vielleicht die Fundamente von Uhjltds Macht erschüttert werden: Dann könnten athenische Krieger die Stadt mit Leichtigkeit erobern.

Die erste Gruppe griechischer Mädchen kam an die Tore Is-Shlan-doens, ohne den geringsten Verdacht zu erregen. Sie zeigten ihre Reize vor Uhjltds dafür empfänglichen Stammesangehörigen; die Männer wurden schon bald von ihren täglichen Pflichten abgelenkt und gingen statt dessen amourösen Beschäftigungen nach. Natürlich waren die Methoden der Mädchen sehr subtil. Gesang, Musik und das Vortäuschen einer gewissen Bewunderung für den in der Stadt vorherrschenden Gemeinschaftssinn halfen ihnen anfänglich, Verehrer zu gewinnen.

Alles erschien so unschuldig und harmlos. Doch viele in der Umgebung Uhjltds und auch er selbst schöpften bald Verdacht. Uhjltd wollte versuchen, den Spieß einfach umzudrehen und die anmutigen Gäste zur Lebensart Is-Shlan-doens zu bekehren. Erstaunlicherweise klappte Uhjltds Methode der »Gegenunterwanderung« ziemlich gut. Viele der Mädchen waren tatsächlich beeindruckt von dem tugendhaften, für sie neuen Lebenswandel, den sie um sich herum beobachten konnten, und von dem offenbar sehr glücklichen Leben der Einwohner von Is-Shlan-doen. Sie beschlossen, sich Lebensgefährten zu suchen und sich in der Stadt niederzulassen; darüber vergaßen sie den subversiven Zweck, der sie an diesen Ort geführt hatte. Allerdings gab es andere, die ihre ursprünglichen Absichten nicht aus den Augen verloren.

Der Zustrom aus Griechenland hielt an. Nun kamen nicht nur junge Frauen, sondern auch Männer.

Einer von ihnen war XUNO; er wurde ein enger Freund von Inxa. Auch Uhjltd schenkte ihm seine Zuneigung und sein Vertrauen. Xuno erzog die Knaben Zend und Ujndt ebenso gewissenhaft wie Inxa, die verliebte Lehrerin. Die Kinder lernten jetzt doppelt so viel und doppelt so schnell. Doch während Ujndt dazu veranlagt war, Idealismus und praktische Urteilskraft miteinander zu verbinden – Eigenschaften, die ihn eines Tages zu einem besonders fähigen weltlichen Führer machen sollten –, zeigten sich bei Zend eher mystische Neigungen. Obwohl er dazu ausersehen war, eine bedeutende religiöse Persönlichkeit zu werden, weisen die Readings auf einen gewissen Übereifer hin, der ihn in jener Inkarnation etwas behinderte.[8] Denn wie jeder andere Mensch, so war auch er eine Seelenwesenheit, die immer wieder auf die Erde kommen mußte, um sich zu entwickeln, und bei einigen Gelegenheiten »das Gesetz nicht vollständig befolgte«.[9]

Etwa um diese Zeit begann der Umbau von Is-Shlan-doen (das die Griechen Toaz nannten). Die Zelte wurden nach und nach durch feste Gebäude aus Stein oder Holz ersetzt; Uhjltd und seine engsten Helfer, die diese Bauarbeiten beaufsichtigten, waren zu sehr in Anspruch genommen, um die starke Zunahme subversiver Kräfte zu bemerken; besonders die Zahl der intrigierenden Griechen und Perser war inzwischen beträchtlich gewachsen.

Uhjltds rechte Hand, ESDENA, der ebenfalls in Ägypten eingeweiht worden war, galt als ein Pazifist von Rang; und obschon andere mitunter versucht hatten, seine Loyalität zu untergraben, konnte er nicht ins Wanken gebracht werden:

Viele versuchten, sich aufzudrängen oder Keile zwischen den Führer Uhjltd und die Wesenheit, eben Esdena, aus dem Volk von [Uhjltds] Mutter, zu treiben; denn *auch* Esdena war unter den Eingeweihten Ägyptens, die verstanden, worum es bei den Aktivitäten ging, die da in Gang gesetzt wurden. Er kam als einer der Eingeweihten des Landes, in dem viele der Lehrer der ganzen Welt geschult und unterwiesen worden waren. Die Wesenheit gewann während jener Existenz. (826–2)

Auch Uhjltds persönlicher Bote und Sekretär EDSSI war, obgleich er früher in Diensten der persischen Königs gestanden hatte, nicht an der von seinen Landsleuten und den Griechen angezettelten Verschwörung beteiligt, durch die Uhjltd gestürzt werden sollte; sonst hätte er ihn ganz sicher gewarnt. Wenn er mitunter auch ein wenig schwankte, blieb Edssi seinem neuen König gegenüber doch loyal.

So kam es, daß Uhjltd und Ilya eines Tages ahnungslos geradewegs in die Klauen des lauernden Todes ritten, als sie sich gerade für eine kleine Weile von ihren offiziellen Pflichten erholen und Ilyas inzwischen ausgesöhnten Verwandten am fernen persischen Hof einen ihrer seltenen Besuche abstatten wollten.

Wie der Verrat genau vor sich ging, ist nicht bekannt, ebensowenig die Person oder die Gruppe, die für diese Tat verantwortlich war. Ein dunkler Verdacht fällt allerdings auf Inxas griechischen Gefährten Xuno. Gehörte er zu jenen, die Uhjltd und Ilya auf ihrer Reise zum persischen Hof begleiteten? Oder hatte er – was wahrscheinlicher ist – einer Mörderbande, die heimlich in die Festung des persischen Königs eingelassen worden war, vertrauliche Informationen über die geplante Reiseroute zugespielt? Fest steht jedenfalls, daß die Ermordung am persischen Hof genau zu dem Zeitpunkt stattfand, als athenische Truppen Is-Shlan-doen überfielen; dabei wurden eine Reihe der wichtigsten Stellvertreter von Uhjltd, darunter auch Edssi, getötet. Die Angreifer werden recht deutlich als »die Leute des Gefährten der Wesenheit [Inxa]« bezeichnet; damit sind Xunos Landsleute gemeint. Da Inxa begonnen hatte, an Xunos Loyalität zu zweifeln, floh sie unmittelbar nach dem Überfall mit zwei von Uhjltds Kindern, Ujndt und Uldha, an einen sicheren Ort. Über Zends Schicksal heißt es, er habe im Anschluß an die »Angriffe durch die aus athenischen Landen Kommenden« bei IAHN, einem treuen Anhänger Uhjltds, Unterschlupf gefunden.[10] Iahn half Zend später auch dabei, einen Teil des Landes in Besitz zu nehmen, »einen Zufluchtsort«, wo Zend »zu einer Führerrolle in jenem Leben aufstieg.«[11]

Anscheinend war der persische Hof der Ort, an dem der Doppelmord verübt wurde. Darauf deutet ein Reading hin, das die Kindheitsbeziehung von Ilya und Elia (der Adoptivtochter von Krösus II.) behandelt, die durch den Einfluß von Ilyas Vater, einem Bruder des Königs, zustande kam. Hierin heißt es, daß »an demselben Ort, an dem die Wesenheit ihre Tage mit [Elia] verbrachte . . ., ihr [später] durch die eindringenden Truppen aus dem Süden und Osten das Leben genommen wurde«; es folgt ein Hinweis auf die gegenwärtige Abneigung dieser Wesenheit, Frau Turner, »gegen alle Schneidwerkzeuge, denn durch sie wurde der Körper zerstört.«[12]

Die Möglichkeit, daß ein enger Freund von Uhjltd und Ilya an ihrer Ermordung beteiligt war, deutet ein weiteres Reading an, das dieses Verbrechen schildert. Vermutlich war der Verräter ein Grieche gewesen, denn Cayce betrat die Erde in seiner nächsten Inkarnation als ein Trojaner, ein Krieger »mit Rachegelüsten und Zerstörungswut«, und seine Gegner waren keine anderen als die Griechen.

Und nur durch den späteren Verrat durch andere kam die Frau ums Leben. Daher stammen die Angst vor Messern bei der einen [Gladys Davis Turner] und das Mißtrauen gegen Freundschaften bei dem anderen [Edgar Cayce].

Wir begegnen dem Mann [Cayce] wieder, mit Rachegelüsten und Zerstörungswut; er kam als Krieger [in der trojanischen Zeit]. Die andere verweilte jedoch lange im Land Nirwana und erwartete die Ankunft ihres anderen Selbst. (288-6)

Beide erduldeten körperliche Leiden, und beide tragen sie gegenwärtig an ihren Körpern Male, die von diesen Erlebnissen zeugen. Am weiblichen Körper befindet sich das Mal etwas seitlich dicht unterhalb der linken Brust, und am männlichen Körper findet sich das entsprechende Mal auf der gegenüberliegenden Seite der Brust. (288-6; Anmerkung: Cayce hat das Vorhandensein eines solchen Males bestätigt.)

Wenn Is-Shlan-doen auch den Angreifern in die Hände fiel, so eroberten es die Überlebenden der zusammengeschrumpften Anhängerschar Uhjltds später wahrscheinlich doch zurück. Der jetzige Herr CAMERON wird als derjenige bezeichnet, der nach dem Tod Uhjltds zum König der Nomaden wurde und Uhjltd der Zweite hieß. Er »verlor« jedoch, indem er über »die, die unschuldig waren«, Strafen verhängte (damit ist vielleicht ein zielloses Töten der Griechen gemeint), obgleich er später in geistiger Hinsicht wieder dadurch gewann, daß er »der Diener anderer war« und »der Herrscher über ein großes Land und viele Völker.«[13]

»O König, o Uhjltd« – diese Botschaft finden wir in einem von Edgar Cayces Lebensreadings, die sich mit einer Reihe von Träumen und Visionen befassen, für die er eine Deutung gesucht hatte – »der Körper muß von jenen Elementen gereinigt werden ... die Sie daran hindern, denen, die Ihnen überallhin folgen würden, mehr Licht zu geben.«[14]

Es scheint, als würde in dieser mahnenden Anspielung auf Cayces persische Inkarnation als König Uhjltd auch die ungewöhnliche Bedeutung erkannt, die jenem Leben in seiner gesamten Seelenentwicklung zukam. In einem anderen Reading wird Cayces persisches Leben als ursprüngliche Quelle vieler seiner gegenwärtigen Fähigkeiten bezeichnet, die es ihm ermöglichten, »das sinnliche Bewußtsein« im Trancezustand beiseite zu schieben, »so daß er dann als Orakel spricht – oder zu diesem Thron.«[15]

Doch wenn sich Cayce in seinem persischen Leben, das seiner ebenfalls sehr verdienstvollen ägyptischen Existenz als Ra folgte, geistig auch erheblich weiterentwickeln konnte, so mußte er in einigen der nächsten Inkarnationen einen gewissen Rückschritt in Kauf nehmen; das ist bei der Prüfung und Läuterung einer Seele offenbar die Regel. Denn obwohl er einst Priester und König gewesen war, »strauchelte er bei der nächsten und bei der übernächsten Wiederkehr zur Erde!«[16]

8

Die Belagerung Trojas

Was mit dem goldenen Apfel einer auf Rache sinnenden Göttin begann, kam so, wie man es bei einem derart fragwürdigen Geschenk erwarten mußte.

Überraschenderweise untermauerten die Cayce-Readings nun nicht nur die Tatsache, daß diese alte Erzählung von Troja auf wahren Begebenheiten beruht (davon sind viele Forscher schon lange überzeugt), sondern gaben ihrem Ende auch eine bizarre und ironische Wendung.

Die karmische Fortsetzung der einstigen trojanischen Tragödie erstreckte sich bis ins zwanzigste Jahrhundert. Denn mindestens zwei der damaligen Hauptakteure – HEKTOR und ACHILLES – hatten sich wieder verkörpert, wenn auch in seltsam veränderten Rollen. Ihr erneuter Auftritt auf der Bühne des Schicksals trug wesentlich zu einigen bedeutsamen Ereignissen im Leben von Edgar Cayce bei.

Dies ist nicht weiter verwunderlich, da Cayce seinerseits im trojanischen Drama mitgewirkt hatte. Er war ein Krieger namens XENON gewesen und hatte das Haupttor der belagerten Festung verteidigt, als Troja einer List der angreifenden Griechen, die von trojanischen Komplizen innerhalb der Stadtmauern unterstützt wurden, zum Opfer fiel. In tödlichem Zorn nahm sich der gedemütigte, enttäuschte Xenon das Leben.

Dieser ungestüme Akt der »Selbstauslöschung«, wie die Readings ihn nannten, verfolgte seine Seele nun in all ihren weiteren Leben. Als ein unbewußter »Stein des Anstoßes« trat der Suizid immer wieder in Form von Schuldgefühlen zutage, bis Edgar Cayce im zwanzigsten Jahrhundert endlich lernte, die Nachwirkungen seiner einstigen Tat mit Geduld und Liebe zu überwinden, indem er sich selbst und anderen vergab. Die ihm erteilte Lektion brachte dieser weise Rat aus einem der Readings wohl am treffendsten zum Ausdruck: »Tritt innerlich einen Schritt zur Seite und betrachte dein ›Ich‹ wie von außen!«

Paradoxerweise entspricht auch dies einem Akt der »Selbstauslöschung«, doch nun in einem ganz und gar positiven Sinn. Denn jetzt gibt nicht das niedere Selbst mit seiner emotionsgeladenen Gebärde der Selbstzerstörung den Ton an, wie es bei einem Selbstmörder geschieht, sondern der menschliche Wille wird in einem Akt freiwilliger Hingabe dem göttlichen Willen untergeordnet; dadurch ist das höhere Selbst in der Lage, die ihm ursprünglich zustehende Herrschaft wieder zu übernehmen. Edgar Cayces selbstlose Hingabe an seine hohe geistige Berufung im Dienst an Gott und den Menschen läßt vermuten, daß er die destruktiven Eindrücke seiner trojanischen Erlebnisse ins Gegenteil umpolen konnte. Es ist daher unbedingt wichtig zu beachten, daß die Cayce-Readings das Wort »Selbstauslöschung« mitunter in seiner positiven oder geistigen Bedeutung verwendeten und damit auf die Überwindung des niederen Selbst hinwiesen; doch zuweilen wurde der Ausdruck im entgegengesetzten, negativen Sinn gebraucht und bezeichnete dann die eigenhändige Zerstörung des physischen Körpers.

Edgar Cayce war mit diesen beiden Polen der »Selbstauslöschung« bestens vertraut, denn sie gehörten zu den Erfahrungen, die seine Seele auf ihrem Weg gemacht hatte.

Götter, Göttinnen und obendrein noch ein goldener Apfel dienen vielleicht nur als phantasievolle Ausschmückungen bei der Wiedergabe allzu menschlicher historischer Begebenheiten; doch auf diese Weise werden die Ereignisse in den Farben der jeweiligen Epoche ausgemalt und erhalten in diesem Fall eine echt »griechische« Dimension, die bei einem antiken Drama eigentlich nicht fehlen darf.

Die Sage nimmt ihren Anfang mit der Meeresnymphe THETIS, die mit dem edlen PELEUS, einem Sterblichen, verheiratet wurde. Aus der göttergleichen Verbindung dieser beiden sollte dereinst ein unbezwingbarer Held namens Achilles hervorgehen. Zu den Hochzeitsfeierlichkeiten waren alle Göttinnen geladen – bis auf eine. Diese eine, mit dem Namen ERIS – oder Zwietracht –, tat ihre verschmähte Anwesenheit durch einen goldenen Apfel kund, den sie als Hochzeitsgeschenk unter die erschreckten Gäste warf. Er trug die Aufschrift: »Der Schönsten«.

Als sich schließlich JUNO, MINERVA und VENUS um diesen Preis bewarben, wurde JUPITER aufgefordert, die Schönste unter den dreien auszuwählen. In seiner Weisheit lehnte er diese Ehre ab. So suchte das schöne Trio statt seiner einen Richter unter den Sterblichen und fand auf dem Berg Ida den anmutigen Jüngling PARIS, den vom Unglück verfolgten Schäfersohn des Königs PRIAMUS von Troja.

Paris schlug Ruhm und Weisheit aus, die ihm von Juno und Minerva versprochen wurden, und erklärte statt dessen Venus zur schönsten aller Göttinnen. Zur Belohnung schenkte sie ihm die Liebe der schönsten unter den sterblichen Frauen – die Liebe HELENAS.

Die Angelegenheit hatte allerdings einen Haken: Helena war bereits die Frau des MENELAUS, des Königs von Sparta. Als Paris jedoch nach Griechenland segelte, um sie zu suchen und für sich zu beanspruchen, fand Helena seine Reize so unwiderstehlich, daß sie gerne einwilligte, mit ihm zu fliehen.

Das Ergebnis war abzusehen: Der Skandal erschütterte ganz Griechenland wie ein Erdbeben und löste die trojanischen Kriege aus, die neun Jahre lang blutig und unentschieden hin und her wogten. Immer wieder zogen furchtlose griechische Helden jeden Alters in den Kampf, um den entehrten Menelaus zu rächen und dem dreisten trojanischen Entführer die holde Helena wieder zu entreißen, deren sagenhafte Schönheit in vielen Versen besungen wurde.

HOMERS *Ilias* liefert einen vollständigen Bericht von dem mörderischen Kampf zwischen den beiden verfeindeten Lagern, der dem endgültigen Fall Trojas vorausging. Die *Ilias* setzt gegen Ende des neunjährigen Krieges ein, als sich Achilles nach einem Streit mit AGAMEMNON vorübergehend aus dem Geschehen zurückzieht und nach Griechenland zurückzukehren droht. Sein ihm nahestehender Gefährte PATROKLUS tritt daraufhin im Kampfgeschehen gewissermaßen an seine Stelle und wird in einem Zusammenstoß mit den trojanischen Truppen vor den Toren der Stadt von Hektor erschlagen. In einem Anfall von Wut und Reue stürzt sich Achilles nun wieder ins Gefecht, wild entschlossen, den Tod seines Freundes in einem erbarmungslosen Kampf zu rächen. Sein Hauptziel ist dabei natürlich der berühmte Hektor. Dieser scheint tatsächlich die Macht über das trojanische Reich an sich gerissen zu haben und gemeinsam mit seiner Mutter HEKUBA, der Frau des betagten Königs Priamus, zu herrschen. Hektors Bruder Paris, Helenas Liebhaber, der das ganze Unheil angerichtet hatte, war scheinbar nichts weiter als ein tüchtiger Krieger und ein Frauenheld! Doch einem vergifteten Pfeil von seinem Bogen fiel schließlich Achilles zum Opfer, der Hektor zuvor in einem wilden Zweikampf grausam getötet hatte.

Hektors Niederlage und Schande erlebte Edgar Cayce in einem ungewöhnlich lebhaften Wahrtraum, den er am 19. September 1933 hatte. Den grausigen Zwischenfall schildert er noch anschaulicher als Homer; war er doch selbst in das Geschehen verwickelt – als entsetzter Zuschauer am Tor der Stadt, wo er Wache halten mußte.

Ich sah den Kampf zwischen Hektor und Achilles und erkannte in den beiden die heutigen Herren Wilkins und Parker wieder. Beide sahen wunderschön aus. Ihr schwarzes Haar war dicht und lockig – es erinnerte mich an die Medusa –

und schien ihre ganze Kraft zum Ausdruck zu bringen. Achilles war auch sonst stark behaart; bei Hektor entdeckte ich nur Haare am Nacken, die aber eine andere Farbe hatten als die auf seinem Kopf. Hektor wurde durch das Tor, das ich bewachte, bis in eine große Arena und dort mehrmals um das Rund geschleift. Obwohl er bereits viel Blut verloren hatte und immer noch verlor – er hinterließ auf dem steinigen Boden, über den er gezerrt wurde, eine Blutspur –, war er immer noch bei Bewußtsein. Schließlich lenkte Achilles die Pferde sehr schnell in eine Kurve; dabei wurde Hektors Kopf an einem Torpfeiler ganz in meiner Nähe zerschmettert, und das Gehirn trat aus. Während er noch am Leben war und seine Nerven und Muskeln noch zuckten, sah ich schon die Aasgeier an seinem Gehirn fressen. (294–161)

Nach diesem schrecklichen Kampf der Titanen erscheint der eigentliche Untergang Trojas geradezu harmlos. Doch bildet er zurecht das berühmte und spektakuläre Ende jener Erzählung.

Die Griechen, die noch immer nicht recht zum Zuge gekommen waren, verfielen nun auf eine brillante Strategie, um die Schlacht zu ihren Gunsten zu entscheiden. Sie bauten ein riesiges Pferd aus Holz, das auf Räder gesetzt und vor das Haupttor der belagerten trojanischen Festung gerollt wurde; es sollte den Anschein eines Versöhnungsgeschenks erwecken, das die Griechen ihren Gegnern am Abend vor der Aufhebung der Belagerung anboten. Um die Täuschung vollkommen zu machen, segelten sie dann mit ihren Schiffen außer Sichtweite. Die erfreuten Trojaner, vom Abzug der Griechen überzeugt, öffneten das Tor und rollten das große Pferd als Trophäe in die Stadt. Aber im Bauch des hölzernen Tieres verbarg sich eine kleine Gruppe der kühnsten griechischen Krieger.

Als die Bürger der Stadt schliefen, stahlen sie sich im Schutz der Dunkelheit durch eine geheime Luke hinaus und öffneten ihren auf der anderen Seite der Mauer wartenden Waffengefährten das Tor. Die völlig überrumpelten Trojaner hatte keine Gelegenheit, einen wirkungsvollen Widerstand zu organisieren. Die Stadt fiel, und die neunjährige Belagerung war beendet. Die reumütige Helena wurde in die Arme des in Sparta wartenden Menelaus zurückgeführt, und nachdem die Sieger sich durch ein erbarmungsloses Blutvergießen hinlänglich an den Trojanern gerächt hatten, wurde ein Friedensvertrag zwischen Griechenland und Troja ausgehandelt.

Die Readings verlegen Xenons Leben auf die Spanne zwischen 1158 und 1012 vor Christus; es ist jedoch anzunehmen, daß der schlafende

Cayce das Jahr 1112 vor Christus als Sterbejahr nennen wollte. Demnach hätte sich der unglückliche Xenon im besten Mannesalter, mit 46 – und nicht, was viel unwahrscheinlicher ist, mit 146 – Jahren das Leben genommen.

Diese Zeitangaben weichen ein wenig von der Hypothese des ERATOSTHENES ab, der die trojanischen Kriege etwa zwischen 1140 und 1130 vor Christus ansiedelte; bei seinen Berechnungen ging er von Genealogien der frühen königlichen Familien aus, die in der volkstümlichen griechischen Tradition überliefert wurden.

Archäologische Funde lassen vermuten, daß es sich bei der Festung von Troja tatsächlich um eine im nördlichen Kleinasien in der Nähe der Dardanellen gelegene alte Stadt handelte, die etwa neunmal zerstört und wieder aufgebaut wurde. Das Troja des »guten Königs Priamus«, wie Homer den Gebieter Hektors mit eine gewissen Sympathie nennt, war anscheinend die siebte Ansiedlung.

Im homerischen Bericht wird Achilles als finstere und stets rachsüchtige Gestalt dargestellt, Hektor dagegen als einer der edelsten Charaktere des Altertums. Diese voreingenommene Schilderung stimmt jedoch nicht mit den Darstellungen der Cayce-Readings überein. Hier wird Hektor als »Usurpator« und »herzlos«[2] beschrieben, während Achilles »in moralischer Hinsicht entwickelt« war[3] und sich darum bemühte, »die unterdrückten Völker zu befreien und das gewöhnliche Volk mit denen, die es unterdrückten, gleichzustellen.«[4] In der Tat war es Achilles anscheinend gelungen, die heimliche Unterstützung von vielen trojanischen Bürgern zu gewinnen, die nicht nur wegen der Plagen grollten, die Paris über sie gebracht hatte, sondern in ihren Herzen auch gegen die tyrannische Regierung aufbegehrten. Offenbar warteten sie nur auf eine günstige Gelegenheit, um sich den Truppen des Achilles anzuschließen und die Clique ihrer Unterdrücker, die von Hektor an der Macht gehalten wurde, zu stürzen.

Dafür spricht auch ein Lebensreading für einen Herrn MYERS, der offenbar einer jener Trojaner gewesen war, die insgeheim die Bemühungen des Achilles unterstützten, um Hektors Zwangsherrschaft zu beenden. Über die allgemeine Unzufriedenheit in Troja heißt es dort:

Das letzte Leben fand in der Periode statt, während der innen und außen Kriege tobten – zur trojanischen Zeit. Die Wesenheit gehörte damals zu denen, die die Stadt verteidigten, doch auch zu denen, die sich gemeinsam mit dem [Achilles] erhoben, der den Usurpator, den herzlosen Hektor, zu Fall brachte; die Wesenheit gewann durch diese Erfahrung, aber sie verlor in anderer Hinsicht etwas von der durch die Macht des Selbst erworbenen Größe. Sie gewann, als sie diente und nach dem Ideal handelte, das damals viele bewegte, und verlor, als sie anderen das zufügte, was sie selbst nicht wollte. (2886–1)

Jedoch wird an einer anderen Stelle nicht nur Hektor, sondern auch Achilles getadelt. Dort ist die Rede von der »Schönheit und gleichzeitigen Roheit der Menschen, die an dem Geschehen um Troja beteiligt waren, als Achilles und Hektor durch ihre Taten und die Art ihrer Beziehung viele Menschen gegeneinander aufbrachten und sie aneinander Rache nehmen ließen.«[5] Das Volk war zu jener Zeit wohl recht belastet und verunsichert.

Eines der Readings, inhaltlich auch ein wenig anders gelagert als Homers Darstellung, liest sich wie ein »Thriller«: Innerhalb der Mauern Trojas beauftragt eine mit Helena verbündete Frau ihren Sohn, das Stadttor in einem günstigen Moment für Achilles und seine Leute zu öffnen. Achilles lebte also noch, als Troja eingenommen wurde, und erst in der letzten Schlacht wurde ihm durch einen giftigen Pfeil des Paris die tödliche Wunde an seiner Ferse beigebracht. Die Readings deuten auch darauf hin, daß ein Teil der trojanischen Truppen in betrügerischem Einverständnis mit den Griechen stand, und obwohl sie die Geschichte mit dem berühmten trojanischen Pferd bestätigen und sogar dessen Konstrukteur mit Namen nennen – er hieß CAJHALON –, sieht es so aus, als ob das Öffnen des Tores einem trojanischen Kollaborateur übertragen wurde, weil die in dem Holzpferd versteckte Gruppe von Kriegern andere, spezielle Aufträge auszuführen hatte.

In einem Reading für den einst unter Achilles dienenden Cajhalon, den heutigen Herrn White, hieß es: »Er war der Erbauer, der tatsächlich an dem Pferd arbeitete«, und es ist die Rede von »der Belagerung, die auf den Brand folgte.«[6] Eine höchst eigenartige Bemerkung! Gehörte es vielleicht zur Kampfstrategie der Griechen, das riesige »Streitroß« in Brand zu stecken? Wenn ja, dann wäre dies eine raffinierte Methode gewesen, die Aufmerksamkeit der trojanischen Krieger von der weitaus größeren Gefahr abzulenken, die ihnen in der Dunkelheit dieser verhängnisvollen Nacht drohte.

Zweifellos geht der historische Aphorismus: »Was es auch sei, ich fürchte die Danaer, selbst wenn sie Geschenke bringen«, auf die Trojaner zurück, auch wenn dieser Ausspruch von dem römischen Dichter VERGIL stammt. Und Xenons tragischer Selbstmord zeigt, wie bitter die Überraschung gewesen sein muß.–

Im Oktober 1923 betrat ein Fremder – ein kleiner, energischer Mann mit breiten Schultern, braunem Haar und blauen durchdringenden Augen – Edgar Cayces Photostudio in Selma, Alabama. (In jenen Tagen versuchte der noch kaum bekannte Seher, sich seinen Lebensunterhalt als Berufsphotograph zu verdienen. Erst kürzlich war er mit seiner jungen Familie von Hopkinsville nach Selma umgezogen.)

Das Erscheinen dieses Fremden bildete den Auftakt einer ganz besonderen und recht ungewöhnlichen Beziehung, die trotz ihrer kurzen Dauer folgenschwer war. Herr WILKINS, so hieß der Unbekannte, war ein erfolgreicher Geschäftsmann aus Dayton, Ohio. Er hatte Cayce keineswegs aufgesucht, um sich photographieren zu lassen; vielmehr hatte er von dessen einzigartigen psychischen Fähigkeiten gehört und bat Edgar nun um Readings, für die er ihm ein angemessenes Honorar zahlen wollte. Cayce willigte ein.

Herr Wilkins hatte ein ausgesprochenes Interesse an esoterischen Fragen und beeinflußte Cayces Karriere als Seher dadurch entscheidend. So findet sich im ersten Reading für Wilkins auch der erste Hinweis auf die Reinkarnation – ein Thema, das damals in angesehenen Kreisen meist mit einem strengen Tabu belegt war. Herrn Wilkins wurde gesagt, er sei in seinem vorangegangenen Leben ein Mönch gewesen.

Erst zu einem viel späteren Zeitpunkt erfuhr er allerdings von seiner weit zurückliegenden Existenz als Hektor. Damals sei er mit Edgar Cayce und zwei weiteren, ihm bekannten Männern, den Herren BROWN und MORRIS, in »zerstörerischer Absicht« verbunden gewesen. Nun sollten sie alle an konstruktiven Aufgaben arbeiten.[7]

Dazu kam es allerdings nicht. Obwohl es ein offenkundiges Verdienst von Herrn Wilkins war, Edgar Cayces psychische Fähigkeiten auf ein völlig neues Forschungsgebiet gelenkt zu haben, wovon künftige Generationen profitieren konnten, hielt die Beziehung nicht lange. Die finanzielle Situation von Herrn Wilkins verschlechterte sich offenbar ziemlich plötzlich, und sein Interesse ließ ebenfalls nach. Cayce, der sich durch leere Versprechungen nach Dayton hatte locken lassen, saß nun, nach etwa einem Jahr, auf dem Trockenen. In ähnlicher Weise wurden auch die Herren Brown und Morris von dem Mann, der in Troja als Hektor ihr Anführer gewesen war, durch uneingelöste Zusagen in ihren Hoffnungen enttäuscht. Es war, als wehe ein ungesunder Wind mit unbewältigten Karmas aus der Vergangenheit herüber und erfasse sie nun . . .

Vermutlich hatte jeder von ihnen eine Art Bewährungsprobe für das Wachstum seiner Seele zu bestehen. Daher wäre es unklug, eine einzelne Person oder irgendwelche Umstände für das Geschehen verantwortlich zu machen. *»Kritisiere niemanden«*[8], lautete ein oft zitiertes Gebot der Cayce-Philosophie; ein anderes: *»Verliere dich in Ihm.«*[9] Womöglich hätte sich Edgar Cayce ohne die zahlreichen Härten, die er im Lauf der Jahre in zwischenmenschlichen Beziehungen erdulden mußte, gar nicht zu den geistigen Höhen erheben können, die ihm beschieden waren – und wäre heute vergessen.

Bevor ich auf die nächste Hauptperson dieses Kapitels zu sprechen komme, möchte ich noch einen auffälligen Punkt erwähnen. Während Cayces trojanischer Inkarnation fehlten nahezu alle wichtigen Charaktere, mit denen er in seinem persischen und ägyptischen Leben zu tun hatte. Eine von zwei Ausnahmen war die heutige Frau FLANIGAN, die in Ägypten als seine erste Gattin, ASUA, und in Persien als die Adoptivtochter des Königs Krösus auftrat; in Troja war sie eine der Frauen, die sich um die Bedürfnisse der Wachen an den Toren, und somit auch um Xenon, kümmerten. Ansonsten – dies ergab eine sorgfältige Analyse der verschiedenen Lebens-Readings – erschienen in Troja nur Nebenfiguren aus dem persischen und ägyptischen Zyklus, und aus der Art ihrer früheren Beziehungen geht hervor, daß sie in jener tragischen trojanischen Existenz größtenteils negative karmische Verbindungen mit Edgar Cayce aufzuarbeiten hatten. Seelen mit eher »positiven« Entwicklungstendenzen wollten sich anscheinend dem üblen Getümmel in Troja fernhalten.

Nach dem eiligen Abgang des Hauptdarstellers, Herrn Wilkins, betrat nun Herr PARKER die Bühne. (Der Leser erinnert sich vielleicht an seine frühere Rolle als der Ägypter Aarat, der gegen den jungen König ausgespielt wurde und auch dazu riet, Ra nach Libyen in die Verbannung zu schicken.)

Daß es Cayce und Parker, seinem früheren Feind Achilles, beschieden war, sich in der Gegenwart wieder zu begegnen, überrascht nicht weiter. In einem Lebens-Reading wurde Edgar Cayce mitgeteilt, »daß es viele gegeben hat, gibt und noch geben wird, die mit den Kräften jener Ebene [in der trojanischen Existenz] in Kontakt standen, und daß diese Kontakte in der Gegenwart bestehen und auch weiterhin bestehen werden.«[10] (Wir haben bereits auf die im Grunde untergeordnete und negative Natur der meisten dieser früheren Verbindungen hingewiesen, die sich auf ein paar Dutzend belaufen.) Diese Wiederbegegnungen sollten gegenwärtig vorhandene, konstruktive Ansätze aufgreifen, nicht aber alte Feindschaften wieder aufflammen lassen. Daher kam es im Fall von Parker und Edgar Cayce gewissermaßen zu einer »Feuerprobe«, und beide versuchten, die Saat der Vergangenheit zum Wachstum zu bringen und ein gemeinsames Ziel zu finden, an dem sie miteinander arbeiten konnten.

Parker war ein schmächtiger, liebenswerter junger Mann von jüdischer Herkunft, der später zum Katholizismus übertrat. Er wurde Edgar Cayce im Jahre 1924 von einem gemeinsamen Freund, David KAHN, vorgestellt. Parker und sein jüngerer Bruder Bob waren Börsenmakler in New York und stammten ursprünglich aus Altoona, Pennsylvania. Obwohl damals erst in ihren Zwanzigern, waren sie auf dem besten Weg, reich zu werden. Hier tat sich Edgar Cayce in zweifacher Hinsicht eine Goldgrube auf, denn er hatte in ihnen nicht nur zwei Wohltäter gefunden, sondern, was viel wichtiger war, auch Männer, die sich dem Geist der Readings tief verpflichtet zu haben schienen. Sie verfügten über die nötige intellektuelle Beweglichkeit und genügend Sinn fürs Praktische, um ihm dabei zu helfen, seine psychischen Fähigkeiten in der wirkungsvollsten Weise zu nutzen. Zunächst sorgten sie dafür, daß er nach Virginia Beach übersiedelte und damit den Rat befolgte, der ihm in den Readings gegeben worden war. Dann wurde auch über den Bau eines Krankenhauses gesprochen, von dem Cayce schon seit langem träumte.

Doch im Lauf der Jahre kam es zu Meinungsverschiedenheiten. Obwohl sie nach Gutdünken über Cayces Zeit verfügten und sich zu Themen ihrer eigenen Wahl – oft ging es um rein persönliche Angelegenheiten – Readings geben ließen, war der finanzielle Beitrag, den sie zur Förderung des »Werkes«, wie man sich ausdrückte, aufbrachten, enttäuschend bescheiden. Als Parker dann immer hartnäckiger darauf bestand, Ablauf und Organisation von Cayces psychischer Arbeit kleinlich und diktatorisch zu überwachen, konnten Mißstimmungen nicht ausbleiben. So brachen die Beziehung zu den Parkers schließlich ab, und die Wege trennten sich unwiderruflich.

Auf den Trümmern seiner geplatzten Träume begann Cayce mit dem Wiederaufbau; der größere Teil seiner Arbeit lag noch vor ihm. Eine weitere Krise war überstanden. Cayce hatte anscheinend die »Prüfung bestanden« – er war im 20. Jahrhundert seinem früheren Feind Achilles begegnet, einem edlen Feind, von dem er nun viel hatte lernen können, auch wenn er durch ihn in erniedrigende Umstände geraten war.

Einige psychologische Erkenntnisse hinsichtlich der karmischen

Beziehung zwischen Parker und Edgar Cayce finden sich in den folgenden Auszügen aus einem Bericht mit dem Titel »Geschichtliche Daten und Verbindungen des Herrn Parker« vom 23. Juli 1929, der vom *Historical Committee of the Association of National Investigators* aus den Lebens-Readings zusammengestellt worden war. Die Mitglieder des Komitees waren Hugh Lynn Cayce, Thomas J. Sugrue und Gladys Davis:

Die Beziehungen zwischen Herrn Parker und Edgar Cayce

ÄGYPTEN: In dieser Zeit stieg Ra Ta zur Würde des Hohenpriesters des Landes auf. Bevor es zur Teilung kam, gab er dem Volk viel durch seine geistigen Lehren. Sie [Herr Parker] verbündeten sich mit dem König [Herrn Jenkins] gegen den Priester; daraus ergeben sich natürlich gewisse Auffassungsunterschiede, wenn es um Prinzipien geht, weniger bei persönlichen Gefühlen. Sie und Ra Ta arbeiteten wahrscheinlich vor und nach der Teilung zusammen.

Daher rührt auch die gegenseitige, natürliche Achtung vor der Fähigkeit des anderen, den Menschen Einsichten in geistige Wahrheiten zu vermitteln, auch wenn sich dies zuweilen mit gegensätzlichen Ansichten zu prinzipiellen Fragen vermischt.

TROJA: Zu dieser Zeit war Edgar Cayce eine der Torwachen Trojas. Er hatte ein natürliches Interesse für Chemie und war äußerst temperamentvoll. Ein gewisser Gegensatz ergab sich zwangsläufig aus der Tatsache, daß Sie einer der Anführer der angreifenden Truppen waren.

Gegenwärtig führt dies wohl dazu, daß sich bei Ihnen beiden zuweilen eine unbegründete Reizbarkeit zeigt. Achten Sie darauf und verstehen Sie, woher diese kommt. Versuchen Sie nicht, ihm gegenüber wieder die Rolle des Achilles zu spielen, denn dann werden Sie feststellen, daß er genauso stur sein kann wie die Trojaner, die sieben Jahre lang [9 Jahre] ausgehalten haben. (900–275, Nachtrag)

Am 5. September 1927 erhielt Parker eine Trauminterpretation, die vielleicht einen Hinweis darauf liefert, in welche Richtung sich das Verhältnis zwischen Cayce und seinem früheren Gegner entwickelte:

Der Traum bezieht sich nicht auf das Ende eines Tages, sondern darauf, daß die Person [Herr Parker] so verhärtet, von sich eingenommen und durch verschiedene Umstände und Situationen derartig in die Enge getrieben ist, daß sie nicht zur Einsicht gelangt und das tun kann, was für die Seelenentwicklung im Hinblick auf höhere Ziele nötig wäre. (900–340)

In einem Kontrollreading für Herrn Parker zu seiner griechischen Inkarnation als Achilles erfahren wir, daß er von adliger Abstammung und in der damaligen athenischen Gesellschaft sehr angesehen war. Schon früh wurde er in den Kriegskünsten unterwiesen und tat sich darin bald über alle anderen hervor. Er war aber auch »einer, der sich in moralischer Hinsicht entwickelte, was sich an seiner Einstellung gegenüber Gefangenen zeigte«, zudem werden ihm »erstaunliche Fähigkeiten und mentale Kräfte« zugeschrieben. Die Überlieferung, Achilles sei durch eine vergiftete Wunde an seiner Ferse umgekommen, wird in folgender Weise bestätigt: »Die Wesenheit schied in einem Zweikampf aus dem Leben, an der Ferse verwundet; Wundbrand breitete sich von dort im Körper aus und vergiftete das Blut des Organismus.«[11]

Ein ähnliches Kontrollreading wurde für Cayces trojanische Inkarnation als Xenon durchgeführt. Es erwies sich in verschiedener Hinsicht als äußerst aufschlußreich. In eben diesem Reading findet sich der Hinweis auf das Jahr 1158 vor Christus als das Geburtsjahr Xenons; auch kam die Bedeutung der Zahl »58« im Zusammenhang mit Zeiten des Aufruhrs und der Umwälzung auf Erden ans Licht: »Denn immer gab es während einer Periode von achtundfünfzig (58) einen Zyklus, eine Phase, ein Zeitalter, ein Jahr, einen Abschnitt oder eine Ära, in der sozusagen ein Zwist ausgebrütet wurde.« Dieses Thema wurde noch eingehender behandelt; dann führte das Reading aus, wie es letzlich zu Xenons Selbstmord kam und wie die Verfehlungen der Wesenheit in der Gegenwart erkannt und überwunden werden mußten. Hier die wichtigsten Textstellen:

In jenem Leben wurde also zwischen den Griechen und Trojanern Zwietracht gesät.

In eine solche Umgebung kam [der frühere] Ra Ta, Uhjltd, denn in diesen beiden Leben hätte er die Stärke und Kraft erwerben sollen, Widrigkeiten standzuhalten ...

In jener Zeit war die Wesenheit zunächst Student – der Chemie, der Mechanik, der Künste ... Doch die Wesenheit war gezwungen, *gegen* ihren Willen, aktiv an offenen Kampfhandlungen teilzunehmen.

Die [angreifenden] Truppen hatten wenig oder keine Aussichten durchzubrechen, denn die Tore, die sich den Eindringlingen entgegenstellten, hatten allen

Angriffen getrotzt... Aber dann ergaben sich Umstände, die diese Stärke schwächten, durch Hinterlist – die nicht zum Erfahrungsbereich der Wesenheit gehörte [natürlich eine Anspielung auf das von den Griechen als »Geschenk« gebrachte Pferd].

So verlor die Wesenheit das Selbstvertrauen, ohne das man innerlich zerbricht; sie hatte sich zu sehr auf die eigenen Fähigkeiten verlassen – was eine Seele oft ins Verderben führt!

Auf *diese* Art also versagte die Wesenheit. Und mit dem Versagen kam das Gefühl, ein Ausgestoßener zu sein, ein Entehrter, ein Mißachteter; und schließlich verlor sie ihr Leben durch Selbstzerstörung...

Wir haben darauf hingewiesen, daß die Wesenheit vielen Individuen, mit denen sie damals Kontakt hatte, in der Gegenwart wieder begegnen würde und daß viele wieder auf die eine oder andere Weise zu Steinen des Anstoßes werden würden, daß viele sich auf Erlebnisse hinbewegten, die in ihnen erneut den Drang nach Selbstauslöschung auf Erden erzeugen würden...

Und dies ist das *große* Hindernis, die große Erfahrung, die die Wesenheit heute zu bewältigen hat:... Sie muß jenes Erlebnis innerlich abstreifen.

Was die Art und Weise betrifft, in der die Wesenheit das zustande bringen kann, so wird immer wieder jeder Seele vor Augen geführt: In Ihn lege dein Vertrauen...

Da die Wesenheit damals fehlte, möge ihr nun durch Ihn selbst die Gnade zuteil werden, an dem sie sich bei ihrem damaligen Erlebnis verging; damit kann vielen ein geistiges Erwachen ermöglicht werden.

Für viele kamen die Kraft, Hilfe und Unterstützung, die ihnen im gegenwärtigen Leben zuteil wurde, nicht nur den Erfahrungen aus der Zeit mit Ra Ta oder Uhjltd gleich, sondern übertrafen all diese noch.

Denn ist einmal dieser Drang zur Auslöschung besiegt, dann kann die Verjüngung stattfinden. (294–183)

Herrn Parker, dem ehemaligen Achilles, bescherte das karmische Würfelspiel den gleichen begehrenswerten Preis, den Paris seinerzeit von der Göttin Venus erhielt. Ein Lebens-Reading für seine wunderschöne junge Frau Lesley enthüllte, daß sie eine Wiederverkörperung der Helena von Troja war. Man könnte endlos über die besonderen karmischen Faktoren spekulieren, die dazu beigetragen hatten, die beiden in diesem Leben wieder zusammenzuführen. Doch leider war die Ehe nicht von Bestand.

Was Edgar Cayce betrifft, so nahm das Ganze für ihn ein besseres Ende. Er »gewann«.

Keinen schöneren und weiseren Ratschlag kann ein Mensch dem

anderen geben als den, der den Tiefen eigener Erfahrung entspringt. Im April 1934 suchte die bestürzte Familie von Herrn Shultz, dem einstigen atlantischen Eingeweihten Hept-supht, Edgar Cayce auf, voller Furcht, das plötzliche Verschwinden des Herrn Shultz hätte mit einem Selbstmordversuch zu tun. Nun war Cayce in der Lage, auf die Lektion zurückgreifen, die er durch sein eigenes tragischen Erlebnis in Troja gelernt hatte. So nahm er mit seinem Freund Shultz »von Seele zu Seele« Kontakt auf und bewog ihn dazu, von der geplanten Selbstvernichtung Abstand zu nehmen. Häufig und eindringlich redete Cayce auf psychischem Weg jener schwankenden Seele zu, deren Gedanken und Schritte er von Tag zu Tag im Trancezustand verfolgen konnte. Schließlich überwanden seine unablässigen spirituellen Mahnungen die selbstzerstörerischen Impulse: Ohne genau zu wissen, weshalb seine Einstellung sich geändert hatte, kehrte der Mann nach Hause zurück.

Diese Begebenheit, bei der ein Leben gerettet wurde, verwandelte für Edgar Cayce einen einstigen Stein des Anstoßes in einen Meilenstein.

9

Der Weise von Samos

Am Morgen des 14. März 1938, gegen Ende seines sechzigsten Lebensjahres, hatte Edgar Cayce einen seltsamen Traum. Dieser Traum gewährte ihm Einblicke in ein Vorleben, das sonst nirgendwo in den Readings erwähnt wird und sich im alten Ägypten abspielte, vor etwa 2500 Jahren: Cayce sah sich als den altgriechischen Gelehrten und Weisen PYTHAGORAS (etwa 580 bis 500 vor Christus). Seine außergewöhnliche Vision schilderte er so:

Ich war ein »Arzt-Chirurg-Chemiker« in Ägypten – nicht zu Ra Tas Zeit, sondern später. Ich operierte die Frau meines Freundes, die soeben gestorben war, und rettete ihr ungeborenes Baby. Ich wußte, daß sie in meiner Inkarnation als Ra Ta meine Tochter gewesen war; aus diesem Grund war ich in der Lage, ihren toten Körper zu erhalten und das Kind – ein Mädchen – herauszuschneiden. Ich legte es unter eine Glashaube und ernährte es mit einer Flüssigkeit (die ich aus Heu, Kräutern usw. braute) durch die Nabelschnur und die inneren Organe, die ich dem Körper der Mutter entnommen hatte – Lunge, Herz, Leber, Nieren usw. Draußen lärmten Leute und wollten über mich herfallen; sie hatten jedoch Angst, das Kind zu verletzen. Im Traum wußte ich, wer diese Leute damals waren, und auch, wer sie heute sind, konnte mich aber nicht mehr daran erinnern, als ich erwachte. Bis hierhin fiel mir der Traum dann plötzlich wieder ein, als ich tagsüber eine Zeitschrift durchblätterte und den Namen Pythagoras las – so ähnlich schien mein damaliger Name zu lauten. (294–189)

Leider fand kein Reading statt, um diesen Traum zu interpretieren. Was können wir damit anfangen?

Zunächst müssen wir bedenken, wer der Träumende ist. Aus dem reichhaltigen Material der Readings und Trauminterpretationen, die Edgar Cayce hinterlassen hat, geht hervor, daß zu seiner »realen« Welt nicht nur die alltäglichen, für die fünf Sinne und den Verstand faßbaren Ereignisse gehörten, die für die meisten von uns als einzige »Wirklichkeit« zählen; für Cayce bestand sie gleichermaßen aus psychischen Erlebnissen, Träumen, Visionen, Trancezuständen und außerkörperlichen Erfahrungen – ähnlich wie bei dem großen Psychologen C. G. JUNG.

Bemerkenswert ist auch der Traumhinweis auf den Priester Ra Ta und eine Tochter aus jenem ägyptischen Zyklus. (Wahrscheinlich handelte es sich dabei um Aris-Hobeth, Ras Lieblingstochter, die heutige Frau CONNORS). Denn Cayce träumte nicht zum ersten Mal davon, jener Tochter wiederzubegegnen – immer wurden sie auf merkwürdige Weise zusammengeführt, doch in anderen Leben als dem ägyptischen oder dem heutigen. Einige Monate zuvor hatte er einen außergewöhnlich langen prophetischen Traum notiert, in dem die frühere Aris-Hobeth und er sich auf schier unglaubliche Art im 21. Jahrhundert wiedersehen (siehe Kapitel 16). Diese beiden Träume – einer zukunftweisend, der andere auf ein vergangenes Leben zur Zeit des Pythagoras zurückblickend – bekräftigen einander und machen sich gegenseitig wahrscheinlicher.

Schließlich ist das Traumfragment viel zu lebendig und überzeugend, als daß es leichthin als bloße Phantasie oder Symbolik abzutun wäre. Ich neige dazu, diesen Traum wörtlich zu nehmen, ihn als echtes Nacherleben tatsächlicher Ereignisse aus einem früheren Leben anzusehen, auch wenn er sehr ungewöhnliche Dinge schildert.

Doch selbst wenn der Traum stichhaltig wäre: Wie verläßlich ist Cayces nachträglich geträumte Identifikation mit Pythagoras? Könnte ihm sein Unterbewußtsein nicht einen »Streich gespielt« haben, als er diesen merkwürdig klingenden Namen tags darauf zufällig in einer Zeitschrift las? An dieser Stelle müssen wir wieder Cayces feine Einstimmung auf psychische Bereiche berücksichtigen, die ihn im Wachzustand zuweilen sogar bis in die kleinsten, unbedeutendsten Einzelheiten beeinflußte. Von daher dürfte er die betreffende Zeitschrift wohl kaum rein zufällig in die Hand genommen und genau die Stelle aufgeschlagen haben, wo der Name »Pythagoras« stand; vielmehr führte ihn ständig sein höheres Selbst.

Nichtsdestotrotz muß die Angelegenheit durch pragmatische Beobachtung und Beurteilung überprüfbar sein. Zu diesem Zweck müssen alle historischen Details, die sich auf das Leben und die Reisen des Pythagoras beziehen, beachtet und untersucht werden; dabei ist das Augenmerk auf sämtliche Ähnlichkeiten zu richten, die den altgriechischen Weisen von Samos mit dem berühmten »schlafenden Propheten« von Virginia Beach verbinden könnten. Auf den ersten Blick scheint dies kaum möglich. Doch stehen uns einige überraschende Enthüllungen aus alten Quellen über die sagenumworbene Gestalt des Pythagoras bevor, der im 6. Jahrhundert v. Chr. lebte – etwa zur gleichen Zeit wie Gautama BUDDHA in Indien, KONFUZIUS und LAOTSE in China und der »letzte« Zarathustra in Persien.

Bevor die eigentliche Suche nach Verbindungen zwischen Pythagoras und Cayce beginnen kann, sind noch einige Hindernisse aus dem Weg zu räumen.

Daß Cayce sein Traum-Ich als »Arzt-Chirurg-Chemiker« bezeichnet, scheint für den Skeptiker von vornherein unvereinbar damit, daß Pythagoras und Edgar Cayce identisch sein könnten. Warum? Weil Pythagoras durch die historischen Schilderungen eine viel höhere Stellung eingeräumt wird: Er war ein Gelehrter, ein Weiser und ein Lehrer.

Edgar Cayce war aber sicher kein Wissenschaftler und kümmerte sich aus diesem Grunde auch nicht um traditionelle oder historische Begriffe; er wählte einfach die am besten geeigneten Ausdrücke, um zu beschreiben, als was er sich in diesem Traum sah – eben als »Arzt-Chirurg-Chemiker«. Darüber hinaus war Pythagoras ein Meister der ärztlichen Kunst und besaß zweifellos Grundkenntnisse der Chemie (wie wir wissen, hatte auch Cayce in Troja als jugendlicher Xenon entsprechende Studien betrieben); daher kann man ihn mit Recht einen »Arzt-Chemiker« nennen. Was nun die Bezeichnung »Chirurg« angeht, so ist festzuhalten, daß die Ausübung aller Arten von Chirurgie den pythagoräischen Prinzipien grundsätzlich widersprach, die Mitleid gegenüber allem Lebendigen lehrten; doch hier kommt es auf einen feinen Unterschied an. Der »Arzt-Chirurg-Chemiker« in Cayces Traum *operierte nicht* an einem lebendigen Wesen, sondern am Leichnam einer eben verstorbenen Frau; sein Beweggrund war höchstwahrscheinlich Mitleid – denn er wollte ein noch ungeborenes Leben retten –, und darin liegt die Rechtfertigung für Pythagoras, von den von ihm selbst vertretenen Prinzipien abzuweichen. Aus den Reaktionen der wütenden Menge, die über ihn herfallen wollte, ist jedoch zu schließen, daß derartige chirurgische Eingriffe – auch wenn es um das Leben eines ungeborenen Kindes ging – nicht üblich waren.

Hier ergeben sich weitere Fragen. Befanden sich in der aufgebrachten Menschenmenge auch Schüler des Pythagoras, die sein Vorgehen mißbilligten? Handelte es sich um Ägypter (denn er war zu jener Zeit in Ägypten)? Oder um einfache Griechen, die als Minderheit in Ägypten lebten? Die letzte Vermutung trifft wohl am ehesten zu; sie schließt nicht aus, daß auch einige uneingeweihte Schüler und Anhänger des Pythagoras zu der erzürnten Schar zählten. Cayce äußerte sich jedenfalls bei der Wiedergabe seines Traums mit den Worten: »Im Traum wußte ich, wer diese Leute damals waren, und auch, *wer sie heute sind*, konnte mich aber nicht mehr daran erinnern, als ich erwachte.« Wie sich noch zeigen wird, könnte es sich bei Pythagoras' ungenanntem Freund, dessen Frau vor der Geburt ihres Kindes gestorben war, um PYTHANAX, einen Kreter, gehandelt haben; daher meine Vermutung, daß die feindselige Menge sich hauptsächlich aus griechischen Landsleuten zusammensetzte, die Pythanax wie auch Pythagoras kannten.

Noch ein Punkt muß geklärt werden, bevor es weitergehen kann.

Pythagoras war ein ionischer Grieche von der Insel Samos. Gibt es nun historische Anhaltspunkte dafür, daß er sich einmal in Ägypten aufhielt? Und wenn dies der Fall ist, wie paßt dann die Anwesenheit weiterer griechischer Siedler im Land der Pharaonen zu den historischen Tatsachen jener Zeit? Die Antwort lautet: Sie paßt wirklich gut. Denn im Jahre 372 vor Christus wurde AMASIS II. nach dem Tod von APRIES alleiniger König von Ägypten, und er setzte die Politik seines Vorgängers fort, der gerne Fremde aufnahm. Es heißt, unter der Regierung des Apries seien Juden in großer Zahl nach Ägypten gezogen. Ein ähnlicher Zustrom von Griechen erfolgte, als ihnen Amasis II. wichtige Handelsprivilegien zugestand und dazu noch Freiheiten gewährte, die im griechischen Heimatland damals ihresgleichen suchten.

Pythagoras war allerdings weder als Händler nach Ägypten emigriert, noch ging es ihm um seine persönliche Freiheit, soviel sie ihm auch bedeutete, sondern er war auf der Suche nach Weisheit. Ein englischer Historiker und Philosoph des 17. Jahrhunderts, Thomas STANLEY, der auf die Schriften des JAMBLICHUS und anderer früher Geschichtsschreiber zurückgreift, berichtet, daß der jugendliche Pythagoras zunächst von THALES in Milet unterrichtet wurde.[2] Als aber der Tyrann POLYKRATES an die Macht kam, gab Thales seinem Schüler Pythagoras den Rat, nach Ägypten zu gehen und dort seine Kenntnisse bei eingeweihten Priestern in Heliopolis, Memphis und Theben zu vertiefen. Dies tat er auch; er blieb zweiundzwanzig Jahre lang in Ägypten und studierte Astronomie (die eher der heutigen Astrologie entsprach), Geometrie und andere Fächer; zudem wurde er in alle religiösen Geheimnisse der ägyptischen Priester eingeweiht. Mit zunehmender Weisheit versammelte Pythagoras zweifellos auch eine wachsende Schar von Anhängern um sich. Doch der Gipfel seines Ruhms als Lehrer lag noch vor ihm: Die pythagoräische Schule im italienischen Crotona wurde nämlich zu einer weltberühmten Stätte der Gelehrsamkeit. (Erinnert dies nicht an Ra Tas Aktivitäten nach seiner Rückkehr aus dem Exil oder an das von Uhjltd errichtete Zentrum in Is-Shlan-doen?)

Pythagoras war bekannt für seine hellseherischen Fähigkeiten. Als er etwa sechzig Jahre alt war, ungefähr zwanzig Jahre, nachdem er Ägypten verlassen hatte, heiratete Pythagoras, so heißt es, eine schöne und intelligente junge Schülerin mit Namen THEANO. (Vielleicht seine Zwillingsseele, Frau Turner?) Sie war eine ideale Gefährtin für den großen Weisen, und die Verbindung war ungewöhnlich tief. Als der betagte Pythagoras in Crotona von einer Bande brutaler Mörder umgebracht wurde, machte es sich Theano zur Aufgabe, sein Werk fortzuführen und seine Lehren zu verbreiten. Nach PORPHYRIUS *war sie die Tochter des Pythanax, eines kretischen Anhängers des Pythagoras.* Handelte es sich bei diesem Pythanax um den nicht namentlich genannten Freund aus Cayces Traum, dessen schwangere Frau gestorben war? Wußte der seherisch begabte Weise, der bereits die Frau seines Freundes als seine eigene Tochter aus einem früheren Leben in Ägypten erkannt hatte, auch schon im voraus um die Identität und spätere Rolle des Kindes, das mit seiner eigenen Mission so eng verwoben war? All dies ist denkbar. Auch würde es erklären, warum er bereit gewesen war, sein Leben und seinen Ruf aufs Spiel zu setzen und das ungeborene Leben durch einen kühnen, nie dagewesenen chirurgischen Eingriff zu retten – *durch einen Eingriff, der sogar psychisch durchgeführt worden sein konnte;* das ist durchaus möglich, da Pythagoras in sämtliche Isismysterien eingeweiht und ein anerkannter Meister oder Adept war.

Obwohl uns seine Lehre im wesentlichen unverfälscht überliefert wurde, wissen wir heute nur wenig über den Menschen Pythagoras. Doch das Wenige ist aufregend genug, denn es zeigt uns, wenn auch nur skizzenhaft, einen Mann, dessen innerstes Wesen und seelische Entwicklung ungewöhnlich stark mit Edgar Cayce, wie er in den Readings geschildert wird, übereinstimmt.

»Das Wenige, was wir mit Sicherheit von Pythagoras wissen«, stellt eine Quelle fest, »ist die Tatsache, daß er sich an zwanzig oder mehr frühere Leben erinnern konnte.«[3] BULFINCH zitiert in seinem Buch *Ages of Fable* (sinngemäß: »Sagenhafte Zeiten«) OVID, der Pythagoras zu seinen Schülern sagen läßt: »Seelen sterben nie, sondern begeben sich an einen anderen Ort, wenn sie den einen verlassen. Ich selbst kann mich daran erinnern, daß ich zur Zeit des trojanischen Krieges EUPHORBUS, der Sohn des PANTHUS, war und durch den Speer des Menelaos fiel. Als ich jüngst im Junotempel zu Argos weilte, erkannte ich meinen Schild, der dort unter anderen Trophäen aufgehängt war. Alles ändert sich, doch nichts vergeht.«[4]

Zwar stimmt Ovids Erzählung nicht mit Cayces Aussagen überein, nach denen Pythagoras in seinem früheren Leben in Troja als die Wache Xenon inkarniert war. Doch könnte der römische Dichter einen legendären, Pythagoras betreffenden Sachverhalt mit frei erfundenen Details ausgeschmückt haben. Bekanntlich sind viele Geschichten in Ovids *Metamorphosen*, aus denen das vorangegangene Zitat stammt, auf diese Art entstanden. Jedenfalls werden Pythagoras wie auch Cayce trojanische Inkarnationen zugeschrieben – und diesen Umstand wollte ich betonen, denn er kann von Bedeutung sein.

Offenbar beziehen sich auch Jamblichus und andere alte Geschichtsschreiber auf Ovids Erzählungen, wenn sie die trojanische Inkarnation des Pythagoras erwähnen; doch stellen sie bestimmte Einzelheiten aus diesem und anderen ihm zugeschriebenen Leben wie auch deren Reihenfolge unterschiedlich dar. Bemerkenswert ist vor allem die wiederholte Behauptung einiger vertrauter Schüler des Pythagoras, er sei eine Verkörperung APOLLOS.[5] Apollo, der Sohn des Zeus, wurde oft mit der Sonne und auch mit dem höheren Selbst in Verbindung gebracht. Dies erinnert wiederum an Cayces ägyptische Inkarnation als Ra oder Adonis, in der eine entsprechende Symbolik zum Ausdruck kommt (siehe Kapitel 5).

Eine weitere Verbindung zwischen Pythagoras und Cayce stellt C. G. Jung her. Unter Bezugnahme auf die *Vita Pythagorica* des Jamblichus schildert der Psychologe die erstaunliche Tatsache, daß der Berg Karmel – den die Cayce-Forscher wegen seiner historischen Bedeutung für die Essener kennen – auch von den heidnischen Griechen und Römern als »Heiliger Berg« betrachtet wurde und daß Pythagoras oft in der heiligen Einsamkeit des Karmel verweilte.[6] Dies stimmt mit anderen Informationen überein, wonach sich Pythagoras mit dem heiligen Wissen der Juden, Chaldäer und Perser vertraut machte und auch nach Ägypten und Indien reiste, um in die dortigen Geheimlehren eingeweiht zu werden. Er war ohne Zweifel ein Meister in der Kunst der Meditation; daher zog er sich vermutlich oft in die Einsamkeit der Berge zurück, um sich der tiefen Kontemplation zu widmen. Daraus erwuchsen ihm die nötigen spirituellen Einsichten, die ihn bei seinem weiteren Tun leiteten. Es wird auch gesagt, daß »Pythagoras seine Schüler lehrte, es sei am besten, den Tag mit stiller Meditation zu beginnen und so seine Seelenkräfte zu sammeln.«[7] (Cayce gab natürlich immer denselben Rat.)

Gemäß der Überlieferung suchte Pythagoras bereits in jungen Jahren den Berg Karmel im damaligen Phönizien auf, als er die Schule des Thales verlassen hatte und auf dem Weg nach Ägypten war. Ferner heißt es, daß er später, während der ganzen Seereise von Phönizien zur Küste Ägyptens, zwei Nächte und drei Tage lang in einem tranceähnlichen Zustand auf Deck sitzend verharrte, keine Nahrung zu sich nahm und nicht schlief, so daß die Seeleute über ihn staunten. (Heute kennen wir diese Art Trancezustand als *samadhi* oder kosmisches Bewußtsein.)

Porphyrius zufolge hatte Pythagoras eine bemerkenswerte Fähigkeit zur Traumdeutung. Hier zeigt sich wieder eine erstaunliche Parallele zu Edgar Cayce, dessen Trauminterpretationen zwei Bände der veröffentlichten Readings füllen.[8] Der Weise von Samos war ebenfalls ein Meister in der Kunst der Weissagung und Prophezeiung. Das uns überlieferte mystische »Rad des Pythagoras« ist eines der außergewöhnlichsten Beispiele esoterischer Numerologie und stellt Beziehungen zwischen dem Alphabet, den sieben Planeten, den Wochentagen und den Tierkreiszeichen dar. Über die Fähigkeit der Weissagung teilte Pythagoras seinen Anhängern mit, sie sei ein »göttliches Geschenk«, das »als Lohn für die Hingabe an Prinzipien und an die Wahrheit« verliehen werde.[9] (Offenbar konnte er nichts mit den eigennützigen Jüngern dieser Kunst anfangen, die damals wohl ebenso zahlreich waren wie heute.)

Eine weitere Übereinstimmung mit dem Propheten und Seher von Virginia Beach besteht darin, daß Pythagoras die Heilkunst mit großem Erfolg ausübte und seine Schüler im Gebrauch von Kräutern unterwies. Er legte auch auf eine besondere Ernährungsweise Wert und empfahl, in allem maßzuhalten. (Jedem, der sich mit Cayces Gesundheits-Readings befaßt hat, wird dies sehr bekannt vorkommen.)

Eine seiner nahezu revolutionären Behandlungsmethoden bestand in der therapeutischen Anwendung von Musik, und angeblich hat Pythagoras spezielle Klangharmonien zur Heilung verschiedener Erkrankungen entwickelt. Dies erinnert wiederum an Cayces Readings, und zwar an die Aussagen über den Gebrauch der Musiktherapie im alten Ägypten, als der Hohepriester Ra Ta das »Anstimmen der Musik« im Opfertempel anordnete, um jene Seelen, die auf ihrer damaligen Entwicklungsstufe in grotesken Körpern gefangen waren, zu läutern und zu reinigen. »Denn die Schwingungen der Sphärenmusik«, so sagte Cayce in einem Reading, »bewirkten die Läuterung, denn diese Schwingungen wurden auf die in der Natur waltenden zerstörerischen Kräfte abgestimmt, und so wurde alles Stoffliche *hinweggerissen*, das die Seele daran hinderte, die schöpferische Kräfte zu erkennen und mit ihnen eins zu werden.«[10]

Offenbar liegt Pythagoras' größter und dauerhaftester Beitrag zu westlichem Denken und zu westlicher Kultur auf dem Gebiet der Philosophie und Wissenschaft. Pythagoras war es, der den Begriff *»Philosoph«* prägte und ihn als »einen, der nach Erkenntnis strebt« definierte, im Gegensatz zum *Weisen*, den er als »einen Wissenden« bezeichnete. Damit enthüllte Pythagoras, der Philosoph, den wahren Genius seiner Weisheit – Bescheidenheit. Heute jedoch verdient er für seine unübertrefflichen Leistungen den Ehrentitel »der Weise von Samos«.

Seine Philosophie wurde in den berühmten »Goldenen Versen des Pythagoras« niedergelegt, die Selbsterkenntnis, Mäßigung und »geheiligte Tugend« lehrten. »Dich selbst fürchte am meisten«, heißt es in den Versen, die mit derselben Art einfacher Weisheit durchtränkt sind und von der gleichen inneren Suche zeugen, der wir auch in den Cayce-Readings immer wieder begegnen:

Tu dir selbst nicht weh: bevor du handelst, wäge;
Laß den Schlaf der Nacht nicht deine Augen schließen,
Eh dreimal du die Taten deines Tags geprüft,
Wo gefehlt? Welche Taten? Welche Pflichten nicht erfüllt?

»Der Mensch ist ein geistiges Wesen«, so fassen die Verse seine Lehre zusammen, »und sein höheres Selbst sagt ihm, wonach er streben soll.« Schließlich wurde der pythagoräische Schüler noch ermahnt, seine »Seele von körperlichen Begierden zu reinigen« und sich zu Zeiten des Gebets und der Läuterung des »Fleischgenusses zu enthalten«. Dann könne er »sich des Körpers entledigen, frei zu geistigen Höhen aufsteigen« und sei »ein unvergänglicher Gott, nicht länger sterblich«.[11]

2500 Jahre später wiederholt sich diese Botschaft, vielfach variiert, in den Cayce-Readings. So soll das folgende Zitat eine der verloren gegangenen Aussagen Jesu Christi wiedergeben: »›Ihr seid *werdende* Götter‹, sagte jener, der als der größte Lehrer aller Zeiten unter den Menschen wandelte.«[12]

Ein weiterer Aspekt der pythagoräischen Lehren war die symbolische Verwendung des Buchstabens Y, um die »Teilung des Weges« zu veranschaulichen. Wer auf dem Pfad des Lebens wandert, kommt irgendwann an den Punkt, wo er zwischen dem rechten Weg zu Tugend und Weisheit und dem linken Weg zu Weltlichkeit und Laster wählen muß. Cayce sprach von diesen beiden Wegen als Sinnbildern für die Entwicklung oder den Rückschritt einer Seele. So finden sich in seinen Lebens-Readings immer wieder die beiden Redewendungen: *»Die Wesenheit gewann«* oder *»die Wesenheit verlor«*, und damit wurde ein Aufstieg oder Fall im Zuge der Entwicklung einer Seelenwesenheit in ihren verschiedenen früheren Leben verdeutlicht.

»Pythagoras behauptete vermutlich als Erster, die Erde sei rund«, schreibt Louis MACNEICE in seinem Buch *Astrology*.[13] Er war auch der erste Wissenschaftler, der die wesenhafte Einheit von Mensch und Universum verstand und die heliozentrische Struktur unseres Sonnensystems erfaßte. Pythagoras verdanken wir den wohlbekannten Begriff *»Sphärenmusik«* – eine Bezeichnung, die auffallend häufig in den Cayce-Readings vorkommt und dort mit der elementaren Kraft einer vollkommen originellen Aussage gebraucht wird. Als Ausdruck der Idee von Ordnung und struktureller Perfektion führte Pythagoras auch das Wort *Kosmos* ein; das Universum bezeichnete er als Makrokosmos und den Menschen, den er als ein kleines Abbild dieses Universums sah, als Mikrokosmos. Darüber hinaus stellte er der griechischen Welt das mystische Pentagramm vor, den fünfzackigen Stern – »5« ist die heilige, hermetische Zahl –, und benutzte es als Emblem der pythagoräischen Schule.

Als miteinander in Wechselwirkung stehende Aspekte einer göttlichen Ordnung studierten die Pythagoräer Geometrie, Musik und Astronomie (Astrologie). Ohne Grundkenntnisse auf diesen drei Gebieten wurde niemand als Schüler des Pythagoras angenommen. Ein enger, kleiner Kreis von Schülern, die den dritten und letzten Grad der Einweihung in seine Lehre erreicht hatten, redeten ihn mit seinem Namen an; doch alle anderen sprachen von ihm nur respektvoll als »diesem Mann« oder dem »Meister«.

Auf die umfassenden Beiträge dieses überragenden Genius zum Fundament der modernen Wissenschaft brauche ich nicht einzugehen. Doch sein Wissen um das Geheimnis der Zahlen muß ich sicher erwähnen.

Pythagoras besaß eine phänomenale Kenntnis der esoterischen wie auch exoterischen Bedeutung von Zahlen. Offenbar erfaßte er als erster unter den großen Philosophen intuitiv die numerischen Prinzipien, die der gesamten Schöpfung zugrunde liegen. Als einem perfekten Musiker (er soll die Leier erfunden haben, doch den Cayce-Readings zufolge gab es im alten Ägypten einen Vorläufer dieses Instruments) schien ihm plötzlich die Einsicht aufgegangen zu sein: Musik und Mathematik sind in ihrem Wesen eins. Diese Erkenntnis führte ihn zu der Entdeckung der Zahlenverhältnisse, die jenen Intervallen zugrunde liegen, die die Griechen als »harmonisch« empfanden und die als Basis für ihre Tonleitern dienten.

Es war ebenfalls Pythagoras, der das Symbol des *»Tetraktys«* oder der pythagoräischen Dekade ins Leben rief, das Entsprechungen zur Symbolik des kabbalistischen »Lebensbaums« aufweist. Dieses Tetraktys besteht aus zehn Punkten, die in vier Reihen angeordnet sind (vier in der untersten Reihe, dann drei, dann zwei und ein Punkt an der Spitze) und ein gleichseitiges Dreieck bilden. Das *Dictionary of Symbolism*[14] definiert es wie folgt: »Die ›vollkommene Zahl‹ der Pythagoräer und der Numerologen setzt sich aus der göttlichen Monade (Eins), der Dyade (Zwei), der Ur-Triade (Drei) und der fundamentalen, heiligen Tetrade (Vier) zusammen.«

Zum Abschluß erwähne ich noch eine weitere merkwürdige Übereinstimmung zwischen Pythagoras und Cayce.

In Edgar Cayces Lebensreadings zeigte sich regelmäßig eine bestimmte Struktur: Das von einer Wesenheit angesammelte Karma brachte sie in einen »abwärts gerichteten« Zyklus, in dem sie sich mit den Folgen ihrer Verfehlungen auseinandersetzen konnte; dann folgte oft ein positiver Entwicklungszyklus, der wieder auf das zurückgriff, was eine Seele in früheren Leben im Positiven erreicht hatte. So kam die Seele gewissermaßen »ins Gleichgewicht«, bevor sie erneut mit noch immer unbereinigtem, negativem Karma konfrontiert wurde. Wie bei Cayces trojanischer Inkarnation als Xenon deutlich wurde, treffen in einem Zyklus immer Wesenheiten mit ähnlichem Karma zusammen; denn es ist ein universelles Gesetz, daß Gleiches von Gleichem angezogen wird.

Ferner zeigen die Readings, daß sich Seelen im Guten wie im Bösen, je nach der Art ihrer früheren Verflechtungen, in Gruppen wiederverkörpern. Auf Troja folgte Samos – ein aufwärts führender Zyklus.

Unter all den Personen, die Edgar Cayce im Lauf der Jahre für Lebens-Readings aufsuchten, war nur eine, von der es hieß, sie sei eng mit Pythagoras verbunden gewesen. (Andere Wesenheiten jedoch, die einer typischen »Seelengruppe« angehörten, die in den Readings immer wieder auftaucht, wurden einfach nie mit dieser historischen Periode in Zusammenhang gebracht.) Diese eine jedoch, Frau ROBERTSON, war eine Frau von ungewöhnlich hoher geistiger Entwicklung, die in einigen ihrer früheren Leben stark für das Gute eingetreten war und, wie Cayce selbst, zum Fortschritt der Menschheit beigetragen hatte. Erstmals begegnet sie uns zu Ra Tas Zeit als karpatische Prinzessin, die ihrem Volk die Lehren von Ra, Saneid und den anderen erleuchteten Geistern brachte, die wie sie an jener epochalen Versammlung teilgenommen hatten (siehe Kapitel 5).

Nun erfuhr sie, daß sie eine Schülerin des Pythagoras gewesen war und durch diese Verbindung viel hinzugelernt hatte. Mehr wurde ihr über diese Inkarnation allerdings nicht mitgeteilt. Es hieß lediglich: »Wir könnten Ihnen noch vieles kundtun, doch noch sind Sie nicht in der Lage, es zu verkraften.«[15]

10

Griechische Impressionen

Schauplatz ist das alte Griechenland. SOKRATES ist tot. XENOPHON und PLATO, zwei seiner brillantesten Nachfolger, haben ihrem edlen Lehrer zur Unsterblichkeit verholfen: Der eine mit einer Reihe von »Dialogen«, die ihm ebenfalls unvergänglichen Ruhm einbrachten, und der andere mit seiner *Apologia Socratis* und anderen wohlbekannten sokratischen Werken. Der berühmte ARISTOTELES, ein ehemaliger Schüler Platos, wurde an den Hof von PHILIPP VON MAKEDONIEN berufen, als Lehrer für dessen Sohn, ALEXANDER DEN GROSSEN, dem es beschieden war, den Lauf der Geschichte gleich einem Meteor zu durchqueren. Diese Ereignisse fallen in das vierte und fünfte Jahrhundert vor Christus.

Cayces Readings zu diesem Zeitraum beziehen mehrere Generationen ein, von Sokrates bis zu Alexander dem Großen. Wir kennen nicht die karmischen Verwicklungen, deretwegen sie alle in etwa demselben Zeitraum auf Erden weilten und auf Pfaden wanderten, die sich mitunter nur indirekt oder auch gar nicht kreuzten; doch sie alle weisen auf eine gemeinsame Aufgabe hin, bei der jedem von ihnen eine ganz bestimmte, wenn auch noch so unbedeutende Rolle zugedacht war.

Edgar Cayce trat in dieser Zeit erneut auf. Wir begegnen ihm als dem Chemiker ARMITIDIDES, unter der Führung von Aristoteles.[1] Sehr wahrscheinlich assistierte er Aristoteles bei dessen Lehrtätigkeit am makedonischen Hof, doch spielte er keine wichtige Rolle. Vermutlich aber lernte er den jungen Alexander recht gut kennen. (Die Notizen von Gladys Davis deuten an, daß der schlafende Cayce statt »Armitidides« vielleicht »Archimedes« meinte. Dagegen spricht allerdings, daß der berühmte Mathematiker ein volles Jahrhundert *nach* Aristoteles lebte; er wurde auch nie als »Chemiker« erwähnt.) Wir müssen wohl den weniger spektakulären Armitidides akzeptieren und mit dieser besonderen Inkarnation Cayces, die vermutlich schon bald auf sein Leben als Pythagoras folgte, einen eher »passiven« Entwicklungszyklus verzeichnen. Ein bescheidenes Leben folgt einem großartigen – ein solcher Wechsel scheint der ausgewogenen Entwicklung einer Seele förderlich. Daneben mußte Cayce vielleicht noch etwas »nachholen«, denn in seiner trojanischen Inkarnation als Xenon hatte er ja zunächst Chemie studiert, bevor ihm die Rolle eines die Tore der Stadt verteidigenden Kriegers aufgezwungen wurde.

Die zwei oder drei knappen Sätze, in denen Edgar Cayces griechische Inkarnation als Armitidides erwähnt wird, stammen aus einem Reading für eine andere Person, Herrn Wilkins, und deuten darauf hin, daß dieses Leben für seine Gesamtentwicklung relativ unbedeutend war. Das Gegenteil gilt für die Wesenheit, die sich damals als der edle Xenophon verkörperte. Obwohl Alexanders Ruhm den von Xenophon übertrifft, beschreiben ihn die Readings zu dieser Inkarnation als einen »Verlierer«. Xenophon war hingegen ein »Gewinner«.

Aller Wahrscheinlichkeit nach wäre Xenophon damit zufrieden gewesen, in einem stillen, geistig orientierten Leben die Lehren des Sokrates niederzuschreiben und die Geschichte seiner Zeit aufzuzeichnen. Doch das Schicksal wollte es anders. Nach dem Ende des Peloponnesischen Krieges wurde Xenophon, scheinbar entmutigt durch den Verfall der athenischen Demokratie, ein General bei den Söldnertruppen CYRUS DES JÜNGEREN, der versuchte, seinen Bruder ARTAXERXES II., den König Persiens, zu stürzen. Aber als Cyrus bei Cunaxa fiel, wurde dieses Vorhaben aufgegeben, und Xenophon leitete den taktisch genialen Rückzug von etwa 12 000 Griechen auf einem Marsch, der 1300 Meilen durch feindliches Gebiet nach Chrysopolis führte. Über diesen langen Rückzug berichtete er später detailliert in seinem berühmten siebenbändigen Meisterwerk *Anabasis*; noch heute dient es militärischen Befehlshabern als wertvolles Beispiel für meisterhafte Taktik. Doch wegen seiner Freundschaft zu Sparta und den Persern wurden Xenophon die athenischen Bürgerrechte aberkannt. Er zog sich auf ein Landgut in Scillus in der Nähe von Olympia zurück und widmete sich der Landwirtschaft und dem Schreiben. Im Jahre 369 vor Christus erhielt er die athenischen Bürgerrechte zurück und siedelte nach Korinth über.

Über Xenophon, inzwischen Herrn HARRIS, sagte ein Lebensreading: »Diese Wesenheit hieß Xenophon und führte damals die [griechischen] Truppen«, und fügte hinzu: »Sie führte die Völker auch zu höherer Selbsterkenntnis und versuchte, die Menschen so zu erziehen, daß sie in größerer Harmonie leben konnten. Daher stammt der gegenwärtige Drang und das Bedürfnis, das Leben anderer zum Besten zu lenken.«[2]

In einem noch früheren Leben, so wurde Herrn Harris eröffnet, war er einer der zwölf Ratgeber des Königs Araaraart II. gewesen und hatte einen guten Einfluß auf ihn ausgeübt; er trug damals den Namen CON-

RADEN und befaßte sich vor allem mit Geschichtsschreibung und Forschung, mit Tätigkeiten also, die sich offenbar in seiner späteren Inkarnation als Xenophon bezahlt machten. Obwohl er im 20. Jahrhundert ein Lebensversicherungsvertreter war, deutete sein Lebensreading an, daß er eigentlich ein Minister hätte werden sollen, und zwar ein exzellenter.

Nach dem Tod des Sokrates, der lieber den Schierlingsbecher trank, als vor seinen Richtern in Athen die Wahrheit zu verleugnen, wandte sich dessen verarmte Witwe XANTHIPPE hilfesuchend an Xenophon; von dessen Frau AIRDAREL wurde sie daraufhin als Näherin beschäftigt. Und so kam es, daß die zweite Tochter von Sokrates und Xanthippe, Normaline, mit dem wichtigsten Biographen ihres berühmten Vaters Bekanntschaft schloß. Denn obwohl Xenophon, wie auch Plato, in Sokrates' letzten Lebensjahren zu dessen engstem Schülerkreis gehörte und oft zu Füßen des großen Lehrers saß, hatte das Kind NORMALINE kaum Kontakt mit den Teilnehmern dieser intellektuellen Zusammenkünfte gehabt.

Sowohl die Gouvernante des kleinen Alexander, die frühere Normaline und jetzige Frau HOPKINS, wie auch Xenophons Gefährtin Airdarel, jetzt Frau COLLINS, erhielten Lebensreadings, die ihre jeweiligen Rollen in jener griechischen Epoche schilderten. Eine bedeutende Position scheint demnach keine von beiden eingenommen zu haben.

Frau Hopkins, alias Normaline, war ja zunächst als Isris, die Gefährtin Ras, in Ägypten inkarniert gewesen; später dann, im persischen Zyklus, trat sie als Inxa auf und wurde Lehrerin der Kinder von Uhjltd und Ilya. Ihr Lebensreading verglich diese beiden früheren Rollen mit ihrem griechischen Dasein und stellte fest, daß »die für die Wesenheit weitreichenderen Einflüsse und bedeutsameren Taten im Zusammenhang mit Beziehungen aus ihrer Verkörperung in Ägypten und in der ›Stadt der Hügel und Ebenen‹ standen und stehen«. Weiter hieß es, in den früheren Inkarnationen habe die Wesenheit »die Ziele und Ideale freudiger aufgenommen, besser erfaßt und größere Fortschritte gemacht«; daher sei sie auch eher in der Lage gewesen, »vielen Schwierigkeiten auf der materiellen Ebene zu begegnen« – im Gegensatz zu ihrer griechischen Verkörperung als oft verwirrte und ratlose Tochter des Sokrates. Über diese weniger hoffnungsvolle und unglücklichere Episode wurde gesagt, daß »die Einflüsse des Verstandes und die Kräfte der materiellen Ebene zuweilen eher ein Hindernis« gewesen seien, als »ein stärkerer Ausdruck von Spiritualität«.[3] Doch habe es sich »nicht unbedingt um retardierende Phasen« gehandelt, denn aus der griechischen Erfahrung stamme »der nötige Impuls zu innerer Sammlung«, durch die sich »größere Macht« entfalten könne.

Die griechische Inkarnation von Frau Hopkins scheint vorwiegend »passiver« Natur gewesen zu sein. Ähnlich verhielt es sich wahrscheinlich auch mit Edgar Cayces damaliger Rolle als der Chemiker Armitidides; dieser Erdenaufenthalt trug weder Wesentliches zum Aufbau der Persönlichkeit bei, noch beeinträchtigte er ihn.

Im Gegensatz dazu konnte Frau Collins, Xenophons damalige Frau Airdarel, in diesem Zyklus offenbar große Fortschritte machen: »In dieser Erfahrung hat sich die Wesenheit entwickelt und ihre heutige Fähigkeit erworben, Rat zu erteilen und auch da noch Gehör zu finden, wo andere scheitern.«[4] Übrigens wurde auch eröffnet, daß sie im ägyptischen Zyklus eine Tochter des Königs Arart I. und somit eine Schwester des jungen Königs Araaraart II. gewesen war. Interessanterweise verkörperten sich der einstige Xenophon und seine Frau Airdarel im jetzigen Leben als Bruder und Schwester; Frau Hopkins war ihre Nichte.

Ein gewisser XERON war ein Vertrauter Xenophons und hatte dessen erste militärische Eroberungen wie auch seinen berühmten Rückzug miterlebt. In jenem Leben »gewann die Wesenheit«, heute Herr CLARK, »in geistiger, verlor jedoch in materieller Hinsicht; sie verlor auch ihr Vertrauen in die Spiritualität und gab anderen die Schuld dafür.« So kam es zu der Warnung: »Hüten Sie sich vor einer solchen Handlungsweise. Geben Sie Ihre Ideale nicht wegen äußerer Umstände auf.«[5] Clark war zur Zeit von Asapha und Affa im Rat der 44 gewesen und aus Indien zu dieser Versammlung angereist. In der Ra Ta-Ära erschien er als Kudn; nach Ägypten zog ihn die Nachricht, es fänden dort Reformen statt, doch reiste er unverrichteter Dinge wieder ab.

Hier haben wir wieder das Beispiel einer Seele, die, wie viele andere, in dieser griechischen Existenz eine mehr oder weniger »negative« oder unbefriedigende Rolle spielt; doch so eine »ungünstige« Erfahrung ist für gewisse Lernschritte offenbar unerläßlich. Auf diese Weise erwirbt sich die Seele Bescheidenheit und Geduld – Eigenschaften, die sie in einem späteren Leben sinnvoll anwenden kann.

Ein heißgeliebter Neffe von Gladys Davis, Herr FRAZER, war bei seinem ersten Lebensreading erst drei Tage alt. Er wuchs daher mit dem vollen Wissen um seine Vergangenheit und deren Bedeutung für die Gestaltung der Gegenwart auf. In gewisser Hinsicht muß es ziemlich schwer sein, schon in jungen Jahren zu erfahren, daß man in früheren

Leben bereits historisch bedeutsame Rollen zu spielen hatte: Bei zwei von Frazers Inkarnationen handelte es sich um charakterlich völlig anders geartete Persönlichkeiten mit ganz unterschiedlichen Fähigkeiten. Als Alexander der Große hatte er – unter der Anleitung von Aristoteles – Gelegenheit, der damaligen Welt Bedeutendes zu geben, denn in ihm vereinigten sich ein wohlausgebildeter Verstand, Idealismus und all die physischen Vorzüge einer geborenen Führernatur. In seinem Reading hieß es, er hätte aus der Welt eine einzige Nation machen können, doch statt dessen verschwendete er seine Kräfte durch Selbstsucht und Selbstherrlichkeit; so verlor er sein ursprüngliches Ziel und seine Bestimmung aus den Augen und führte ein »zügelloses« Leben. »*Hier* verlor die Wesenheit.«[6]

Doch später verkörperte er sich erneut als wahrhaft idealistische Führerpersönlichkeit, nämlich als der bekannte Thomas JEFFERSON. Dieses Mal machte er wesentliche Entwicklungsschritte – wie auch die neugeborene Nation, der er so große Dienste erwies.

In seinem jetzigen Leben stand es Frazer frei, von seinen früheren Fähigkeiten Gebrauch zu machen. Dies ist eigentlich bei jedem Menschen der Fall, doch können sich bei einer hochbegabten Seele Konflikte ergeben, wenn sie Macht erlangt. Daher ist sie unter entsprechenden Umständen eventuell versucht, sich auf die Rolle des Zuschauers zu beschränken und das Leben einfach an sich vorbeifließen zu lassen. Das gegenwärtige Leben von Herrn Frazer scheint ein derartiger Zyklus zu sein.

Doch vielleicht reifen in einer solchen Zeit der Selbstbeobachtung viele Früchte heran, die in der Zukunft geerntet werden.

Ein Gefährte Alexanders, ARLEBON, verkörperte sich als Herr WILLIS wieder. In seinem Lebensreading erfuhr er, daß er ein Ingenieur mit großer mechanischer Geschicklichkeit gewesen sei. Weiter hieß es: »Wenn sich die Wesenheit die Zeit nähme, sich voll und ganz einzusetzen, so könnte sie bei ihrem Interesse an dem, was die Räder laufen macht, näher als sonst irgend jemand an die Verwirklichung eines sogenannten *Perpetuum mobile* herankommen; doch versuchen Sie es nicht mehr – sie haben zu spät begonnen.«[7, 8]

Zuletzt komme ich auf EOSO zu sprechen. Er lebte im Perserreich, »als der König von den Offizieren der griechischen Armee unter Alexander entthront wurde.«[9] Er diente als Offizier des königlichen Schatzmeisters; ihm war das Los der Gefangenschaft beschieden, und dies erfüllte ihn mit Haß gegen seine Kerkermeister. Über seine Inkarnation im zwanzigsten Jahrhundert als Herr SHUSTER wissen wir so gut wie nichts. Ob er seither genug gelernt hat, um sich von seinen Fesseln zu befreien?

FRMO 1. VIII 88 – 23h30'

11

Lucius von Kyrene

»Ja«, so begann das Reading, »wir haben Aufzeichnungen über die Wesenheit, die jetzt Edgar Cayce heißt, und kennen die Erlebnisse, die er als LUCIUS VON KYRENE auf dem Erdenplan hatte. Anfänglich nannte man ihn auch LUCIUS CEPTULUS; er war griechisch-römischer Abstammung und lebte in der Stadt Cyrene.«[1]

So erfuhr der erstaunte Cayce gegen Ende seines sechzigsten Lebensjahres, daß er in einem früheren Leben Lucius von Kyrene gewesen war. Die *Apostelgeschichte* (13, 1) und auch der *Römerbrief* (16, 21) erwähnen ihn; er war einer der »zweiundsiebzig Männer« (*Lukas* 10, 1), die der Herr für eine bestimmte Aufgabe ausersehen hatte: Er »sandte sie zu zweien aus. Sie sollten vor ihm her in alle Städte und Ortschaften gehen, durch die er kommen würde.« Viel später wurde Lucius von JOHANNES, dem Lieblingsjünger Jesu, als Bischof für die Gemeinde von Laodicea auserwählt.

Auf Edgar Cayce, der bereits den Höhepunkt seiner Laufbahn als Seher erreicht hatte, wirkte diese späte Enthüllung wie der berühmte Balsam Gileads. Er hatte viele Feuerproben bestanden und zahlreiche Mühen und Unannehmlichkeiten auf sich genommen, um mit seinem Lebenswerk (das in einem Reading tatsächlich als »das Werk des *Herrn*«[2] bezeichnet wird) das Interesse der Weltöffentlichkeit zu erregen. Die Offenbarung, er sei ein Helfer des Jesus von Nazareth gewesen, freute ihn nun maßlos. Es hätte für Cayce keinen schöneren Lohn geben können: Seit seiner frühesten Kindheit hatte er hingebungsvoll die Bibel studiert und sich vor allem zum Neuen Testament hingezogen gefühlt. Die Berichte über das Leben und die Lehre Jesu Christi und von den Taten der Jünger, insbesondere ihr Beitrag zur Entstehung der frühen Kirche, hatten ihn immer stark angesprochen. Wie oft Cayce diese ihm heiligen Texte auch las, jedesmal war er merkwürdig berührt. Nun endlich wußte er, woher seine Empfindungen kamen: Er war selbst aktiv an jenem heiligen Drama beteiligt gewesen und Zeuge der Ereignisse geworden.

Doch damit sich Cayce nicht allzu sehr darüber wunderte, warum ihm gerade diese, für ihn persönlich so wichtige und bedeutsame Information so lange vorenthalten blieb, wurde ihm unumwunden mitgeteilt: »Wäre dies früher enthüllt worden, hätten Sie sich aufgebläht!« Offenbar muß jede Wesenheit zunächst einmal ihre ethisch-religiösen Grundsätze verwirklichen und ihre Lektionen lernen, um so einen bestimmten Reifegrad zu erreichen. Dann erst ist sie fähig, Informationen, die sich als Hindernis für die Seelenentwicklung erweisen könnten, mit der angemessenen Demut aufzunehmen.

Wohl deshalb erwähnte das Reading zu Cayces Leben als Lucius auch eine Reihe seiner damaligen Unzulänglichkeiten. Er erfuhr beispielsweise, daß Lucius in jungen Jahren »eher als ein Tunichtgut und Herumtreiber bekannt war oder – wie man heutzutage sagen würde – ein Glücksritter«. (Diese Beschreibung erinnert stark an die Charakterzüge von John BAINBRIDGE, wie ihn die Readings in seinen beiden Verkörperungen in Amerika schildern – dort »verlor die Wesenheit.«)

Wie viele Männer in der damaligen griechisch-römischen Gesellschaft lebte Lucius mit einer Frau in eheähnlicher Gemeinschaft; sie hieß VESTA und stammte aus dem römischen Adel – eine Tatsache, die vielleicht zu ihrem Entschluß beitrug, Lucius nicht zu heiraten, denn sonst hätte sie wegen ihrer Ehe mit einem Bürgerlichen gewisse Privilegien ihres Standes verloren. Eine weniger feste Beziehung hingegen erlaubte es Vesta, auch weiterhin alle Vorteile ihrer vornehmen Abstammung zu genießen. Reading 1523–16 bezeichnet das Verhältnis zwischen Lucius und Vesta jedenfalls beschönigend als »Freundschaft«, die bis zu Lucius' Ehe mit MARIAERH bestand, einem Samaritermädchen, das jünger als Vesta und er selbst war.

Aus den Readings geht hervor, daß Vesta Lucius mindestens zwei Kinder gebar, einen Sohn und eine Tochter. Letztere kam wohl erst zur Welt, *nachdem* Lucius bereits offiziell mit Mariaerh verheiratet war. Daraus ergaben sich in der Folge mancherlei Konflikte, die sogar die Mitglieder der Gemeinde des Lucius wie auch seine unmittelbaren Familienangehörigen in zwei Lager teilten. (Es war, als hätten sich die Geister aus der Zeit Ra Tas und Isris' erhoben, um ihn heimzusuchen.) Zudem gebar ihm Mariaerh in den ersten Ehejahren keine Kinder – ein Umstand, der peinliche Fragen und allgemeine Unzufriedenheit heraufbeschwor; und die Predigten des Apostels PAULUS gegen die Ehe von Bischöfen verschlimmerten die Situation noch beträchtlich, denn Lucius war inzwischen zum Bischof der Gemeinde von Laodicea aufgestiegen. In jener prekären Zeit richtete Johannes seine berühmten Worte an die zerstrittene Gemeinde: »Ich kenne euer Tun. Ich weiß, daß ihr weder warm noch kalt seid. Wenn ihr wenigstens eins von beiden wärt! Aber ihr seid weder warm noch kalt; ihr seid lauwarm. Darum werde ich euch aus meinem Munde ausspucken.« (*Offenbarung* 3, 15–16)

Doch lösten sich die Differenzen im Lauf der Zeit auf friedliche Weise: Als Mariaerh und Lucius einen Sohn, SYLVIUS, bekamen, wurde ihre Ehe endlich zu dem geheiligten Bund, den sie mit ihrem Treueschwur einst besiegelt hatten.

Die Readings bestätigen, was Bibelforscher schon lange vermuten: Lucius von Kyrene war der Verfasser des LUKAS-Evangeliums.[3] Von ihm stammt vermutlich auch die Apostelgeschichte – auch wenn die Readings nichts darüber sagen –, denn die meisten Fachleute schreiben diese beiden Werke demselben Autor zu, und zwar nicht nur aufgrund textlicher Übereinstimmungen, sondern vor allem auch wegen einer Bemerkung zu Beginn der *Apostelgeschichte* (1, 1), die auf eine »erste Schrift« des Lukas verweist.

Während man also allgemein annimmt, bei Lucius von Kyrene und Lukas handle es sich um dieselbe Person – denn der Name »Lukas« ist von »Lucius« abgeleitet –, geht aus den Cayce-Readings hervor, daß Lukas ein Onkel des Lucius war, der Bruder von dessen Mutter MERCEDEN. Auch Lukas stammte aus Kyrene. Im allgemeinen wird von ihm als dem »geliebten Arzt« gesprochen; doch in den Readings heißt es, Lukas sei »der junge Arzt« gewesen, »der sein Studium nie beendete und nie praktizierte, doch als Arzt bekannt war«;[4] und ferner, er habe »dem Schwager des PILATUS nahegestanden und erfuhr viel über die Vorgänge«. (So bildeten wohl vor allem die unmittelbaren Erinnerungen des Lukas die Grundlagen des nach ihm benannten Evangeliums, das allerdings, falls Cayce recht hatte, von Lucius schriftlich niedergelegt wurde.)

Die historische Verwechslung von Onkel und Neffe wird so erklärt:

Und oft werden Lucius und Lukas miteinander verwechselt, denn sie waren Verwandte; Lucius und Lukas wurden zueinander gezogen oder zusammengeführt, und mit der Bekehrung des Saulus (durch die er zum Paulus wurde) kamen sie dessen Tätigkeiten immer näher. (294–192)

Die Einwohner von Kyrene, der Hauptstadt der Cyrenaika, waren lange Zeit Griechen und griechischsprachige Juden gewesen, die unter den Libyern an der Nordküste Afrikas lebten – in der Gegend des heutigen Tripoli. Im Jahre 96 vor Christus an Rom abgetreten, wurde die Cyrenaika mit Kreta zu einer römischen Provinz zusammengeschlossen; diese Verbindung lag insofern sehr nahe, als die meisten der ursprünglich griechischen Einwohner Kyrenes von jener Mittelmeerinsel stammten.

Es sollte uns nicht überraschen, wenn Cayces Verkörperung als Lucius ihre Wurzeln in Libyen hatte, denn dorthin wurde er als der Priester Ra Ta verbannt, und dort schloß er mit Nubiern und Libyern Freundschaft. Nun war er, vermutlich aufgrund karmischer Verbindungen, erneut in dieses Land gezogen worden – wenn auch an einen etwas anderen Schauplatz.

Sein Vater, PHILIPPI, beschloß jedoch, wohl aus geschäftlichen Gründen, mit seiner jungen Familie nach Laodicea umzuziehen, in die unter römischer Herrschaft stehende Provinz Phrygien in Kleinasien. Laodicea, eine noch wohlhabendere Stadt als Kyrene, war für ihre schwarze Wolle berühmt, und auch das Bankwesen hatte viel zu ihrem Ruf beigetragen. Sie lag an einer alten Landstraße, die von Ephesus nach Syrien führte, auf einem Plateau oberhalb des grünen, fruchtbaren Tals, in dem die Flüsse Lycus und Mäander ineinander mündeten. Die Stadt war ein wahres Juwel des Reiches; ihre bunt gemischte Bevölkerung umfaßte griechischsprachige Syrer, Römer, romanisierte Einheimische und eine einflußreiche Gruppe wohlhabender Juden.

Es ist nur zu verständlich, daß Philippi in eine so vielversprechende, neue Umgebung übergesiedelt war; sein Schwager Lukas ging ebenfalls von Kyrene fort, doch ließ er sich offenbar in Jerusalem nieder. Zu den ehemaligen Einwohnern Kyrenes gehörte auch der zum Christentum bekehrte STEPHANUS, der später zu Tode gesteinigt wurde, und jener SIMON, der angeblich das Kreuz des Heilands trug, als dieser schwach wurde.

Auf einer Reise in seiner Jugendzeit, die ihn zu seinem Namensvetter und Onkel Lukas nach Jerusalem führte, begegnete Lucius wahrscheinlich zum ersten Mal Jesus und hörte ihn zu der versammelten Menschenmenge sprechen. Er war tief beeindruckt. Dem schlichten Nazarener, der ein ganz alltägliches Aramäisch sprach, gelang es, mit seinen Worten so tief in die Herzen seiner Zuhörer einzudringen, wie es ihm kein geübter Redner oder ausgebildeter Priester hätte gleichtun können. Es war jedoch nicht nur seine Rednergabe und seine fesselnde Art, große Wahrheiten in einfachen Gleichnissen darzustellen – vielmehr umgab diesen Mann eine unbeschreibliche Aura geistiger Autorität, die Lucius faszinierte. Hier stand ein göttliches Wesen vor ihm: Das lächelnde Antlitz des Nazareners und seine blaugrauen Augen drückten Mitleid und

Wohlwollen aus, und er brauchte die Kranken und Lahmen nur anzublicken, und schon waren sie geheilt. Genauso plötzlich konnte er mit einem strengen und durchdringenden Blick den Dämonen befehlen, Besessene zu verlassen, und sie fuhren aus ihnen hinaus. Lucius hatte das Verlangen, diesen Mann näher kennenzulernen. So wurde er schließlich »ein Anhänger, und er war der Meinung, die Zeit für einen Aufstand gegen die römischen Legionen, gegen die herrschenden Römer, sei nun gekommen«[5]; anführen sollte ihn jener Mann, den man nun immer offener als den verheißenen Messias ausrief.

So mißverstand Lucius leider – wie auch viele andere – die wahre Mission von Jesus. Und als einer der »zweiundsiebzig Männer«, die dazu bestimmt waren, vor Jesus her »in alle Städte und Ortschaften zu gehen, durch die er kommen würde« (*Lukas* 10, 1), glaubte Lucius in seinem Innersten immer noch, dies sei nur das Vorspiel zu einer großen sozialen Revolte, zu der sicher bald der Aufruf ergehen würde. »Meint ihr, ich sei gekommen, um Frieden in die Welt zu bringen? Nein, nicht Frieden, sage ich euch, sondern Entzweiung« (*Lukas* 12, 51), waren die Worte Jesu gewesen, und nicht nur Lucius hatte diese auf eine spirituelle Wahrheit abzielende Bemerkung falsch ausgelegt. Sogar einige der zwölf Apostel waren der gleichen Auffassung wie er; so sind die jungen Eiferer und Hitzköpfe nun einmal.

Erst als Lucius wieder nach Laodicea zurückgekehrt war und die tragischen Neuigkeiten vernommen hatte, ging ihm die Tragweite seiner Fehleinschätzung auf, was die Absichten Jesu betraf: Die Nachricht von der Kreuzigung und anschließenden Auferstehung des Jesus von Nazareth verbreitete sich wie ein Lauffeuer in allen Provinzen in weitem Umkreis. Die Gläubigen strömten nach Jerusalem; dieser Ort zog sie geradezu magnetisch an. Auch Lucius und seine jüngere Schwester Nimmuo begaben sich eilends nach Jerusalem, wo die Apostel nun in Erwartung weiterer Erscheinungen des Herrn versammelt waren. So kam es, daß die beiden auch am Pfingsttag zugegen waren.

Das Ereignis läßt sich wahrscheinlich am besten mit den Worten eines Lebensreadings für Frau MILLER beschreiben, die damalige NIMMUO:

Und dann kam der Pfingsttag, und die Wesenheit vernahm die Rede des Petrus; sie sah Johannes, Jakob und die anderen Apostel, die von Ehrfurcht erfüllt dasaßen, als der Geist wie mit Feuerzungen herabstieg und sich auf den Zwölfen niederließ. (2390–3)

Auf der Suche nach einer Erklärung für das Pfingst-Phänomen bekam Cayce in einem Lebensreading zu seiner Inkarnation als Lucius die folgende Antwort auf seine Frage:

F–2 Wie konnten die verschiedensprachigen Menschen die Botschaft verstehen, die Petrus in einer einzigen Sprache vortrug?
A–2 Dies war das Wirken des Geistes und dessen, was der Geist nach den Erfahrungen der einzelnen Personen damals für sie bedeutete und noch bedeutet. Denn der Kyrener hörte eine Mischung aus Griechisch und Arisch, während die Hebräer die hebräische Sprache hörten und die Griechen die griechische, obwohl Petrus Aramäisch sprach, verstehen Sie? (294–192)

Die wunderbare Gabe des Petrus, »in verschiedenen Sprachen zu reden« (Apostelgeschichte 2, 4), hat eindeutig nichts mit der sogenannten *Glossolalie**, der herkömmlichen Erklärung für dieses Pfingstereignis, zu tun; danach wäre die Rede des Petrus ein unverständliches Kauderwelsch gewesen und eher emotionalen als geistigen Ursprungs. In diesem Zusammenhang erfuhr eine Frau ARMSTRONG, die ihrem Lebensreading zufolge als ältere Tochter des Centurio CORNELIUS eng mit Lukas und auch Lucius befreundet war, folgendes:

Sie lernte später, daß es nicht nötig ist, in verschiedenen Sprachen zu reden, sondern mit der Sprache der Liebe – sie ist die Sprache all derer, die Gott schauen möchten. (2205–3)

Vermutlich begegnete Lucius am Pfingsttag zum ersten Mal seiner zukünftigen Braut Mariaerh, einer samaritischen Jüdin, deren Eltern mit ELISABETH, der Mutter Johannes des Täufers, und anderen »heiligen Frauen«, die sich nun in Jerusalem aufhielten, in engem Kontakt standen. Mariaerh gehörte sogar zu den ersten zehn, die an diesem denkwürdigen Tag getauft wurden.

Im gleichen Maß, wie sich die Freundschaft von Lucius und Mariaerh entwickelte, wuchs auch sein Eifer, das Evangelium zu verbreiten. Aus dem bloßen »Mitläufer« von einst war nun ein treu ergebener Jünger geworden, der die offizielle Anerkennung der Apostel suchte; doch die meisten von ihnen hatten Bedenken, weil er zu »den Ausländern«

* Ekstatisches Reden in fremden Sprachen in der Urchristengemeinde. Auch: Hervorbringung von fremdartigen Sprachlauten und Wortneubildungen.

gehörte. Von den Zwölfen war allein THOMAS bereit, ihn zu akzeptieren. Als dann später die Verfolgungen begannen und die Männer ausgewählt wurden, die als Diakone in die Provinzen gehen sollten, wies man Lucius erneut zurück: diesmal wegen seiner engen Bekanntschaft mit PAULUS, oder SAULUS, der sich noch nicht bewährt hatte und als römischer Bürger bekannt war, obwohl er selber vorgab, jüdischer Abstammung zu sein. Doch als Paulus sein geistliches Amt übernahm und die Mutterkirche in Jerusalem wie auch die größtenteils jüdische Gemeinde Antiochias von seinem Wirken erfuhr, war man Lucius freundlicher gesonnen; denn Lucius war nicht nur von Paulus anerkannt worden, sondern auch von der Mehrheit der Christen in Cäsarea, wo er und Paulus predigten. Zu jener Zeit beschloß Lucius, in Begleitung seiner Braut Mariaerh in seine Heimatstadt Laodicea zurückzukehren und dort eine Kirchengemeinde zu gründen.

In Laodicea lebte jedoch auch Vesta, die frühere römische Geliebte des Lucius, und die alten Bande, denen ein Sohn namens PEBILIUS entsprungen war, wurden erneuert. Man könnte nun einwenden, Lucius habe lediglich die Rolle des fürsorglichen Vaters übernommen. Doch die immer unangenehmeren Predigten des Paulus, die sich gegen die Heirat von Kirchenmitgliedern im Rang eines Bischofs aussprachen, belasteten die Ehe von Lucius und Mariaerh schwer. Als dann Lucius und Vesta eine Tochter, SUSANNA, geboren wurde, führte dies wohl zu einer ernsthaften Entfremdung. Völlig verzweifelt floh die kinderlose Mariaerh nach Bethanien, wo MARIA, die Mutter Jesu, sie tröstete; auch fand sie Unterstützung bei Elisabeth und der alternden Judith, der Essener Lehrerin des jungen Jesus.

Doch schließlich wurden in der Familie wie auch in der Gemeinde des Lucius klare Verhältnisse geschaffen, denn seiner Mutter Merceden gelang es, ihn endlich zur Vernunft zu bringen. Auch Paulus – den »alten Junggesellen«, wie er spöttisch genannt wurde[6] – wies sie offenbar gehörig zurecht:

> Versucht niemals, Ihn zu richten, sondern lobpreist Ihn immer nur; wie Sie in Laodicea ganz richtig verkündeten, wie Sie Paulus so trefflich zurechtwiesen, wie Sie Timotheus, Petrus und Andreas so gut trösteten und wie Sie Lucius zur Vernunft brachten. (2574–1)

In Laodicea kehrte Frieden ein, und der reumütige Lucius holte die unglückliche Mariaerh wieder zu sich. Bald gebar sie ihm einen Sohn.

Doch nun kam es zu Meinungsverschiedenheiten zwischen Lucius und Paulus, aber auch zwischen Paulus und den Kirchenführern in Jerusalem und Antiochia, und zwar wegen dessen umstrittenen Predigten über die Ehe von Bischöfen.

Wenn auch die Ansichten des Apostels in diesem Punkt extrem waren, so hatten sie doch auch ihr Gutes; denn das Zölibat kann für den geistig ernsthaft Suchenden wirklich eine Hilfe sein, insbesondere wenn er anderen als Vorbild dienen soll. Ein Jogalehrer, Dr. DONELLY, der die Absicht hatte, eine Ehe einzugehen, erhielt von Cayce den Rat: »Es ist gut zu heiraten; es ist besser, nicht zu heiraten.«[7]

Damit bleibt die Entscheidung dem Einzelnen überlassen. Im Fall des Lucius ging es jedoch nicht um Enthaltsamkeit, sondern um Treue, denn er hatte sein Eheversprechen vor der Übernahme des Bischofsamtes abgegeben und konnte es nun nicht ungestraft ignorieren. Unter diesen Voraussetzungen erscheint das Urteil des Paulus ungerechtfertigt.

Nachdem er sich mit seiner Frau ausgesöhnt hatte – die karmische Bedeutung dieser Wiedervereinigung konnte er damals noch nicht erfaßt haben –, kam es zu einem herzlichen Einvernehmen zwischen Lucius und dem Apostel ANDREAS, der ihn früher zwar bekämpft hatte, ihn aber jetzt in Schutz nahm.[8] Wie schon als Araaraart II. in Ägypten, der Ra Ta ins Exil geschickt hatte, war die betreffende Wesenheit erneut bereit, dem »zurückkehrenden« Priester – oder Bischof – hilfreich entgegenzukommen. In einem späteren Zyklus sollten sie sich als Vater und Sohn begegnen, und wie zuvor würde ihre familiäre Beziehung unter dem Zeichen freundschaftlicher Zusammenarbeit stehen – Edgar Cayce und Hugh Lynn.

Welche Rolle spielten wohl Frau Turner und Frau Hopkins bei dem Einverständnis, das sich zwischen Andreas und Lucius in jener unruhigen Zeit der frühesten Kirchengeschichte anbahnte? Wie ein Reading nahelegt, hielten sie sich damals im Jenseits auf. »Die beiden wurden so etwas wie Schutzengel«, äußerte Cayce einmal in Trance und präzisierte, daß »die Wesenheit Frau Hopkins über die Taten des Andreas während seines Lebens in Palästina wachte.«[9]

Vielerlei karmische Beziehungen verbanden Lucius und einige Menschen, die ihm in jener Inkarnation wahrscheinlich am nächsten standen.

An erster Stelle ist hier Lucius' jüngere Schwester Nimmuo zu nennen, die jetzige Frau Miller. In Ägypten war sie als die Priesterin TAR-ELLO eine der späteren Gefährtinnen des alternden Ra. Während der

Uhjltd-Zeit gehörte sie dann zum »Haushalt des Anführers« und trug dazu bei, »den Gang der Ereignisse zum Guten zu wenden«, als die griechischen Mädchen den Versuch unternahmen, die guten Sitten in Is-Shlan-doen zu untergraben.[10] Als es in Loadicea zu den Auseinandersetzungen um Lucius und Vesta kam und »viele die guten Absichten Vestas in Frage stellten«,[11] gelang es Nimmuo in ähnlicher Weise letztlich ihre Neutralität zu wahren, obwohl sie zuerst »mit jener königlichen Persönlichkeit [Vesta] empfand und zu ihr hielt, sogar gegen Paulus, der vor Lucius' Übernahme des Bischofsamtes die Partei Mariaerhs vertreten hatte«. Paulus war jedoch später, als Lucius Bischof[12] geworden war, auf Vestas Seite; von Nimmuo heißt es aber, daß »die Wesenheit wie eine gewaltige Macht dastand – allein mit der *Wahrheit*, die darin liegt, niemanden zu verurteilen!«[13] Sie übte in jener unruhigen Zeit voller Streitigkeiten einen wahrhaft friedenstiftenden Einfluß aus. (Ihr Name bedeutete zutreffenderweise soviel wie »eine Gesandte«.[14])

Die Wesenheit Vesta hatte auch in Ägypten gelebt und mit dem alternden Ra Ta häufig Umgang gehabt. (Und als Cayce sich zum zweiten Mal als John Bainbridge in Amerika verkörperte, war sie erneut seine Geliebte.) Vesta war offenbar eine sehr reizvolle Frau, beneidet und bewundert zugleich, doch mit zunehmendem Alter dominierte die spirituelle Seite ihres Wesens über die sinnliche. So wurde sie Diakonin in der Kirchengemeinde von Laodicea und erreichte ein »ansehnliches Alter«.[15] In ihrem gegenwärtigen Leben blieb sie als aktive Mitarbeiterin dem Werk Cayces treu. Alte Rivalitäten machten sich jedoch mitunter bemerkbar, und sie erzählte mir einmal mit einem etwas unfrohen Lachen, daß sie bei ihrer ersten und einzigen Begegnung mit der einstigen Mariaerh spürte, wie zwischen ihr und der damaligen Nebenbuhlerin sofort ungute Gefühle aufkamen; schon wenig später verließ die andere Dame Virginia Beach und ließ sich nie wieder blicken.

Die ehemaligen Kinder von Lucius und Vesta, Pebilius und Susanna, kamen auch in diesem Leben zu Cayce, um von ihm Lebensreadings zu erhalten. (Ein Herr BERNSTEIN wird hier nicht berücksichtigt: Auch er war ein Sohn des Lucius, doch ist unklar, wer seine Mutter war.)

Der einstige Pebilius, Herr FORD, kam im jetzigen Leben als der Neffe von Frau ROGERS, seiner damaligen Mutter Vesta, zur Welt. Sein Lebensreading ergab, daß auch er in Ägypten zugegen war. Er gehörte zu den Atlantern, die nach Ra Tas Rückkehr aus dem Exil in das Land eingewandert waren; in jenem Leben bekleidete er eine politisch einflußreiche Stellung. Später, im persischen Zyklus, bewachte er unter der

Herrschaft des Krösus den königlichen Schatz; doch dieses Amt gab er auf, um sich Uhjltd und seinen Lehren anzuschließen. Als Pebilius, im Heiligen Land, hat er anscheinend »zu denen gehört, die als Kind von Jesus gesegnet wurden«.[16] Daran mag es gelegen haben, daß er sich später, in Amerika, als Priester wiederverkörperte, als der Pater SHAUGHNESSY: Damals begegnete er auch seinen ehemaligen Eltern aus Laodicea, die – nun als JOHN BAINBRIDGE und Mae UMBOR – wieder in eine unerlaubte Beziehung verstrickt waren. Der gute Pater Shaughnessy verurteilte die beiden jedoch nicht, sondern begegnete ihnen als Lehrer und Freund – voller Milde, Güte und Geduld.

Die einstige Susanna, heute Frau WOLFE, war Cayce ebenfalls in früheren Zyklen begegnet. In Ägypten hatte sie im Schönen Tempel gedient; in Persien gehörte sie zu jenen griechischen Mädchen, die sich zu Uhjltds Lehren bekehren ließen. Es überrascht daher nicht, daß sie dem als Bainbridge verkörperten Cayce in Amerika in einem recht zwielichtigen Milieu wiederbegegnete; diesmal lautete ihr Name CLAIRE INCHWORTH. Es heißt, sie habe sich in diesem Leben positiv entwickelt, denn sie fand das, was sie erlebte, »abstoßend«.[17]

Nur wenig erfahren wir über Lucius' Mutter Merceden. (Sie darf nicht mit Sophia, der Mutter von Lucius' jüngerer Halbschwester Nimmuo und zweiten Frau des Philippi verwechselt werden.[18]) In ihrem Lebensreading heißt es, sie habe in Ägypten als HES-IT-PET im Schönen Tempel gedient. Doch muß sich zwischen ihr und Ra Ta eine besondere Beziehung entwickelt haben, so daß sie in Kyrene die Mutter des Lucius wurde.

Auch Mariaerh war in Ägypten verkörpert: als die einheimische SHU-TUN, die sich dazu entschloß, mit dem Priester ins Exil zu gehen. Wie Susanna erschien sie in Persien als eines der griechischen Mädchen, die zu Uhjltds treuen Anhängerinnen wurden.[19]

Abgesehen von diesen familiären Verbindungen gab es in Laodicea noch einen gewissen SILAS, den das *Neue Testament* neben Persönlichkeiten wie Barnabas, Paulus, Lucius, Timotheus und Lukas erwähnt; er war damals mit der Tochter des Nikodemus verheiratet. In dieser heiligen Gemeinschaft der Jünger Christi und im Geist gegenseitiger Hilfe wurde eine alte Beziehung erneuert: Denn der einstige Silas erfuhr als der heutige Herr GRAZIANO, daß er in Persien Uhjltds Vater Eujueltd war.

Einer dunklen Stelle der Readings zufolge betrat Cayce als Lucius die Erde von der Sphäre des Jupiters aus. Dieser planetare Einfluß habe seinem Wirken eine gewisse »kosmische Qualität« verliehen: »Die Wesenheit strahlte, dem Evangelium zu Ehren, Liebe, Tatkraft und Hoffnung aus.«[20]

12

Bei den Arawak-Indianern

»Ich sah mich nicht als körperliches Wesen, aber ich wußte, daß ich Teil eines einheitlichen Ganzen war.«[1]

So identifizierte sich Cayce einmal mit der Gesamtheit des Seins – als Teil oder Glied des Ganzen. Dies war der Schlüssel zur Interpretation eines merkwürdigen, allegorischen Traums, den er im Anschluß an diese Bemerkung erzählte.

Der Traum verband auf seltsame Weise Phantasie und Wirklichkeit. Verschiedene Tierarten symbolisierten darin die in stetem Wandel begriffenen Einstellungen, Verhaltensweisen und Erfahrungen – Stadien, die jede Seele bei ihrer Entwicklung auf Erden durchläuft, während sie langsam zur Erkenntnis der Einheit allen Seins gelangt. Im Traum vermischte sich scheinbar eine Reihe merkwürdiger Vorgänge symbolischer Art mit tatsächlichen Verkörperungen von Edgar Cayce, dessen Seele in immer neuen menschlichen Formen auf die Erde kam.

In jeder dieser unterschiedlichen physischen Verkörperungen traf die Seele gleichgesinnte Wesenheiten, die in den zwischengeschalteten Phasen im Tierreich ebenfalls bestimmte Lektionen zu lernen hatten. Auch wenn das Ganze gleichnishaft dargestellt wurde, spiegelte sich in diesem Geschehen doch das kosmische Gesetz wider: »Gleiches zieht Gleiches an.« Letzten Endes mußte die Seele zum Verständnis der Einheit allen Seins gelangen. Bis dahin sammelt das Selbst fortwährend in den verschiedensten Erfahrungsbereichen, die durch Existenzen als Schnecke, Vogel, Kuh und dergleichen versinnbildlicht wurden, die für seine Entwicklung nötigen Eindrücke. Diese kreatürlichen Daseinsformen sind jedoch lediglich als Symbole zu verstehen, die den unterschiedlichen menschlichen Eigenarten und Charakterzügen entsprechen. Das geht aus einer Interpretation des Traums klar hervor; wie es in einem Reading heißt, sei diese Angelegenheit in etwa so zu verstehen wie die jedermann geläufigen Vergleiche: »Gelehrig wie ein Pferd; stur wie ein Maultier; anhänglich wie ein Hund oder dergleichen.«[2] »Damit soll nicht angedeutet werden, daß es eine Seelenwanderung oder Transmutation der Seele vom Tier zum Menschen gibt.«[3]

Zunächst sieht sich der träumende Cayce als Schnecke unter anderen

Schnecken; plötzlich wird er zur Beute eines der größeren Lebewesen, die er fürchten gelernt hatte, und von diesem gefressen. Dann verkörpert er sich als Mann und stirbt an einem Fieber, das durch einen Parasiten verursacht wurde, der bei Schnecken vorkommt.

Dann erkennt er sich als einen im Meer schwimmenden Fisch, der zusammen mit vielen Artgenossen in einem riesigen Netz gefangen wird. Als man ihn schließlich zum Verzehr zubereitet, verliert er das Bewußtsein. Nun besitzt er plötzlich wieder einen menschlichen Körper und ist mit vielen Personen verbunden, denen er zuvor in anderen Daseinsformen begegnet war. Dann findet er sich, nach einer schnellen Verwandlung als Kuh mit einem kleinen Kalb wieder. Das Kalb fürchtet sich vor einem Schäferhund, wird jedoch von einem Hirten – offenbar David – gerettet. Die Kuh war durch das Verhalten des Hundes wild geworden, doch eine weitere, überraschende Metamorphose macht Cayce zu einem Hund, dessen natürliche Feindseligkeit gegenüber Kühen er nun verstehen kann. Als Hund bricht er sich ein Bein, und sein Herr tötet ihn aus Mitleid. Jetzt verlagert sich der Schauplatz zum Haupttor der Burg von Troja, wo Cayce als Wachposten, starr vor Entsetzen, das (in Kapitel 8 beschriebene) tödliche Duell zwischen Hektor und Achilles mitansehen muß. Darauf tritt er wieder in die unsichtbare Welt ein: »Es waren viele Seelen in meiner Nähe, die auch in physischen Körpern gelebt hatten, doch ich erkannte nur sehr wenige wieder. Schließlich traf ich ein Wesen, das ich von früher kannte, und wir beschlossen, gemeinsam zu einem Muttervogel zu gehen: Ein kleines Zaunkönigweibchen brütete uns als zwei winzige Vöglein aus.«[4] Als später die gesamte eigene Brut der beiden Vögel – sechs Nestlinge – einer Katze zum Opfer fällt, schwören die beiden der Katzenfamilie Rache.

Ein weiterer Abschnitt des Traums handelt von einer Verkörperung zur Zeit des Kolumbus, dem Hauptthema dieses Kapitels. Cayce begegnet uns – wahrscheinlich auf einer jener Inseln, die Hispaniola (Haiti) vorgelagert sind – als Angehöriger einer der Arawak sprechenden Indianerstämme. Er erkennt in einer Person an Bord des Schiffes, mit dem Kolumbus gekommen war, einen früheren Gefährten wieder:

Es scheint die Zeit gewesen zu sein, als Kolumbus Amerika entdeckte, denn ich gehörte zu den Eingeborenen des Landes, als er kam; und ich traf unter den Leuten des Kolumbus die Seele, die als Vogel mit mir zusammen war. Wir hatten den Wunsch, mit den Leuten, die an Land gekommen waren, eine Bootsfahrt zu unternehmen, denn anscheinend waren wir die einzigen, die mit ihnen sprechen konnten. Es wurde uns jedoch nicht erlaubt. Dann versuchten wir, von der [äußeren?] Insel wieder aufs Festland zurückzukehren [vermutlich ist damit die Hauptinsel Hispaniola gemeint]. Ein Sturm kam auf, und wir ertranken. (294–161)

Um gewisse Unstimmigkeiten der zitierten Passage des Traumes zu bereinigen, muß man zunächst das Allegorische vom Faktischen trennen. Offenbar gab es eine Person an Bord des Schiffes von Kolumbus (der wahrscheinlich mit einer kleinen Gruppe an Land gegangen war), die sich mit der Seelenwesenheit Cayce dank einer aus einem früheren Leben stammenden Verbindung auf psychischem Wege verständigen konnte. Möglicherweise war der Betreffende ebenfalls ein Arawak-Indianer und kein Europäer, denn Kolumbus hatte zuerst auf den Bahamas Land betreten, bevor er auf die große Insel Hispaniola stieß, die er irrtümlich für *Zipangu* (Japan) oder *Cathay* (China) hielt. Im Tagebuch des Kolumbus ist festgehalten, daß er einige Arawaks gefangengenommen hatte. Ob es sich nun um einen Gefangenen handelte oder nicht – jedenfalls könnte die von Cayce entdeckte Person ein Arawak-Indianer von einer der anderen Inseln gewesen sein, der den weißen Männern vielleicht als Führer oder Dolmetscher zu Diensten war. Cayce war möglicherweise der Häuptling eines Arawak-Stammes und konnte, nachdem er sich schnell mit dem anderen Arawak-Indianer hatte anfreunden können, etwas über die bleichgesichtigen Fremden erfahren, die in den großen Schiffen mit den riesigen weißen Segeln gekommen waren. Mittels einer Art Zeichensprache war es ihm dann vielleicht auch möglich, sich direkt mit ihnen zu verständigen. Man kann sich leicht vorstellen, wie fasziniert und erstaunt die Indianer beim Anblick der drei großen Segelschiffe der Expeditionsflotte des Kolumbus waren, die sie vielleicht als riesige Vögel ansahen, die majestätisch auf dem weiten Meer dahinglitten. In ihnen regte sich der Wunsch, »mit den Leuten, die an Land gekommen waren, eine Bootsfahrt zu unternehmen«. Da weder Cayce noch sein neuer Gefährte, der zur Landungstruppe von Kolumbus gehörte, an der folgenden Fahrt zur Hauptinsel teilnehmen durften, liegt die Vermutung nahe, daß *beide* Eingeborene waren. (Wäre der »Gefährte« ein Europäer gewesen, wäre er wohl nicht ohne weiteres abgewiesen worden.) Offenbar beschlossen die beiden Abenteurer, dem Schiff der Europäer in einem ihrer kleinen Kanus zu folgen; doch »ein Sturm kam auf«, und »sie ertranken«.

Falls Cayce wirklich zur angegebenen Zeit in der Neuen Welt verkörpert war, erhebt sich die Frage: Was tat er bei den Arawaks?

Ein Blick auf die Geschichte erleichtert die Antwort.

Man nimmt an, daß die Arawak-Indianer ursprünglich aus den Anden stammten. Auf ihren Wanderzügen siedelten sich einige schließlich auf den Antillen an, die zu den westindischen Inseln zählen. Diese Indianer waren harmlose, friedfertige Menschen, die sich von primitivem Ackerbau, Fischfang und dem Sammeln von Mollusken ernährten. Unzivilisiert waren sie aber durchaus nicht. Bevor Kolumbus von seiner ersten Haiti-Reise nach Spanien zurückkehrte, gründete er zusammen mit spanischen Pionieren in Santo Domingo eine kleine Niederlassung. Die Eingeborenen dieser Region waren die Tainos, ein Arawak sprechender Stamm. Kolumbus erteilte einem Mönch namens Ramón PANÉ den Auftrag, die Taino-Religion zu erforschen. Pater Panés Bericht schildert ungewöhnlich hoch entwickelte Glaubenslehren und Rituale, deren Herkunft allerdings unbekannt ist, wenn auch einige Fachleute sie der Kultur der Maya zuordnen. Auch wiesen die Tainos ein erstaunlich differenziertes Stände- und Herrschaftssystem auf. Sie waren in vier Klassen aufgeteilt: Sklaven, Bürgerliche, Adlige und Häuptlinge. Als friedfertiges Volk verfügten sie nicht über die Mittel, sich gegen die aggressiven Spanier zu verteidigen, die bald alle Spuren ihrer einzigartigen Kultur auslöschten.

Cayce könnte sich also durchaus in einer solchen Gesellschaft verkörpert und die Rolle eines Häuptlings gespielt haben, um den Arawak sprechenden Stämmen ein Gefühl für die Einheit allen Seins und die höhere Sinnhaftigkeit zu vermitteln. Dafür spricht, daß er zusammen mit seinem neuen Indianergefährten anscheinend mühelos die Rolle eines Dolmetschers für die weißen Männer übernahm.

Dieser Gefährte war jedoch aller Wahrscheinlichkeit nach kein Mann, sondern eine von einer Nachbarinsel stammende Frau aus einer vornehmen Indianerfamilie. (In der allegorischen Vogel-Existenz war sie sein »Weibchen« gewesen.)

In einer späteren Inkarnation, die ihn als den englischen Glücksritter Bainbridge wieder in die Neue Welt führte, brachte Cayce von den Arawak-Indianern ein Geschenk mit. Bainbridge war in dem fremden, neuen Land Amerika der Anführer seiner größtenteils verunsicherten und hilfosen Landsleute; schon nach kurzer Zeit schloß er mit verschiedenen Indianerstämmen Freundschaft und bewegte sich unter den Eingeborenen, als wäre er einer von ihnen.

13

Die zwei Leben des John Bainbridge

Wandernd, sehnsuchtsvoll, neugierig, in ruhelosem Forschen,
Mit Fragen, verblüfft, ungeformt, fiebrig
Und mit nimmer glücklichem Herzen,
Warum, unzufriedene Seele? Und weshalb, oh spöttisches Leben?
Doch Seele, sei gewiß, die erste Absicht bleibt, und wird ausgeführt,
Jetzt ist vielleicht die Zeit gekommen.
Der wahre Sohn Gottes wird erscheinen und seine Lieder singen.

WALT WHITMAN

Erste Ankunft: 1625 nach Christus

Der rastlose JOHN BAINBRIDGE wird in den Readings mit dem traurigen Beinamen »Taugenichts« bedacht, und wie es scheint, betrat er die Erde nicht nur einmal, sondern *zweimal* unter diesem Namen. Beide Male wanderte er auf der Suche nach sich selbst aus England nach dem eben erst entdeckten amerikanischen Kontinent aus.

Die Identität dieser verirrten und ruhelosen Seele, dieses Glücksritters, Abenteurers, Lüstlings und Spielers ist längst kein Geheimnis mehr, frühere Kapitel haben sie bereits angekündigt. Und doch schockiert die Feststellung, daß eine so edle Persönlichkeit, wie Cayce es in seinen früheren Leben als Ra Ta, Uhjltd, Lucius von Kyrene und vielleicht auch Pythagoras war, nun plötzlich auf Abwege gerät.

Zwischen seinen beiden, unter geistigen Gesichtspunkten scheinbar »verschwendeten« Leben als John Bainbridge verkörperte sich Cayce für eine sehr kurze Zeit in Frankreich, vermutlich von 1680 bis 1685 nach Christus. Bei seiner damaligen Mutter handelte es sich um seine Zwillingsseele, Frau Turner. (In jenem Leben war Frau Turner die zwar eheliche, doch offiziell nicht anerkannte Tochter des Sonnenkönigs Ludwig XIV. Die tragische Geschichte ihrer skandalumwitterten Inkarnation im siebzehnten Jahrhundert, am Hof der Bourbonen, und die kaltblütige Ermordung ihres kleinen Sohnes stehen im Mittelpunkt des nächsten Kapitels.)

Als der »erste« Bainbridge lebte Cayce in der ersten Hälfte des 17. Jahrhunderts. Er wurde etwa um das Jahr 1600 geboren, das Todesjahr ist ungewiß. Die Geburt des »zweiten« Bainbridge fällt wohl in das Jahr 1720; vierunddreißig Jahre später, 1754, fand er den Tod.

Um die karmischen Wurzeln der beiden Bainbridge-Inkarnationen freizulegen, müssen wir etwa zwölftausend Jahre zurückgehen, bis zu Cayces Leben in Ägypten.

Trotz seiner großen und denkwürdigen Taten besaß der Hohepriester Ra Ta offenkundige fleischliche Schwächen. Mühelos gelang es der Tempeltänzerin Isris – sie handelte auf Drängen der hinterhältigen Widersacher des Priesters –, ihn zur Übertretung seines eigenen Gebots zu verführen. Darüber hinaus schien der Priester auch nach seiner Rückkehr aus der Verbannung die Lektion aus seiner bitteren Erfahrung noch nicht gelernt zu haben. Um eine Verfehlung zu bereinigen, genügt es nicht, sie sich einfach einzugestehen, denn das hatte Ra Ta durchaus getan. Vor allem kommt es darauf an, einen solchen Fehler nicht zu wiederholen. Doch Ra benutzte seine neuerworbene Macht als wirklicher Alleinherrscher, um seine sexuellen Gelüste mit einer Reihe von Gespielinnen aufs neue zu befriedigen. Auf diese Weise erhielt die ursprüngliche Saat schlechten Karmas Nahrung und konnte heranwachsen: Bainbridge war dazu bestimmt, die Früchte schließlich zu ernten.

Auch Uhjltd könnte Bainbridge eine schwere karmische Erblast aufgebürdet haben. Obwohl aus jener noblen Inkarnation eine gewaltige Hinterlassenschaft an *gutem* Karma stammt – was ebenso für Cayces Leben als Ra Ta gilt –, trifft man auch auf schlechtes. Denn unglücklicherweise ließ der verbitterte Uhjltd, der mit seiner geliebten Ilya in einen Hinterhalt geraten war, seinem Zorn freien Lauf und schwor Rache. Diese Impulse, so sagen die Readings, durchtränkten die Gedanken des Sterbenden mit viel Negativität. Cayces nachfolgendes Leben in Troja, das in zügelloser Selbstzerstörung endete, machte die karmische Last nur noch schwerer. Mit solchen Taten ging der Wesenheit wohl vieles von dem verloren, was sie sich im Bereich geistiger Ideen und Ziele erworben hatte. Diese Abweichungen der Seele vom rechten Pfad, in Verbindung mit den fleischlichen Gelüsten, die sie schon einmal ins Verderben geführt hatten, ist für die meisten negativen Charakterzüge verantwortlich, die bei John Bainbridge zum Vorschein kamen. Er wurde von zerstörerischen Kräften getrieben und trachtete nur danach, den eigenen Interessen zu dienen, statt nach Höherentwicklung zu streben und das Wohl aller Menschen im Auge zu behalten.

Und wie verhielt es sich mit Cayces Zwillingsseele? Gerade so, wie sie sich entschieden hatte, jener fatalen Existenz in Troja fernzubleiben, war sie auch in den beiden Bainbridge-Zyklen nicht zugegen. Möglicherweise hatte sie erkannt, daß ihr »anderes Selbst« sein schlechtes Karma allein besser bewältigen konnte. Vielleicht gab ihr der Entschluß, wieder im »Land des Nirwana« zu verbleiben, auch die Möglichkeit, für ihre Geschwisterseele erneut eine wichtige Rolle als deren geistige Führerin oder Fürsprecherin zu spielen und so aus dem Jenseits zu wirken.

Die Versuchung ist groß, den Gestrauchelten zu verurteilen. Eines besseren belehrt freilich ein höchst aufschlußreicher Auszug aus den Readings. Ihm gemäß gehören Cayces Erlebnisse als Bestandteil der vom Herrn geplanten Evolution zu den Grunderfahrungen jeder Seele:

F–5 Beim Studium der Lebensreadings zeigt sich, daß von den ersten Inkarnationen an ein Abwärtstrend einsetzt, hin zu mehr Weltlichkeit und weniger Geistigkeit. Dann folgt ein Aufschwung, der mit Leiden, Geduld und Verstehen verbunden ist. Entspricht dies dem normalen Weg, der zu Tugend und zur Einheit mit Gott führt und durch freien Willen und geistiges Streben erreicht wird?

A–5 Das stimmt. Diesen Weg hat Er [Jesus] vorgegeben. (5749–14)

Auf ihrem Weg zum Schöpfer hat die Seele viel zu lernen; doch andererseits gibt es auch Dinge, die sie *ablegen* muß.[1] In einem Lebensreading für ihn selbst wurde Cayce mitgeteilt, daß »während der Erdenaufenthalte der Wesenheit destruktive Kräfte Einlaß fanden. Daher müssen die aufbauenden, belebenden, wiederherstellenden Kräfte der Wesenheit gegenwärtig zum Vorschein gebracht werden.«[2]

Der Mensch sollte an seinen Taten gemessen werden, so sagte schon Jesus. Daraus können wir schließen, daß Edgar Cayce alles Destruktive, das sich seit seinen ersten Verfehlungen als Ra Ta in Körper und Geist allmählich angesammelt hatte, wieder »verlernen« oder abwenden konnte. Die beiden Bainbridge-Existenzen und insbesondere der Umstand, der im zweiten Zyklus seinen Tod herbeigeführt hatte, stellten offenbar den entscheidenden Wendepunkt dar.

Aus vielen leidvollen Erfahrungen und Irrungen als Bainbridge waren der Wesenheit Edgar Cayce noch tiefere Weisheit und die Fähigkeit erwachsen, die Unzulänglichkeiten und Nöte anderer zu verstehen. Dies kam in der folgenden Aussage eines Lebensreadings deutlich zum Ausdruck:

Für viele kam die Stärkung, die Unterstützung, die Hilfe, die ihnen in ihrem gegenwärtigen Leben [von Edgar Cayce] zuteil wurde, nicht nur dem gleich, was sie in den Zeiten Ra Tas oder Uhjltds erlebt hatten, sondern übertraf dies alles sogar noch. (294–183)

Selbst wer die Reinkarnationslehre bereitwillig akzeptiert, steht vielleicht der Vorstellung, eine Seele könne sich *zweimal* unter demselben Namen verkörpern, äußerst skeptisch gegenüber – zumal wenn die fraglichen Leben dicht aufeinander folgen (es liegen nur etwa hundert Jahre dazwischen), die Verhaltensweisen nahezu identisch sind und die Wesenheit mitunter an dieselben Schauplätze gelangt.

Das klingt unheimlich, nicht wahr? Der gewissenhafte Forscher kann jedoch in den Cayce-Readings noch andere, sehr ähnlich gelagerte, wenn auch weniger dramatische Fälle entdecken, die das doppelte Bainbridge-Leben untermauern. Eine ruhelose Seele voll ungestilltem Verlangen wird verständlicherweise erneut die Gelegenheit suchen, alte sinnliche Erfahrungen auf dem Erdenplan zu wiederholen, insbesondere solche, die sie auf Abwege führten. Obwohl »Gott immer das Wachstum einer Seele bezweckt«,[4] macht eine Seele im Verlauf ihrer Evolution – oder unter Umständen auch Devolution – Umwege und »gleitet ab«, bevor sie wieder aufwärts strebt. In den Readings heißt es, es sei immer »Fortschritt, ob man nun vorwärts oder rückwärts geht! Auf die Bewegung kommt es an! Der Weg mag mitunter im Kreis führen, doch bei der Entwicklung einer Seele gibt es *keinen* Stillstand.«[5]

Verschiedenen okkulten Quellen zufolge besitzen Namen wie auch Orte ihre eigenen, unverwechselbaren Schwingungen (und die Cayce-readings bestätigen dies). Könnte eine Wesenheit nicht ihre ehemaligen Schwingungen so genau wie möglich kopieren, falls sie wichtige Aspekte eines früheren Daseins nochmals durchleben will?

Offenbar drängt es eine Seele häufig danach, vertraute Schwingungen, die mit einem bestimmten, ehemaligen Namen verbunden sind, wiederaufzugreifen, auch wenn sie die betreffende Existenz nicht unbedingt in allen Details wiederholt. Am Hauptsitz der von Cayce in Virginia Beach vor seinem Tod gegründeten Gesellschaft sind unter dem Stichwort »Namen: Ähnlichkeiten« Dutzende von Fällen registriert, in denen ein und dieselbe Wesenheit in verschiedenen Inkarnationen den gleichen oder einen ähnlich klingenden Vornamen besaß. Bei Familiennamen ist dies seltener der Fall. Einigen »Randbemerkungen« des schlafenden Cayce zufolge beeinflußt eine Seele auf psychischem Wege vor ihrer Geburt die Personen, die über ihren künftigen Vornamen entscheiden. Was den Familiennamen angeht, so wählt die zur Welt kommende Wesenheit auch hierbei ihre bekannte Schwingungen, die ihren Absichten dienen. Den Readings gemäß neigen die Seelen wohl auch dazu, sich in Gruppen wieder zu verkörpern und auf diese Art ihr »Gruppenkarma« auszuarbeiten; daher kann es nicht überraschen, wenn eine Seele solche Menschen aufsucht, mit denen sie schon früher verbunden war, und mitunter denselben Familiennamen wie zuvor erhält, ob sie dies nun beabsichtigt oder nicht.

Beispielsweise verkörperte sich Edgar Cayces Großvater als sein eigener Ur-Urenkel wieder. Er nahm nicht nur den Namen Cayce wieder an, sondern auch seinen früheren Vornamen »Thomas« (diesmal jedoch nicht als ersten, sondern als *zweiten* Vornamen). Dieser Name war in einem Reading, das am Tag der Geburt gegeben wurde, empfohlen worden; vielleicht hatte ihn die eben angekommene Seele auf diesem Wege übermittelt.

Carol ELLIOTT hatte in einem früheren Leben zu den ersten Siedlern gehört, die sich in der Gegend von Williamsburg niederließen. In ihrem Lebensreading erfuhr sie, auch diesmal habe sie ihren einstigen Vornamen wieder angenommen: »Die Wesenheit lebte damals unter dem Namen Carol FAWNCET.«

In einem anderen, recht erstaunlichen Fall erschien eine junge Dame bei Edgar Cayce – ihr Verlobter hatte sie geschickt –, die ihrem Reading zufolge eine Kindheitsfreundin Cayces gewesen und bereits im Alter von »zwölf Jahren und zwei Monaten«[6] gestorben war. Es wurde nicht nur ihre vorherige Identität enthüllt, sondern auch festgestellt, daß es sich bei ihrem Verlobten, der denselben Namen trug wie ihre ehemalige Familie aus Kentucky, um eine Wiederverkörperung ihres damaligen Vaters handelte; dieser war kurz nach ihr gestorben und nun in einer Familie mit demselben Namen zur Welt gekommen, wenn auch in einer anderen Umgebung. Daß sie beide zu Cayce geführt wurden – aus dieser Begegnung ergab sich eine enge und für alle Beteiligten nützliche Verbindung –, fasziniert ebenso wie der Umstand, daß es dem Vater wie auch der Tochter bestimmt war, ihre seinerzeit unterbrochene Beziehung unter dem gleichen Familiennamen fortzusetzen, nun aber als Ehegatten.

Mit diesem Exkurs über scheinbar »zufällige« Namenswiederholungen ist hoffentlich ein tragfähiges Fundament für die nun folgende Erzählung von den zwei Leben des John Bainbridge gelegt.

Bainbridge ist ein bemerkenswerter englischer Name, denn etymologisch betrachtet, bedeutet *bain* »gerade« oder »willig«, und eine Brücke (*bridge*) ist in der Regel ein Weg über ein Gewässer und kann als Verbindung zwischen zwei Landgebieten aufgefaßt werden – oder auch zwischen zwei Bewußtseinszuständen; John (Johannes) bezeichnet, der hebräischen Bedeutung des Wortes zufolge, einen Menschen, »dem Jehova geneigt ist«.

Ein gewisser John Bainbridge kam 1582 in Ashby de la Zouch in England zur Welt; er war ein bekannter Arzt und Astronom und starb 1643 in Oxford. Nach meiner Vermutung könnte er durchaus der Vater des aus den Cayce-Readings bekannten »ersten« Bainbridge gewesen sein und seinem Sohn den eigenen Vornamen gegeben haben. Vermutlich wurde dieser Sohn schon bald nach der Jahrhundertwende geboren – wahrscheinlich zwischen 1600 und 1605, denn er kam im Jahre 1625 als noch jugendlicher Abenteurer in der Neuen Welt an. Einen genauen Geburtsort nennen die Readings nicht. (Bei seinem zweiten Erscheinen als John Bainbridge, das nach meinen Berechnungen etwa ins Jahr 1720 fällt, wird Cornwall als die Gegend bezeichnet, in der er zur Welt kam); doch könnte Great Yarmouth in Norfolk oder eine andere Stadt im nahegelegenen Lincolnshire sein erster Geburtsort gewesen sein. Es stellte sich nämlich heraus, daß John Bainbridge nicht der einzige der in England geborenen Söhne jener Familie war, der nach Amerika auswanderte, als sich die ersten Siedler auf diesem Kontinent niederließen. Unter ihnen befand sich auch ein gewisser Jim Bainbridge (vielleicht ein Bruder oder Cousin von John), der aus Lincolnshire stammte. Sein lockerer Lebenswandel – auch John legte in der Neuen Welt ein ähnliches Verhalten an den Tag – machte ihn schließlich zu »einer Art Spieler, und er nahm den Menschen, die damals jenen Küstenstrich bewohnten, viel von ihrem Eigentum.«[7] Die »Wesenheit verlor«, materiell wie auch geistig, und wurde später grausam gemartert. Jim hatte mit Edgar Cayce während dessen Leben als Ra Ta in Verbindung gestanden: Damals war er einer der zwölf Ratgeber des jungen Königs und gehörte zu denen, die zum Priester hielten und mit ihm in die Verbannung gingen. (Aus dieser früheren Verbindung ist zu schließen, daß sie im ersten Bainbridge-Leben miteinander verwandt waren.)

Noch einen weiteren Bainbridge jener Zeit zog es von Yarmouth ins »Land der Verheißung«[8]: die Wesenheit, die als der große geistige Führer Saneid zur Zeit von Ra Ta und Hermes aus Indien gekommen war, um an der Verbreitung der erhabenen Wahrheiten mitzuwirken, die damals gelehrt wurden.

In Amerika fand er allerdings unter all »den Seelen, deren Charaktereigenschaften sich damals in den Persönlichkeiten auslebten, die auf dieses Land losgelassen waren, wenig Gelegenheit, sein innerstes Wesen zum Ausdruck zu bringen«. Wenn er also in jener Inkarnation mit den beiden weniger idealistisch gesinnten John und Jim Bainbridge verwandt war, müssen sich ihre Wege bald getrennt haben.

In den frühen Morgenstunden des 6. Oktober 1925 hatte Edgar Cayce einen Traum, den er am nächsten Tag durch ein psychisches Reading zu deuten suchte.

Nach irdischen Begriffen sind auf den Tag und die Stunde genau dreihundert Jahre vergangen, seit die Wesenheit an dieser Stelle [Virginia Beach] Land betrat, nicht wahr? (294–39)

Also fiel die Ankunft John Bainbridges in Amerika in das Jahr 1625. Diese Angabe paßt gut zu einer Reihe von Readings, die über die ersten Siedler und auch über die Eingeborenen der näheren und weiteren Umgebung von Jamestown und Williamsburg Auskunft gaben, mit denen Bainbridge offenbar direkt oder indirekt in Berührung gekommen war.

»Unter denen, die als Söldner ins Land kamen«,[9] befand sich ein gewisser Ralph ROUSCH, der heutige Herr BUCKLAND. Vermutlich war auch John Bainbridge bei diesen Söldnern, als Führer und Beschützer der Siedler, die mit ihnen eintrafen. Dafür spricht die folgende Passage aus einem Lebensreading für Frau BARLOW, eine einstige Siedlerin:

In jenem Leben finden wir zur Zeit der ersten Besiedlung diesen bestimmten Landstrich [die Küste von Virginia Beach], wo die Wesenheit heute wohnt. Die Wesenheit war damals bei den von Bainbridge geführten Siedlern, die an der Stelle im Süden ankamen, an der heute der Erholungsort [Virginia Beach] liegt. (69–1)

Herr Buckland und Frau Barlow hatten, was nicht weiter überraschend ist, bereits in mindestens einem Vorleben mit Cayce – alias John Bainbridge – Kontakt gehabt. Nach der Rückkehr des Priesters Ra Ta aus dem Exil war die Wesenheit Buckland in Ägypten unter den Helfern gewesen, die sich tatkräftig am »Werk« beteiligten, während sich Frau Barlow um die Bedürfnisse des verbannten Priesters kümmerte und später als Vermittlerin oder Botin zwischen Ra, Hermes und dem König diente (siehe Kapitel 5). In der persischen Zeit gehörte sie zu jenen unglücklichen Menschen in der Festung des Krösus, die beim ersten Angriff der Nomaden gefangengenommen wurden und während des anschließenden langen Wanderzugs umkamen.[10] Nun kreuzten sich in der Bainbridge-Zeit die Wege dieser alten Bekannten wieder, doch wird nie genau festzustellen sein, zu welchem Zweck die Vorsehung sie zusammengeführt hatte.

Im Mai 1607 – fast zwei Jahrzehnte, bevor Bainbridges in jener Gegend eintraf – kamen die ersten englischen Auswanderer unter Führung von Captain John SMITH an dem Ort an, der später Jamestown heißen sollte. Sieben Jahre danach heiratete John ROLFE, der erste Tabakpflanzer in Virginia, POCAHONTAS, die Tochter des Algonkin-Häuptlings POWHATAN; es begann eine Zeit friedlichen Zusammenlebens von Indianern und weißen Siedlern.

Im Jahr 1929 ersuchte ein Bürger von Norfolk, Virginia, Herr BURTON, Edgar Cayce um ein Lebensreading. So erfuhr er, er sei unter dem Namen Captain John Smith in die Geschichte eingegangen, auch wenn dies nicht sein wirklicher Name gewesen sei. (Wie viele andere könnte es Smith für zweckmäßig gehalten haben, in die Neue Welt zu fliehen und eine andere Identität anzunehmen, um der Verfolgung durch das Gesetz zu entgehen.) Ihm wurde nun mitgeteilt, er habe sich während jenes Lebens sehr eingesetzt und »in der Gunst derer gestanden, die Macht hatten«, womit möglicherweise der Indianerhäuptling Powhatan und andere Stammesälteste gemeint sind und nicht die englische Krone.[11] Es gibt keinen eindeutigen Hinweis darauf, daß Smith und Bainbridge sich in dieser Inkarnation begegneten, doch es ist anzunehmen. Später hatte Bainbridge ein sexuelles Verhältnis mit einer Halbschwester von Pocahontas mit Namen AUFGEHENDER STERN (die heutige Frau GREEN), die offenbar einer Verbindung zwischen Häuptling Powhatan und einer der ersten englischen Siedlerinnen entstammte. Für die unglückliche Indianerin Aufgehender Stern war dies eine tragische Beziehung; in ihrem Reading heißt es, daß »die Wesenheit nur durch die Untätigkeit und

Gemeinheit dieses Bainbridge verlor – den Glauben, die Hoffnung und das Vertrauen in die Angehörigen der anderen Rasse«.[12]

Die Vorleben der beiden Wesenheiten – John Smith und Aufgehender Stern – sind auf faszinierende, wenn auch sehr unterschiedliche Weisen mit Cayce karmisch verflochten. Herr BURTON war als einer der Griechen, die nicht zerstören wollten, »sondern zu lernen suchten«, in die »Stadt der Hügel und Ebenen« gekommen; dort kam er schließlich im Kampf gegen seine griechischen Landsleute um, als er Uhjltd und Is-Shlan-doen verteidigte. In Ägypten hatte er zu den »Gefolgsleuten des Königs« gehört und sich für die Rückkehr des Priesters aus dem Exil eingesetzt.[13]

Andererseits scheint Frau GREEN in der atlantischen Zeit mit Cayce in Verbindung gestanden zu haben, wo er als der androgyne Herrscher Aczine oder Asule, Mann und Frau zugleich, verkörpert war. Frau Green war damals scheinbar unzufrieden, weil sie nicht in der Lage war, »ihren Körper so zu verändern, daß sie das Leben der mit ihr in Kontakt kommenden Wesen beeinflussen oder diese auf sich aufmerksam machen konnte, und sie begann zu straucheln, und dadurch verlor die Wesenheit«.[14] (Auch wenn man Bainbridge, der die Wesenheit in ihrer Inkarnation als das Halbblut Aufgehender Stern grob mißhandelte, nicht von Schuld freisprechen kann, so war sie doch zum Teil den Folgen ihres eigenen, früheren Verhaltens begegnet.) In Cayces ägyptischem Leben gehörte sie zu den Nubierinnen, die ihm bei seiner Rückkehr aus dem Exil treu nach Ägypten folgten.

Ein Reading, das eigentlich für Herrn Wilkins (den einstigen Hektor) bestimmt war, kam auf Cayces »destruktive« Existenzen als Bainbridge zu sprechen; seine beiden Auftritte auf dem amerikanischen Schauplatz stellte es folgendermaßen dar:

Cayce war zuerst [von der Gegenwart aus gesehen] bei jenen kriegerischen Kräften im nördlichen Land [im amerikanischen Mittelwesten] nahe der Stelle, an der sich der Körper momentan befindet [Dayton, Ohio, zum Zeitpunkt des Readings], und hielt sich in ihrem Lager auf. Die Zerstörung des physischen Körpers geschah oft durch plötzliche Kräftewirkung – die des zerstörerischen Wassers.

Dann, in einem unmittelbar vorangehenden Leben [die abgebrochene französische Inkarnation, 1680 bis 1685, wird nicht erwähnt] war er ein Siedler in Jamestown, Virginia. Daher zog es ihn immer wieder in die Küstengegend. (5717–5)

Am ersten Teil der Aussage ist nichts Geheimnisvolles; er stimmt mit allem überein, was wir über das zweite Bainbridge-Leben wissen. Der zweite Abschnitt dagegen gibt Rätsel auf, denn hier wird Bainbridge als »ein Siedler in Jamestown, Virginia« bezeichnet. Demnach kam er also *nicht* unmittelbar nach der Überfahrt von England im Jahre 1625 am Strand von Virginia Beach an; offenbar unternahm er mit einer Gruppe von Siedlern eine zweite Reise, die von Jamestown aus an der Küste entlang führte. Offen bleibt, ob er 1607 mit Captain John Smith nach Jamestown gekommen war oder erst viel später in jene Gegend gelangte.

Das Geheimnis um den Zeitpunkt seiner tatsächlichen Ankunft in Amerika wird mit einem Reading für eine seiner vielen Gefährtinnen, ein Indianermädchen namens TAUBE, noch undurchsichtiger: Sie hatte damals mit den ersten Siedlern auf Roanoke Island, im heutigen Nord-Karolina, Umgang. In dieser Ansiedlung, die als die »verschwundene Kolonie« bekannt ist, lebten über hundert Männer, Frauen und Kinder, die sich im Jahr 1587 dort niedergelassen hatten. Im August jenes Jahres brachte die Frau von Ananias DARE, einem dieser englischen Siedler, eine Tochter namens Virginia zur Welt. Virginia Dare war also das erste englische Kind, das in der Neuen Welt geboren wurde. Als jedoch drei Jahre später der Expeditionsleiter John WHITE von einer Reise nach England zurückkehrte, wo er neue Vorräte besorgt hatte, war die ganze Kolonie verschwunden. Von ihr ließ sich keine Spur mehr finden.

Nachdem Bainbridge dem Indianermädchen »Taube« begegnet war, reisten sie zusammen mit einigen Mitgliedern ihres Stammes im heutigen Georgia, Alabama und Tennessee umher. Dort hatten sich die meisten Angehörigen der »verschwundenen Kolonie« bei freundlich gesinnten Indianergruppen niedergelassen, als sie sich wegen des Nahrungsmangels und der unsicheren Verhältnisse genötigt sahen, ihre Siedlung auf der Insel aufzugeben. Einer von ihnen, ein gewisser Henry DESMOND, nahm später die Indianerin Taube sogar zur Frau, nachdem ihre Wanderzüge mit Bainbridge ein freudloses Ende gefunden hatten.

All dies deutet darauf hin, daß die erste Ankunft von Bainbridge als Siedler in Jamestown und die von John Smith im Jahr 1607 zeitlich wohl nicht weit auseinanderlagen; möglicherweise hatte Bainbridge bereits ein mittleres Alter erreicht, als er zum ersten Mal mit einer Gruppe von Siedlern, die eine neue Heimat suchten, im Jahr 1625 in der Nähe von Virginia Beach an Land ging.

Eine der »verschwundenen« Siedlerinnen von Roanoke Island wurde schließlich von dem großen Häuptling POWHATAN adoptiert. Sie war niemand anderes als jenes erste in der Neuen Welt geborene Kind – Virginia Dare, die heutige Frau EMERSON. Powhatan nannte sie jedoch ALAHOI, und im Lauf der Zeit wirkte sie immer tatkräftiger als Ratgeberin und Heilerin unter den Stämmen, die sie als eine der ihren aufgenommen hatten.[15]

Weitere Personen betraten die Bühne in Nebenrollen. Da war beispielsweise Amos SCOTT, auch einer jener Siedler von Jamestown und Williamsburg. Er war mit Cayce in dessen persischem wie auch ägyptischen Leben verbunden gewesen – in Ägypten als einer der zwölf Ratgeber des jungen Königs. Im Bainbridge-Zyklus »gewann die Wesenheit und sie verlor«.[16] Dann war da noch Myra ROUHEL (heute Frau SULLIVAN), die »mit den Personen Umgang pflegte, die geschichtlich aufgezeichnet sind: Smith, Pocahontas, Powhatan und Rolfe«.[17] Unter den eingeborenen Amerikanern sticht schließlich noch die Wesenheit DWOIDEL hervor, ein Indianermädchen, das als »körperlich und geistig ausgeglichen und als Helferin« ihres Volkes galt, »bis dieser Bainbridge daherkam und sie in moralischer wie auch geistiger Hinsicht auf Abwege führte«.[18]

Den Hintergrund des Bainbridge-Dramas beleuchtete ein Lebensreading für eine Frau HATHAWAY, die einstige NARWAUA, »eine Prinzessin unter den Stämmen Powhatans, des Häuptlings vieler Nationen«:

> Bevor diese Wesenheit in ihr gegenwärtiges Heimatland [Amerika] gelangte, zu den Völkern dieses Landes, kamen andere an und führten große Veränderungen herbei, die nicht nur die Angehörigen dieser Völker betrafen; aber auch die Kinder Belials, die [aus Atlantis] in die [sicheren] Länder geflohen waren, kehrten zurück und trieben wieder ihr Unwesen, und die Kinder des Gesetzes des Einen kamen mit ihnen wieder in engeren Kontakt und in engere Verbindung. (884–1)

Demnach kehrten in den alten Vorfahren der amerikanischen Indianer jene einstmaligen Söhne Belials wieder, die aus dem versinkenden, dem Untergang geweihten Atlantis geflohen waren und sich auf den heutigen amerikanischen Kontinent retteten. Und bei den ankommenden Siedlern handelte es sich anscheinend um jene Kinder des Gesetzes des Einen, die mit den Söhnen Belials wieder »in engeren Kontakt und in engere Verbindung« kamen. Damit würden die tragischen und blutigen Konflikte zwischen den europäischen Siedlern und den Indianern verständlicher, die sich später aus dem karmisch bedingten Aufeinandertreffen entgegengesetzter Kräfte ergaben.

Zweite Ankunft: 1742 nach Christus

Als die Wesenheit in der ersten Hälfte des 18. Jahrhunderts zum zweiten Mal als John Bainbridge auf der Erde erschien, kam sie »aus den Kräften des Saturn«.[19]

Die Cayce-Readings ordnen dem Saturn jene planetarische Bewußtseinssphäre zu, in die sich eine Seele zwischen ihren irdischen Verkörperungen zurückziehen kann, um gewisse Erinnerungen »auszuradieren« und »wieder von Neuem« zu beginnen.[20] Nach »ihren Ausschweifungen und fleischlichen Begierden« verlangte es die Wesenheit Bainbridge nach »Besserung, Umformung und Neubeginn in den Sphären der Saturnkräfte«.[21]

Die Wesenheit suchte eine Gelegenheit, sich zu bewähren, und erhielt sie auch. Wie sie ihre Chance nutzte, zeigt sich im nächsten Akt dieses zweiteiligen Bainbridge-Dramas.

Dieses Mal kam Bainbridge in Cornwall, England, zur Welt. Seine Geburtssonne stand im Zeichen des Skorpions, mit der Venus »als zweitem Einfluß«.[22] (Es sieht ganz danach aus, als sollte er in den Bereichen, in denen seine früheren Schwächen lagen, erneut auf die Probe gestellt werden, denn genau diese Kombination astrologischer Einflüsse war äußerst stark und konnte ihn zum Erfolg führen, aber auch zerbrechen lassen.)

Das Reading 294–204 beschreibt Cayce nun als »materialistisch eingestellt«, zwar »körperlich schöner, doch wegen seiner großen Schwächen noch näher am Fleischlichen und am Teufel«.

Eigenartigerweise forscht man in Cayces eigenen Lebensreadings vergeblich nach einer klaren Unterscheidung zwischen den beiden Bainbridge-Zyklen. Ob Cayce, wenn er Lebensreadings für sich selbst gab, »blockiert« war, weil sein früherer Aufenthalt »in den Kräften des Saturn« nachwirkte, der zwischen den beiden Verkörperungen als Bainbridge lag? Offenbar grub er mühelos aus der *Akasha-Chronik* Informationen über diese beiden früheren Leben aus, sofern er Readings für andere Menschen gab, die auch damals in Amerika gelebt hatten. (Auch bei der kurzen Trauminterpretation, in der für seine erste Ankunft in Virginia Beach das Jahr 1625 genannt wurde, hatte er keine Mühe.) Doch waren alle Hinweise auf frühere Auftritte als Bainbridge aus seinen *eigenen* Lebensreadings vollständig »ausgeblendet«. Demnach bezogen sich genau diese psychischen Kundgaben offenbar ausschließlich auf sein *zweites* Bainbridge-Leben.

Cayces Lebensreading 294–19 spielt auf die karmische Hinterlassenschaft von Bainbridge an, die nun Edgar Cayce erbte. Cayce durchwanderte tatsächlich wieder die Gegenden, die schon Bainbridge aufgesucht hatte – aber eben der *zweite* Bainbridge:

> Daher die baldige Rückkehr auf den Erdenplan und das Hin- und Herwandern zwischen den vielen Schauplätzen, an denen sich die Wesenheit zu jener [früheren] Zeit aufgehalten hatte. Die Wesenheit befand sich damals, im Jahr 1742, auf dem Erdenplan. (294–19)

Bezieht sich »die baldige Rückkehr auf den Erdenplan« auf die Wiedergeburt als zweiter Bainbridge? Überprüft man verschiedene historische Tatsachen, die mit dem zweiten Leben von John Bainbridge zusammenhängen, so wird klar, daß sich das Jahr 1742 tatsächlich auf Bainbridges damalige Ankunft in Amerika beziehen muß und daß damit *nicht* sein Geburtsjahr gemeint sein kann.

Erfreulicherweise findet sich in einem der Readings für eine Frau Rogers ein Anhaltspunkt, der die das Jahr 1742 betreffende Vermutung bestätigt. In einem ihrer Readings erfuhr eine Frau ROGERS, sie sei, als Mae UMBOR, die Geliebte von Bainbridge gewesen, als er sich in der Nähe eines Pionierforts aufhielt; die Readings bezeichnen dieses Fort – etwas irreführend – als Dearborn, einen Ort unweit des heutigen Chicago. (Das historische Fort Dearborn wurde erst 1804 erbaut und im Jahr 1812 von den Potawatomi-Indianern, die von den Briten aufgestachelt worden waren, überfallen und dem Erdboden gleichgemacht. Cayce kann den Namen »Dearborn« einfach benutzt haben, um die ungefähre Lage eines früheren Forts zur Zeit des Krieges mit den Franzosen und Indianern anzudeuten, der 1754 ausbrach.) Berücksichtigt man, daß das Verhältnis von Bainbridge und Mae Umbor einige wenige Jahre vor dem Angriff der Franzosen und Indianer auf das Fort um 1754 begonnen hatte, ergibt sich nun ein logischer Zusammenhang zwischen Ereignissen, Daten und Altersangaben. Sofern Bainbridge 1742 in Amerika eintraf (ursprünglich als Soldat in der Armee König Georgs II.) und zuerst in Kanada an Land ging, ist mit Recht anzunehmen, daß er damals ein junger Mann von etwa zwanzig Jahren war. Demzufolge begegnete er seiner späteren Geliebten Mae Umbor, als er ungefähr dreißig Jahre alt war, etwa 1751. Und da er 1754 aus dem belagerten Fort geflohen war, wäre er in seinem 33. oder 34. Lebensjahr ertrunken.

Doch ich greife der Geschichte vor. Sie beginnt mit John Bainbridges

Ankunft in der Neuen Welt. Er war »Soldat der britischen Truppen«, die nach Kanada entsandt worden waren. Einige Zeit später reiste er in die heutigen Vereinigten Staaten weiter, vermutlich als Exsoldat und Abenteurer. Er stand in Kontakt mit einer Gruppe, die zu Schiff an die Ostküste Amerikas gelangt und »in der Nähe des heute als Erholungsort bekannten Virginia Beach«[23] an Land gegangen war. (Ohne es zu wissen, folgte er offenbar bereits den Spuren, die er als erster Bainbridge hinterlassen hatte.)

Die Landungsgruppe wurde von feindlichen Indianern überfallen. »Nach dem Angriff wurde dieser John Bainbridge an die südlichen Gestade des Landes verschleppt; er entkam und ging mit den Truppen landeinwärts«; schließlich gelangte er »zu jenem Fort, das damals am Ufer der Großen Seen lag, an einen Ort, der heute Chicago heißt.« (Offensichtlich ist dies eine Anspielung auf einen Vorläufer von Fort Dearborn, das später zerstört wurde; das Reading 5070–1 spricht von einem Ort, »dem heutigen Chicago, das damals Dearborn hieß.«) Der Bericht überspringt einige Jahre und schildert dann einen Überfall auf das Fort, den die Verteidiger nicht abwehren konnten. Bainbridge führte die versprengten Überlebenden bei ihrer eiligen Flucht an; sie »versuchten später, den Ohio River zu überqueren, und dabei fand er den Tod, um es mit irdischen Begriffen auszudrücken«.[24]

Dieser trockene Tatsachenbericht einer sehr bewegten Geschichte unterschlägt die »vielen Eskapaden«, »die mit seinen Beziehungen zum anderen Geschlecht zu tun haben«,[25] ebenso die Spielleidenschaft und andere Untugenden, durch die Bainbridge »vielen Menschen Leid zufügte«.[26] Es wird mitgeteilt, daß die Wesenheit sich auf der Erde verlor, ihre Entwicklungsmöglichkeiten nicht wahrnahm und ruhelos im Land umherirrte; doch durch diese Erlebnisse eignete sich die Seele auch eine Fähigkeit an, die sie in ihrem Leben als Edgar Cayce gut gebrauchen konnte, nämlich »die Fähigkeit, Einzelheiten wahrzunehmen und besonders auch Anweisungen zu befolgen, die von anderen Menschen oder Informationsquellen gegeben wurden«.[27]

Bevor ich fortfahre, möchte ich eine Anekdote wiedergeben, die Bainbridges negativen Einfluß auf sein Leben als Cayce veranschaulicht. Cayces Sohn, Hugh Lynn, erzählte mir einmal, daß sein Vater die chronischen Finanznöte, mit denen er sich herumschlagen mußte, als direkte karmische Folge von Bainbridges Spielleidenschaft betrachtete, der seine angeborenen psychischen Fähigkeiten benutzt hatte, um die Mitspieler am Tisch zu betrügen. Einmal demonstrierte Cayce diesen

Zusammenhang drastisch. Auf Hugh Lynns hartnäckiges Drängen, mit der Familie eine Runde Karten zu spielen, befahl er seinem Sohn knapp, die Karten zu verteilen.

Dann ging er im Geist um den Tisch herum und sagte laut und deutlich, welche Karten jeder Spieler auf der Hand hatte; nur seine eigenen verriet er nicht, sondern warf sie aufgedeckt auf den Tisch. »Jetzt wißt ihr, warum ich nie Karten spiele«, sagte er ernst, als er seinen Stuhl zurückschob und die verblüfften Spieler verließ.

Zahlreiche Menschen erfuhren durch die Readings, daß sie mit Edgar Cayce während seines zweiten Lebens als Bainbridge in karmischer Beziehung gestanden haben.

Ich kann nur auf einige von ihnen zu sprechen kommen und konzentriere mich dabei auf diejenigen, aus deren Perspektive jener Inkarnations-»Rückschritt« sowie das Wirken von individuellem und Gruppenkarma verständlicher wird.

Zunächst ist ein anderer Mann mit Namen Bainbridge zu nennen, der möglicherweise ein Nachkomme eines der vielen unehelichen Kinder Johns und aus demselben Holz geschnitzt war. Bei seinen Wanderungen, die ihn nach Westen führten, folgte er anscheinend der Route seines Vorfahren. Er blieb allerdings nicht in Illinois, sondern zog weiter westwärts, bis eines Tages »bei der Verteidigung des damaligen Fort Dodge der Kampfgeist in ihm erwachte«[28]; das Fort war 1851 gegründet worden. Über diesen Bainbridge heißt es, daß er »in seinen späteren Tagen gewann«, doch zuvor »durch die Nachahmung von Johns ungezügelter Lebensweise verlor«, denn er »befriedigte seine fleischlichen Gelüste ohne Rücksicht auf den Ort oder die Person.« Die karmische Verbindung zwischen ihm und Cayce besteht darin, daß dieser Bainbridge, der jetzige Herr LOGAN, »der Gefährte [Timotheus?] des Lehrers [Paulus]« gewesen war, »der als Gefangener Caesars nach Rom kam«; wahrscheinlich kannte er damals Lucius von ihren gemeinsamen Reisen her, die religiösen Zwecken dienten.

Eine weitere alte Bekannte von Cayce, Frau ROBERTSON aus Cornwall, England, war vielleicht in ihrer Kindheit mit John Bainbridge oder dessen Familie bekannt; möglicherweise hatte sie Berichte über das vielversprechende neue Leben in jenem Land religiöser und politischer Freiheit gehört und machte sich deshalb auf die Reise übers Meer. Jedenfalls kam sie im Jahr 1750, im Alter von 22 Jahren, mit einer Gruppe namhafter Personen, zu der auch die Boyntons (die späteren Byrds) gehörten, in Amerika an und ließ sich in der Gegend von Williamsburg und Jamestown nieder. Sie hieß damals Clementine und betätigte sich als Lehrerin und Ministrantin; vor allem sprach sie zu den Menschen über geistige Angelegenheiten, wie sie es auch schon als Judith im Heiligen Land und als karpatische Prinzessin zur Zeit Ras getan hatte.

Mae Umbor scheint die einzige der vielen Gefährtinnen von John Bainbridge gewesen zu sein, mit der er eine ziemlich stabile Beziehung unterhielt. Offenbar begegneten sie sich im Dearborn Inn, wo »sich die meisten der Menschen aufhielten, die an dem Treiben der Tanzhalle teilnahmen«.[29] (Das Gasthaus wurde von einer Grace WINSLOW betrieben, deren Karma sie dazu bestimmt hatte, in ihrem damaligen Leben die Rolle der Mutter von Mae Umbor zu spielen; durch sie konnten sich auch verschiedene andere an diesem Dearborn-Erlebnis beteiligte Seelen verkörpern.)

Vor dem fatalen Angriff auf das Fort im Jahre 1754 hatten die beiden etwa drei Jahre lang ein enges, sexuelles Verhältnis miteinander. Trotzdem ließen sich sowohl Bainbridge wie auch seine Gefährtin noch auf andere Liebesabenteuer ein. Für Mae war dies geradezu unumgänglich, denn sie verdiente sich ihren Lebensunterhalt als Gesellschafterin, Kellnerin und mit »der Tätigkeit in dem Gasthaus, die als ›Sie wissen schon‹ bekannt war!«[30] In der Tat war sie im Alter von siebzehn Jahren von einem nichtsnutzigen Freund, dem heutigen Herrn RICHFIELD, an diesen Ort gebracht worden; sie mußte eine aus dieser Verbindung hervorgehende Tochter, AZILEE, versorgen, da ihr Gefährte meist mit Spielen und Trinken beschäftigt war. Das Gasthaus besuchten vorüberkommende Grenzbewohner, Händler, Pioniergruppen, die noch weiter nach Westen vorstoßen wollten, und eine bunte Gesellschaft ortsansässiger Faulenzer. Maes Aufgabe war es, dieses Volk zu animieren, Geld auszugeben.

Nachdem französische Truppen und feindliche Indianer das Fort geplündert und gebrandschatzt hatten, flohen Mae und andere Überlebende unter Bainbridges Führung nach Südosten; ihr Ziel war das Küstengebiet von Virginia. Ihren Fluchtweg versperrte jedoch der reißende Strom des Ohio; sie mußten versuchen, den Fluß zu überqueren, um nicht von ihren Verfolgern getötet zu werden. Bainbridge brachte Mae Umbor zwar auf die andere Seite des Flusses, doch er selber kam dabei um:

Die Wesenheit war eine Gefährtin von Bainbridge, als sie den Ohio River überquerten; der Wesenheit gelang die Flucht – durch die Bemühung von Bainbridge, der sein Leben dort verlor. (1523–11)

Bis an ihr Lebensende blieb Mae »als Siedlerin in der Gegend der heutigen Orte Williamsburg, Jamestown, Norfolk und Yorktown«; im Gegensatz zu ihrem einst so haltlosen Lebenswandel übte sie jetzt einen heilsamen Einfluß aus und schenkte »den Herzen vieler Menschen Kraft, die *später* an der Verteidigung des Landes im Jahre 1812 mitwirkten«. (Diese Äußerung bestätigt eindeutig, daß die sogenannte Dearborn-Periode vor dem Jahr 1812 anzusetzen ist.) Doch als die turbulenten Tage der amerikanischen Revolution heraufzogen, verließ die Wesenheit im Alter von 48 Jahren den Erdenplan.

Die Wesenheit wurde damals nur achtundvierzig Jahre alt – als zerstörerische Kräfte während der Überfälle der kriegführenden Mächte dieses Leben abschnitten oder beendeten. (1523–11)

Dieses Zitat wie auch ein früherer Hinweis auf die Tatsache, daß Mae Umbor ursprünglich im Alter von siebzehn Jahren nach Dearborn gekommen war, geben einen recht genauen zeitlichen Rahmen für Bainbridges zweite Inkarnation an. Wenn man 48 Jahre von 1781 abzieht (dem möglichen Todesjahr Mae Umbors; sie starb vielleicht während der Schlacht von Yorktown, wo sie angeblich zuletzt wohnte), so erhält man 1733 als ihr vermutliches Geburtsjahr. Wie bereits festgestellt, ging die dreijährige Liaison zwischen Bainbridge und Mae Umbor dem 1754 ausbrechenden Krieg mit den Franzosen und den Indianern voraus. Obwohl die Kampfhandlungen bis zum Jahr 1763 andauerten, fand der Überfall auf das Fort vermutlich zu Beginn der Feindseligkeiten statt und überraschte die Menschen, die sich dort aufhielten, völlig. Demnach begann Bainbridges Beziehung zur verführerischen, achtzehnjährigen Mae Umbor im Jahre 1751. Nachdem er bei seiner Ankunft in Amerika 1742 etwa zwanzig Jahre alt war – ein frisch ausgebildeter Rekrut –, muß er Mitte dreißig gewesen sein, als er 1754 ertrank.

Mae Umbors kleine Tochter AZILEE trug in ihrem persischen Leben einen recht ähnlichen Namen, EUZELA; damals hatte sie sich in Is-Shlan-doen eifrig auf dem Gebiet der Heilkunst und bei den Gottesdiensten betätigt.[31] Ihr unglückliches Leben als Azilee war jedoch nur kurz – dies wird ohne Angabe weiterer Einzelheiten mitgeteilt.

Ein weiteres von vielen sexuellen Verhältnissen in John Bainbridges

Leben verband ihn mit der Wesenheit Frau Flanigan, die in der ägyptischen Zeit seine erste Frau gewesen war. Sie befand sich unter denen, die bei dem Versuch, den Ohio River zu überqueren, ums Leben kamen; auch im geistigen Sinn scheiterte sie, insofern »sie am Schlechten festhielt und auf ihren Vorteil bedacht war«. Davor wurde sie durch ihr Lebensreading gewarnt: »Das darf nicht getan werden!«[32]

Eine weitere Gefährtin Bainbridges, eine jetzige Frau Marcus, war eine Indianerin, deren Mann Ouiw zu jenem Stamm gehörte, der das Fort zusammen mit den angreifenden französischen Truppen stürmte. Auch sie floh mit Bainbridge und verlor ihr Leben im scharfkantigen Eis des gefährlichen Flusses. Von ihrer Beziehung mit Bainbridge hieß es, sie sei »sehr schön« gewesen, doch »nicht immer moralisch«.[33] Die karmischen Verbindungen sind interessant: Sie war in Ägypten eine Schwester des Priesters Ra Ta gewesen. (Ihr indianischer Gatte, Ouiw, war unter den Wachen am Tor von Troja, die ihr Leben verloren.)

Abgesehen von einer ganzen Reihe gebrochener Herzen hinterließ Bainbridge offenbar auch eine Anzahl unehelicher Sprößlinge. Zwei von ihnen, Töchter verschiedener Mütter, erhielten von Cayce Lebensreadings – ein weiteres Beispiel dafür, wie wir durch karmische Bande mit der Vergangenheit verknüpft sind. Eine von ihnen, die heutige Frau Carrington, hieß Mary Bainbridge, und die andere, die heutige Frau Gonzales, Clara Page Bainbridge. Letzterer wurde mitgeteilt, sie sei »ein Kind einer der vielen Gefährtinnen Bainbridges in seinem damaligen, wüsten Leben gewesen«![34]

Auf den ersten Blick scheinen diese beiden Leben von John Bainbridge »vergeudet«; die Readings bezeichnen ihn als »Tunichtgut«. Doch selbst jene beiden Inkarnationen dienten einem bestimmten Ziel:

> Als Bainbridge war die Wesenheit bei ihrem Aufenthalt in der Materie ein Tunichtgut, jemand, der nur an sich selbst dachte; *er mußte die Extreme in sich selbst wie auch bei anderen kennenlernen.* Deshalb zog es die Wesenheit in eine solche Umgebung. Und wie schon Paulus sagte: ›Jeder wird ernten, was er gesät hat.‹ (5755–1, [Galater 6, 7], Hervorhebungen vom Verfasser.)

Zahlreich waren die Schwierigkeiten, die er sich selbst und anderen auf seinem Weg bereitete – dieser tragische Bainbridge, der sich zweimal verkörperte. Doch er war sehr tapfer und fand schließlich eine Gelegenheit, seinen angeborenen Edelmut zu beweisen: Er gab sein Leben hin, um ein anderes zu retten.

14

Das Kind der Liebe

Der Sonnenkönig Ludwig XIV. (1643 bis 1715) regierte Frankreich wie ein Gott. Dies war nicht weiter erstaunlich; schließlich lebte er in einer Zeit, der das »gottgegebene Recht« der Könige heilig war, und Ludwig machte als ein absoluter Herrscher sehr gerne von seinen Vorrechten Gebrauch, seien sie nun gottgegeben oder nur angemaßt.

Wenn der König auch stets überaus höflich war, so verbarg sich unter dieser Artigkeit doch eine große Empfindlichkeit. Schon bei der kleinsten Kritik an seiner Person verhängte er über den unglücklichen Übeltäter unbarmherzige Strafen. Auf diese Weise erstickte er während seiner langen und unangefochtenen Herrschaft als Europas bedeutendster Monarch schon im Keim jeden Skandal, der ihn persönlich oder der königlichen Familie Nahestehende betroffen haben könnte. Meistens beschränkte sich der Hofklatsch, der über den König verbreitet wurde, wohlweislich auf ein vorsichtiges Flüstern hinter verschlossenen Türen, denn die Betreffenden mußten befürchten, vom Hof verwiesen zu werden – oder noch Schlimmeres. Weil diese Art der Zensur vortrefflich wirkte, solange Ludwig regierte, hat die Geschichte kaum etwas zu verzeichnen, das ihn in ungünstigem Licht erscheinen läßt – und das nicht einmal ganz zu Unrecht.

Ludwig XIV. war ein hervorragender Politiker, verteidigte unerschütterlich den katholischen Glauben und war bis zu seinem Ende bestrebt, Reformen zu verwirklichen – trotz seiner zahlreichen Mätressen und seines unehelichen Nachwuchses. (Manche seiner Kinder wurden auf seinen Befehl für ehelich erklärt.)

Wenn daher jemand Grund hätte, dunkle Geheimnisse seiner Herrschaft auszugraben, so könnte er sie in keinem Geschichtsbuch finden. Er müßte sich auf Gerüchte verlassen, wie sie in einigen Schriften zu finden sind, die erst nach dem Tod ihrer Verfasser veröffentlicht wurden, etwa in dem Werk des Zeitgenossen Marquis de Dangeau (dessen Tagebuch aus jener Epoche zwar als das langweiligste, doch absolut verläßlichste gilt) oder dem des Duc de Saint-Simon, dessen umfangreiche Memoiren allerdings von seinen Vorurteilen geprägt sind. Zahllose andere Chronisten dieser Ära haben persönliche Aufzeichnungen von recht unterschiedlicher Bedeutung und Aussagekraft hinterlassen.

Bei der Erforschung dieser inoffiziellen Quellen förderte NANCY MITFORD in ihrer hervorragenden Biographie des Sonnenkönigs, »*The Sun King*«, etwas zutage, das wie ein königlicher Skandal von wirklich erschreckendem Ausmaß anmutet. Diese Arbeit verdient hier genauere Beachtung; denn sie enthält wichtige Hinweise auf eine Verkörperung Edgar Cayces in Frankreich – auf ein Leben als ein »Kind der Liebe«, das aus einer heimlichen Verbindung zwischen einer weitgehend unbekannten Tochter des Sonnenkönigs, die anscheinend den Namen GRACIA trug, und JAKOB, dem Herzog von York, hervorging.

Die skandalöse Geschichte mag in einigen Details übertrieben sein, besonders wenn man die Vorurteile jener Zeit wie auch das soziale Umfeld bedenkt, in dem sie sich zutrug. Gewisse Ausschmückungen der reinen Tatsachen gehörten möglicherweise zum Hofklatsch. Doch selbst wenn nur die wesentlichen Elemente des Berichtes wahr sind, bedeuten sie für jeden Cayce-Forscher einen aufregenden Fund. Denn sie könnten dazu beitragen, eine Reihe von bisher nicht belegten historischen Angaben aus Edgar Cayces Lebensreadings zu klären und zu erhärten. Er hatte die Readings für verschiedene Personen durchgeführt, die den Kundgaben zufolge damals entweder unmittelbare Nachkommen des Sonnenkönigs oder aber bei Hof beschäftigt waren; auch Cayce selbst zählte, wie bereits erwähnt, als unehelicher Nachwuchs aus jener Liaison zu ihnen.

Den folgenden Enthüllungen muß ich jedoch ein paar historische Hintergrundinformationen voranstellen, die ich offiziellen Quellen entnommen habe.

Als die Infantin MARIE THÉRÈSE (später in Frankreich und der übrigen Welt als Königin MARIA THERESIA bekannt) im Jahre 1660 König Ludwig XIV. heiratete, verrieten ihr hübsches, kindliches Gesicht und ihre blonden Flechten die habsburgische Seite ihrer Abstammung. Doch floß in den Adern ihrer direkten Vorfahren auch romanisches Blut. Sie war die älteste Tochter von König Philipp IV. von Spanien und Maria von Portugal sowie die Enkelin von Isabella von Portugal. Wahrscheinlich waren in ihr auch noch Spuren maurischen Bluts, die wohl der jahrhundertelangen islamischen Vorherrschaft in Spanien und Portugal zuzuschreiben sind. Auch nachdem die Spanier die letzte maurische Festung in Granada im Jahre 1492 erobert hatten, dauerte der genetische ebenso wie der kulturelle Einfluß der Mauren an. Er verrät sich bis heute am dunklen Teint vieler Spanier, Portugiesen und Süditaliener, deren Vorfahren sich mit den dunkelhäutigen Eroberern aus Arabien vermischten, besonders mit jenen aus den nahegelegenen nordafrikanischen Bastionen jenseits des Mittelmeeres.

Wohl kaum ein in Frankreich geborenes Mitglied der hochmütigen Bourbonenfamilie von Ludwig XIV., am wenigsten der König selbst, hätte sich mit der Vorstellung anfreunden können, einen Erben von bräunlicher Hautfarbe auf dem Thron sitzen zu sehen. Saint-Simon berichtet sogar von dem tragischen Selbstmord des COMTE DE LA VAUGUYON, eines verarmten Mitglieds des Hofes von Versailles, der »zwar von stattlicher Gestalt, doch sehr dunkel war und einem Spanier ähnelte«; wegen seiner Hautfarbe scheint ihm die gebührende Anerkennung seitens des Königs oder dessen Hofstaats verwehrt worden zu sein.

Darüber hinaus könnte die offenkundige Intoleranz des Königs in solchen Angelegenheiten tiefgehende psychologische Wurzeln gehabt haben: Im allgemeinen geht man davon aus, daß er durch das Haus Aragon maurisches wie auch jüdisches Blut geerbt hatte. Auf diese Tatsache reagierte er vielleicht mit dem unerklärlichen Drang, jede Erinnerung an diesen Teil seines eigenen genetischen Erbes zu verdrängen, der ihm mißfiel, ja den er – als echtes Kind seiner fanatisch-bigotten Zeit mit ihrem Rassenhaß und den starken religiösen Vorurteilen – insgeheim fürchtete. Damit wäre die folgende tragische Geschichte zumindest teilweise erklärt, denn offenbar übertrug er eigene verdrängte Schuldgefühle, seiner unreinen Abstammung wegen, auf andere, sogar auf die ihm angetraute Königin und einige ihrer gemeinsamen Kinder. Das jedenfalls läßt Nancy Mitfords Biographie vermuten.

Glücklicherweise besaß der erste Sprößling von Ludwig und seiner in Spanien geborenen Königin nach Saint-Simons Beschreibung zwar eine leicht dunkle Haut, aber volles kastanienbraunes Haar. Der stolze Vater gab ihm seinen eigenen Namen, Ludwig, und der Knabe wurde als der Grand Dauphin und voraussichtlicher Thronfolger bekannt. Doch Ludwig XIV. überlebte seinen Sohn um einige Jahre, so daß ein Enkel des Dauphin der tatsächliche Nachfolger wurde: der Herzog von Anjou, ein bleiches Kind mit rabenschwarzen Locken. (So wurde er jedenfalls porträtiert.) Als er im Jahre 1715 sein Erbe antreten mußte, war er erst fünf Jahre alt. Er ging als LUDWIG XV. in die Geschichte ein.

Ihr Karma führte diese beiden ehemaligen französischen Herrscher bei ihrer Wiedergeburt im zwanzigsten Jahrhundert zu Edgar Cayce.

Der einstige Urenkel des Sonnenkönigs war jetzt ein Grundstücksmakler; in einem Lebensreading erfuhr er, er habe während seiner Regentschaft »verloren – wegen seines Machtgehabes und weil er viele selbstsüchtige Wünsche befriedigte«.[1] Was den Sonnenkönig selbst betrifft, so erhielt er wegen eines zeitweiligen Leidens lediglich ein Gesundheitsreading. Leider suchte er nicht auch um ein Lebensreading nach, obwohl ihm mitgeteilt wurde: »*Vieles* könnte über Ihre latenten Fähigkeiten gesagt werden.«[2] (Seine wahre Identität stellte sich erst anläßlich eines Kontroll-Lebensreadings für eine Frau BARNES heraus, eine frühere Mätresse des Sonnenkönigs, die im gegenwärtigen Leben kurz und unglücklich mit ihm verheiratet war.)

Neben dem Grand Dauphin kennt die Geschichte fünf weitere Kinder, die Ludwig XIV. und Königin Maria Theresia geboren wurden. (Saint-Simon erwähnt allerdings nur vier – einen weiteren Sohn und drei Töchter.) Zwei von ihnen starben vermutlich schon im Säuglingsalter, während die übrigen einige Jahre länger lebten. *Alle* aber waren den Berichten zufolge im Jahre 1672 tot.

Die geschichtlichen Aufzeichnungen widersprechen jedoch nicht nur den Cayce-Readings, sondern auch Nancy Mitfords Entdeckungen.

Zunächst zu den Readings: Ihnen zufolge war Frau Turner die zweite Tochter von König Ludwig XIV. und von Königin Maria Theresia. Im Alter von siebzehn Jahren habe sie ein Verhältnis mit dem im Exil lebenden Herzog von York gehabt, der ihr offenbar ein Heiratsversprechen gab (eine kirchlich verfügte Annulierung seiner bestehenden katholischen Ehe stand vermutlich an), sie verführte und dann verließ. Aus dieser zwar trügerischen, doch für den Moment wohl glücklichen Vereinigung wurde ein »Kind der Liebe« geboren.

Dieses Mal führte die Erdenreise der Wesenheit an den Hof Ludwigs XV., und sie gehörte zum Haushalt und war die zweite Tochter des Königs, geboren im Palast durch die damals legale Gattin des Monarchen, aufgewachsen und erzogen in einem Kloster oder in den Klosterschulen an den Höfen des Landes, doch nicht am Königshof.

Im Alter von siebzehn Jahren lernte die Wesenheit den Herzog von York kennen, einen Sohn des Monarchen [Karl II.], der ein benachbartes Land regierte. Das Mädchen wurde verführt, und bei der Geburt des Sohnes [Cayce] ließ der [französische] Herrscher sie [die Tochter] vom Hof weisen, da die Mutter [von Frau Turner] die Gunst des Monarchen verloren hatte. Daraus erwuchs großes Mißtrauen allen Menschen gegenüber. Doch als die Wesenheit bemerkte, daß der Herzog treulos war, erstarb die Zuneigung in ihrem Herzen nicht, sondern richtete sich ganz auf den Sproß dieser Liebe. (288–5)

König Jakob II., der ehemalige Herzog von York, starb im Jahre 1701 – also volle vierzehn Jahre, bevor Ludwig der XV. den Thron Frankreichs bestieg. Demnach mußten die Informationen in diesem Reading eine Unstimmigkeit enthalten, oder sie wurden nicht genau verstanden. Darüber hinaus war Jakob, der Herzog von York, nicht der »Sohn« von Karl II., dem in England regierenden Monarchen (»der ein benachbartes Land regierte«), sondern dessen jüngerer Bruder. In einem späteren Reading klärte sich die Verwirrung auf:

F–12 Wie lautete mein vollständiger Name in der französischen Periode, und wessen Tochter war ich?
A–12 Ludwigs XIV. Voller Name, Agatha Beille. *[Anmerkung: Der Name wird an anderer Stelle mit »Gracia« angegeben; diese scheinbare Unstimmigkeit wird später erklärt.]*
F–13 War Jakob, der Bruder von Karl II., derjenige, mit dem ich mich verlobte?
A–13 Der Herzog von York, Jakob.
F–14 Warum wurde die Ehe nicht vollzogen?
A–14 Politische Einflüsse und Umstände. (288–27)

Interessanterweise waren Ludwig XIV. und der Herzog von York Cousins ersten Grades. Als letzterer neunzehn Jahre alt war und der Sonnenkönig erst vierzehn, schloß sich Jakob der französischen Armee an und kämpfte auf vier Feldzügen heldenhaft für seine Wahlheimat. Doch als sich Frankreich im Jahre 1655 mit Cromwell gegen Spanien verbündete, begab sich Jakob – im Alter von dreiundzwanzig Jahren – nur sehr zögernd in die Spanischen Niederlande, um sich dort dem spanischen Heer anzuschließen; später kehrte er wieder nach England zurück. Es mutet wie eine Ironie des Schicksals an, daß Ludwig XIV., der später mit dem spanischen Thron Frieden schloß und die Tochter des Königs heiratete, um das Bündnis zu besiegeln, seinen englischen Cousin erst im Jahre 1679 wiedersah, als Jakob – nun sechsundvierzig Jahre alt – wieder auf dem Kontinent im Exil lebte. Und während dieser kurzen Exilperiode, die vom März bis zum August 1679 währte, begegnete der Herzog offensichtlich der leiblichen Tochter des Sonnenkönigs, die aus dessen »politischer

Ehe« mit der Tochter des spanischen Herrschers, PHILIPP IV., stammte, und verliebte sich in sie.

Zu jener Zeit war Jakob, dessen erste Frau im Jahre 1671 gestorben war, bereits verheiratet – dieses Mal mit MARIA VON MODENA, einer Katholikin, die, wie er selbst, an ihrem Glauben festhielt. Daß er insgeheim zum katholischen Glauben übertrat und sich dann mit einer Katholikin vermählte, entfachte schließlich den Zorn des protestantischen Englands. Seine Fürsprecher wurden »papistischer Intrigen« beschuldigt. Jakob war gezwungen, vorübergehend ins Exil zu fliehen, bis sein Bruder, Karl II., das Vertrauen des Parlaments in seinen unmittelbaren Nachfolger wieder herstellen konnte. Vor diesem Hintergrund scheint es sehr unwahrscheinlich, daß der Herzog von York jemals ernsthafte Absichten im Hinblick auf AGATHA BEILLE hegte, die wunderschöne junge Dame, deren warmherzige Zuneigung er verriet; doch möglicherweise war es ihm mit seinen falschen Versprechungen zu jener Zeit »halbwegs ernst«. Die Readings bestärken allerdings den Eindruck, daß er sie wirklich liebte, und seine plötzliche Abreise wurde mit einiger Sicherheit durch »politische Einflüsse und Umstände« nötig, wie es heißt. Denn bekanntlich forderte Karl II. seinen Bruder im August 1679 auf, heimlich nach England und schließlich nach Schottland zurückzukehren. Doch die Ehre der Tochter des Sonnenkönigs war befleckt.

Merkwürdigerweise verwies Ludwig XIV. seine eigene Tochter kaltblütig vom Hof. Denn inzwischen hatte der Sonnenkönig von der Geburt eines Kindes aus der unerlaubten Verbindung seiner Tochter mit seinem Cousin Jakob gehört; teilweise handelte er wohl auch aus Gehässigkeit gegen die Königin so, die seine Gunst verloren hatte. Dagegen hegte er offenbar keinerlei Groll gegen seinen tändelnden Cousin. Dies zeigte sich zehn Jahre später, als Jakob in seiner Heimat wieder einmal in Schwierigkeiten geriet und ins Exil gehen mußte – dieses Mal als König von England, nicht als der Herzog von York. Ludwig hieß ihn anscheinend mit offenen Armen an seinem Hof in Saint-Germain willkommen. Es wurde ihm gestattet, mit seiner Königin und seiner Familie, einschließlich des jungen Prinzen von Wales, zu bleiben. Dort führte er ein frommes und stilles Leben, bis er am Nachmittag des 16. September 1701 starb. Während dieser Zeit begegneten die einstigen Liebenden einander nie mehr, denn Agatha war etwa drei Jahre nach Jakobs Verrat ins Kloster gegangen; dort starb sie im Jahre 1693, im Alter von dreißig Jahren.

Nancy Mitfords Biographie schildert nun zunächst das Schicksal, das den fünf »fehlenden« Kindern von Ludwig XIV. und Maria Theresia in der Zeit nach der Geburt des Dauphins im Jahre 1661 möglicherweise beschieden war. Die Autorin greift durchaus glaubwürdige Gerüchte auf, die sich um den rätselhaften Tod jener Kinder gerankt haben: »Die Königin war keineswegs steril«, schreibt Nancy Mitford, »sie hatte sechs Kinder, doch mit Ausnahme des Dauphins waren alle bis zum Jahre 1672 tot; zwei starben als Säuglinge und die anderen drei im Alter von nur wenigen Jahren. *Sie wurden ermordet*, nicht durch die Zaubersprüche der Madame de Montespan, sondern von den Hofärzten.«[3] (Hervorhebungen vom Verfasser.)

Bei Hof geschah nichts von Bedeutung, was der Sonnenkönig nicht persönlich zur Kenntnis genommen oder angeordnet hätte. Sogar die Hofärzte unterstanden seinem direkten Befehl. Wenn daher die Sprößlinge des Königs umgebracht wurden, so geschah es unmittelbar in seinem Auftrag. Andererseits war Ludwig XIV. angeblich kein böser Mensch; ein so abscheuliches Verbrechen wie der Mord an seinen eigenen Kindern, wenn auch durch die Hände der Hofärzte verübt, muß daher in seinen Augen irgendwie gerechtfertigt gewesen sein.

Die unumgängliche Frage lautet dann: *Warum?* Waren sie mißgestaltet? Geistig behindert? Krank?

Eine breite Palette möglicher Erklärungen bietet sich an. Sicher wurde dieser spätere Nachwuchs des Königs bei Hof nicht vorgezeigt, wie dies bei dem kleinen Dauphin häufig der Fall war; doch diese Geheimhaltung muß ihren Grund gehabt haben.[4]

In ihrem Buch berichtet Nancy Mitford von einem weiteren Skandal, der mit dem ersten zusammenhängt; gleichzeitig liefert sie einen Schlüssel zu den mysteriösen Vorfällen. Demnach entging mindestens eins der fünf unglücklichen Kinder – eine Tochter – der Ermordung durch die Hofärzte. Die Tatsache, daß dieses Kind offenbar »in einem Kloster« aufgezogen wurde, paßt sehr gut zu Cayces Berichten über Agathas Klosterleben. »Den Aufzeichnungen verschiedener Zeitgenossen zufolge hatten der König und die Königin eine schwarzhäutige Tochter, die in einem Kloster in der Nähe von Melun untergebracht war. Mit Sicherheit lebte dort ein kleines Mohrenmädchen, das regelmäßig von der Königin und anderen Frauen aus der königlichen Familie besucht wurde, als sich der König mit seinem Gefolge in Fontainebleau aufhielt. Ob sie nun wirklich die Tochter von Maria Theresia und Ludwig XIV. war, wird man wohl niemals in Erfahrung bringen.«[5]

Von einer »schwarzen« Tochter zu sprechen, dürfte übertrieben gewesen sein. Unter europäischen Aristokraten jener Zeit hätte etwas anderes als ein bleicher oder rosiger Teint nur Widerwillen hervorgerufen; so hätten die meisten Höflinge, die in der Atmosphäre des distinguierten Bourbonenhofes lebten, einen königlichen Sproß von dunkler Hautfarbe wohl mit echtem Entsetzen betrachtet. Der König wäre aller Wahrscheinlichkeit nach am meisten schockiert gewesen und hätte diesen sozialen Schandfleck für immer aus seinem Gesichtskreis oder Bewußtsein verbannen wollen. Doch die Königin, die dem französischen Adel wegen ihrer spanischen Abstammung immer fremd und provinziell vorkam, hätte sich die am Hof herrschenden Vorurteile nicht zu eigen gemacht, ebensowenig wie die von ihr ausgesuchten Frauen in ihrer privaten Umgebung.

Wenn auch in dem bereits zitierten Reading 288–27 als Name der Tochter des Sonnenkönigs »AGATHA BEILLE« angegeben wird, spricht ein früheres Reading[6] von »dieser Wesenheit, GRACIA [Frau TURNER]«; diesen letzten Namen bestätigt eines von Cayces Lebensreadings zu jener französischen Inkarnation. Dort erfährt Cayce, das einstige »Kind der Liebe«, er sei damals »ein Abkömmling von Gracia, der bei Hof Geliebten, und dem Sohn des Herrscher über das Gebiet jenseits des Wassers« gewesen.[7] Möglicherweise sind hier mit dem »Hof« die privaten Gemächer und der intime Kreis der Königin gemeint, der Gracia kannte und für sie sorgte.

Im weiteren heißt es, diese Wesenheit, Gracia habe »eine sehr schöne Figur« gehabt und sei »in jeder Hinsicht liebenswert« gewesen.[8] Ihr Äußeres wird nicht näher beschrieben, doch besaß sie wohl dunkle, hübsche Augen und Haare und eine bräunliche Hautfarbe, die untrüglichen Kennzeichen der Menschen des Mittelmeerraumes. Das würde verständlich machen, warum Jakob, der die engstirnigen Vorurteile des Bourbonenhofes in solchen Angelegenheiten nicht teilte, von ihrem ganz natürlichen und unschuldigen Charme hingerissen war.

Die zwei unterschiedlichen Namen für die Tochter des Sonnenkönigs, welche die Readings nennen, sollten uns nicht verwirren. Vielleicht wurde sie zunächst auf den Namen »Gracia« getauft, nannte sich später jedoch »Agatha Beille«, um ihre wahre Identität als Tochter des Königs zu verbergen.

Die Namensliste, die uns SAINT-SIMON hinterlassen hat, ist nicht gerade umfangreich: Saint-Simon führt nur vier der fünf Kinder auf, die Ludwig XIV. und seiner Königin angeblich noch nach der Geburt des Dauphins im Jahre 1661 geboren wurden. Drei Töchter nennt er: ANNE-

ELISABETH (geboren 1662), MARIE-ANNE (geboren 1664) und MARIE-THÉRÈSE (geboren 1667). Ein Bruder, PHILIPPE, geboren 1668, wird auch erwähnt. Eine »Gracia« ist jedoch ebensowenig zu entdecken wie eine »Agatha«! Die Suche wird aber durch das Reading 288–5 erleichtert, denn es ermöglicht dem Forscher, die Stelle ausfindig zu machen, an der die »fehlende« Tochter in die Reihenfolge der fünf Kinder hineinpaßt. Dieses Reading besagt, daß Gracia (Agatha) im Alter von siebzehn Jahren dem Herzog von York begegnete: Dieses Treffen muß in der Zeit zwischen März und August 1679 stattgefunden haben. Das bedeutet, daß Gracia (Agatha) vermutlich in der zweiten Hälfte des Jahres 1662 oder der ersten des Jahres 1663 zur Welt gekommen war. Das Datum 1663 trifft wohl eher zu, da sie als die »zweite Tochter des Königs« bezeichnet wird; Anne-Elisabeth, im Lauf des Jahres 1662 geboren, muß die erste gewesen sein. Der erste Sprößling überhaupt war der Dauphin, der ein Jahr früher, 1661, geboren wurde. Doch entging, neben dem Dauphin, diese zweite Tochter als einziges Kind der Ermordung durch die Hofärzte? Anscheinend nicht, denn nach Reading 288–5 hatte eine gegenwärtige Freundin von Frau Turner damals »mit ihr im gleichen Haushalt« gelebt und war ihr »eine leibliche Schwester« gewesen. Es sieht also ganz danach aus, als hätte wenigstens eine weitere Tochter überlebt, wenn auch nur für einige wenige Jahre.

Hier muß man sorgfältig auf die übermittelten Zeitangaben achten.

Die Töchter, die dem Sonnenkönig und Maria Theresia in den ersten Jahren der Ehe geboren wurden, hatten eine sehr viel größere Überlebenschance als jene, die erst zur Welt kamen, nachdem Ludwigs Liaison mit LOUISE DE LA VALLIÈRE – nach dem Tode seiner Mutter, Königin ANNE, im Jahre 1666 – »offiziell bekanntgegeben« worden war. Die Mutter des Königs war immer eine enge Verbündete von Maria Theresia gewesen und ergriff gelegentlich ihre Partei, wenn es zu Auseinandersetzungen mit ihrem Sohn, dem König, kam. Wenn also Ludwig vorgehabt hätte, sich dunkelhäutiger Erben von Maria Theresia zu entledigen, wäre ein solcher Plan wahrscheinlich auf den erbitterten Widerstand von Anne gestoßen, die mit ihrer armen, kummerbeladenen Schwiegertochter Mitleid hatte. Denn so rücksichtslos er auch gegen andere vorging, respektierte der König doch immer über alle Maßen die Wünsche seiner Mutter. Vielleicht ist es dieser Tatsache zu verdanken, daß die ersten beiden Töchter ins Kloster geschickt und nicht an die skrupellosen Hofärzte ausgeliefert wurden. Die dritte Tochter, Marie-Anne, 1664 geboren, könnte ebenfalls überlebt haben, doch die Readings berichten von keiner weiteren »leiblichen Schwester«, die ihre Kindheit zusammen mit Agatha Beille in einem Kloster oder in einer Klosterschule verbracht hätte. Vielleicht meinte es das Schicksal weniger gut mit ihr, wie auch mit den beiden letzten Kindern aus jener Ehe, die unter einem schlechten Stern stand?

In einem speziellen Reading zu ihren vergangenen Beziehungen mit Edgar Cayce wurde dessen Sekretärin Gladys Davis Turner mitgeteilt, sie hätten »viele gemeinsame Erlebnisse gehabt und ihre Seelen und ihr Gemüt seien eng miteinander verbunden«.[9] In Frankreich jedenfalls waren sie als Mutter und Sohn verkörpert:

Wieder am Hof [in Frankreich], lebten sie als Mutter und Sohn, wurde der schöne Körper [der Frau] zum System des einen und zum Leben des anderen. (288–6)

Cayce war aus den Kräften der Venus zur Erde gekommen:

Wir sehen, daß die Aktivitäten jener Wesenheit [Edgar Cayce] in ihrem französischen Leben dem Aufenthalt in der Sphäre der Venus folgte.

Wie war das Leben dort? Was der Zweck?

Ein Kind der Liebe! Ein Kind der Liebe – die hoffnungsvollste aller Erfahrungen, die man in einer materiellen Existenz machen kann; und für einige auf der Erde die schrecklichste, die gefürchteste! (5755–1)

Der Knabe erhielt den Namen Ralph Dahl (mitunter ist die Schreibweise »Dale« zu finden), möglicherweise um zu verschleiern, daß er der Sohn des Herzogs von York und der Enkel Ludwigs XIV. war. Zwar schlossen ihn seine uneheliche Geburt und die französische Regelung hinsichtlich der Erbfolge als Anwärter auf den Thron aus; doch diese gesetzlichen Bestimmungen waren nicht sehr wirkungsvoll, und jeder machiavellistische Ränkeschmied konnte sie mühelos umgehen. Aus diesem Grund stellte die königliche Abstammung des Kindes eine Bedrohung für den Thron Frankreichs wie auch Englands dar. Dessen war sich der Sonnenkönig, der mehr als einmal ein Gesetz zu seinem Vorteil geändert hatte, durchaus bewußt. Drei glückliche, wenn auch sorgenvolle Jahre lang beschützte und pflegte die Mutter das Kind; doch im Alter von zwanzig Jahren ging sie, wohl unter Zwang, in ein Kloster und vertraute ihr Kind der Obhut von Menschen an, die sie für ihre zuverlässigsten Freunde am Hof des Königs hielt:

Vom Hof verstoßen, wurde das Mädchen [Frau Turner] zu einer Nonne im nahegelegenen Kloster; sie trat dort im Alter von zwanzig Jahren ein, nach drei Jahren der Mutterliebe für ihren Sohn Dale. In diesem Erlebnis zeigen sich viel Zuneigung und die Versprechungen jener vom Hof des Monarchen. Wir sehen, daß der Monarch zu einem großen Teil den Intrigen nachgegeben hatte, um an der Mutter [Frau Turner] des Sprößlings [Cayce] Rache zu üben. Daher wurde es [das Kind] der Fürsorge jener überlassen, die die Wesenheit [Frau Turner] für ihre engsten Freunde am Hof des Königs hielt, als sie den Schleier nahm. (288–5)

Zwei jener Menschen, denen die Betreuung des Kindes übertragen wurde, waren Frau Rogers und Herr Morris. Frau Rogers erfuhr in ihrem Lebensreading, sie sei eine Mätresse Ludwigs XIV. gewesen – möglicherweise sogar Louise de la Vallière, die im Jahre 1674 ins Kloster gegangen war, nachdem es zum endgültigen Bruch mit dem König gekommen war, ironischerweise wegen seiner Untreue. In eben diesem Kloster begegnete sie vermutlich der Tochter des Sonnenkönigs, als diese dort als Novizin eintrat. Dann sorgte die heutige Frau Rogers für das Kind, zu dem sie sich hingezogen fühlte (was ohne weiteres verständlich ist, wenn man ihre Beziehungen aus früheren Leben bedenkt).[10] Was Herrn Morris betrifft, den Cayce von Troja her kannte, so diente er nun als Wache und kam später bei dem Versuch, das unglückliche Kind zu retten, ums Leben.[11]

Zwei Jahre später, im Alter von fünf Jahren, fand das Kind den Tod. Offenbar wurde es auf Befehl des Königs ermordet:

Von ihrem Aufenthalt hier [im Kloster] kehrte sie erst nach drei Jahren zurück, um ihr Kind [Cayce] zu sehen. Da erfuhr sie von seinem Tod; wie es dazu gekommen war, wußte sie nicht. Ein großes Grauen überkam sie. Niemand konnte ihren, Gracias [Frau Turners], größten Herzenswunsch erfüllen, niemand ihre Sehnsucht nach jener Wesenheit befriedigen, die ihr mehr bedeutete als ihr eigenes Leben. In der Folgezeit wurde ihr Körper für Krankheiten immer anfälliger. Im Alter von dreißig Jahren verschied sie. (288–5)

Wir betrachten die Ereignisse nun aus der Pespektive des Kindes, ausgehend von zwei Lebensreadings für Edgar Cayce. Im ersten (294–8) wird uns gesagt, daß das Kind nach der Trennung von seiner Mutter der Fürsorge von Angehörigen der königlichen Wache überlassen wurde; unter ihnen befand sich auch jener Aufseher, der heutige Herr Morris, der bei der Verteidigung des seiner Obhut anvertrauten Kindes ums Leben kam. Cayce erfuhr auch, sein Leben sei nur von »kurzer Dauer« gewesen, doch aus eben dieser Erfahrung stamme sein starker Drang, »jene Prinzipien zu vertreten, die für die innerste Seele oder Kraft der Wesenheit richtig sind«. Sein damaliger Name war Ralph Dahl. Das nächste Reading (294–9) berichtet von »der nötigen Veränderung in den Angelegenheiten bei Hof«, durch die offensichtlich verhindert werden sollte, daß Jakob seine »irdische Vaterschaft von Dahl [Dale] anerkannte«. (Der Herzog von York war demnach nicht ganz ohne Ehrgefühl, denn er versuchte anscheinend, seinen unehelichen Sohn zu legitimieren.) Dann bezichtigt das Reading König Ludwig XIV., den Mord veranlaßt zu haben, und beschreibt schließlich die herzzerreißende Trennung von Mutter und Kind:

Das Leben an diesem Hof war geprägt von den Gefühlen und der Zuneigung seiner Mutter, die eine hübsche Figur hatte und in jeder Hinsicht liebenswert war. Die großen Prüfungen kamen für die Wesenheit (aus irdischer Sicht gesprochen), als die Trennung von Mutter und Sohn erfolgte, als die große Sehnsucht kam, als das junge Leben allmählich verlöschte wegen der Eifersucht, die sich am Hof erhob. *Denn der König wurde sich der Erscheinung des Knaben voll bewußt*, und die Möglichkeit, er könne zum Herrscher werden, trieb andere dazu, die Mutter zu verraten, welche die Wesenheit so sehr liebte. (294–9, Hervorhebungen vom Verfasser.)

In diesem letzten Satz klingt das Motiv an, das dem Mord an dem Knaben zugrunde liegt – wie auch der Grund für die Morde, die wahrscheinlich in den vorangegangenen Jahren an einigen leiblichen Kindern des Königs begangen worden waren. Denn an der »Erscheinung« des Knaben war etwas, das vor dem König anfänglich wohl verborgen gehalten wurde. Die »Möglichkeit, es könne zum Herrscher werden«, muß jemanden aus der nächsten Umgebung des Kindes – möglicherweise die heutige Frau Rogers – veranlaßt haben, eifersüchtigen Höflingen das Geheimnis zu enthüllen, so daß schließlich auch der König davon erfuhr.

Welches Geheimnis konnte das gewesen sein? Sah der Knabe vielleicht »zu spanisch« aus? Wie die früher geborenen leiblichen Kinder des Königs hatte er den dunklen Teint und andere mediterrane, fast maurische Züge geerbt, die dem König und wohlmöglich den meisten Mitgliedern des Bourbonenhofes zuwider waren. Daher mußte das Kind verschwinden.

Ein anderer, subtiler Aspekt von Cayces Leben in Frankreich hängt mit seinem Leben im alten Ägypten zusammen. Der Priester, so erinnern wir uns, verkörperte selbst den »Prototyp« des »ersten *reinen* Weißen im damaligen Leben auf der Erde«.[12] Die Readings lassen allerdings vermuten, daß Ra Ta in seinem Übereifer, die menschliche Gestalt zu erneuern und die Zahl derer, die wie er selbst eine reine weiße Hautfarbe hatten, zu vergrößern, offensichtlich die Gesetze geistiger Entwicklung mangelhaft auslegte:

Daß es auch eine Sache der geistigen Entwicklung war, ein solches Ziel zu erreichen, hatte der Priester nicht erkannt. Wie manch anderer versuchte er daher, diesen Prozeß schneller voranzutreiben und die eigenen Absichten vor die Pläne Gottes zu stellen. (2390–7)

Denn er hatte den Versuch unternommen, die Gesetze der Entwicklung zu beeinflussen. Obwohl seine Bemühungen solche Umstände herbeiführten, die die Situation erheblich verbesserten, bedeuteten sie doch, daß das mentale Selbst geistige Gesetze benutzte, um materielle Wünsche zu erfüllen – ohne daß die mentale Haltung damit in Einklang gestanden hätte. (2823–3)

Denn nur wenige hatten sich zu der Stufe erhoben, auf der sie reif genug waren, nur Alabaster oder reines Weiß hervorzubringen. (2329–3)

Was hatte es mit diesem »reinen Weiß« auf sich?

Rasse, Hautfarbe oder Geschlecht hängen davon ab, welche Erfahrungen eine Seele zu ihrer Vervollkommnung nötig hat, vom Zweck, zu dem jede einzelne Seele sich in der materiellen Welt verkörpert. (294–189)

Das gleiche Reading fügt hinzu: »Und wenn es einen Irrtum gab in dieser Phase, in diesem Leben, dann muß die Seele den Folgen ins Auge sehen. Denn ... was du gesät hast, das wirst du ernten.«

Erhielt Cayce mit seiner französischen Inkarnation, in der ihm genetische Gegebenheiten im Wege standen, eine Gelegenheit, sich mit den Konsequenzen seiner Taten in Ägypten auseinanderzusetzen? Der Umstand, daß seine dunkle Hautfarbe für die Herrschenden offensichtlich unannehmbar war, zeigt deutlich die karmische Natur seines Schicksals.

Doch wie erklärt dies die frühzeitige Trennung des Kindes von seiner Mutter oder seinen gewaltsamen, vom König herbeigeführten Tod? Auch hier reicht die karmische Verbindung bis zum ägyptischen Zyklus zurück. Einst war Ra Ta verbannt und zwangsweise von seiner kleinen

Tochter getrennt worden, die aus der verbotenen Vereinigung mit Isris hervorgegangen war. Dieses Kind war als Geisel in den Händen des Königs zurückgeblieben und an Verzweiflung gestorben. Nun war er selbst das verlassene Kind, unerwünscht und dazu bestimmt, einen frühen irdischen Tod zu erleiden.

Gleichzeitig ist jedoch auch das Gesetz der Gnade immer in Kraft, so wird uns gesagt. Und dieses Gesetz hat wohl dafür gesorgt, daß Cayces Zwillingsseele Frau Turner in jener Inkarnation als seine sich selbstlos opfernde Mutter für ihn da war. Als sein anderes Selbst hatte sie sich wohl bereits im voraus entschlossen, diese Rolle zu spielen und ein körperliches »Stigma« auf sich zu nehmen, das später auf ihr kleines »Kind der Liebe« übertragen wurde, auf Ralph Dahl.

Der Sproß einer derart selbstlosen Liebe zu sein, muß daher wohl als »das hoffnungsvollste aller Erlebnisse« angesehen werden, auch wenn es nur von kurzer Dauer ist. Doch für manche, so wird uns gesagt, sei es »das Schrecklichste, das am meisten Gefürchtete«. Warum? Vermutlich wegen der damit verbundenen Aufgabe, die einzigartige Gelegenheit, die sich bei einer solchen Inkarnation bietet, wirklich für die Seelenentwicklung zu nutzen.

15

Ein Streiflicht aus dem Bürgerkrieg

»Als nächstes kam ich zur Zeit des Bürgerkrieges wieder als ein Mensch zur Welt, abermals in Amerika.«[1]

Mit diesen Worten beginnt der letzte Abschnitt von Edgar Cayces langem allegorischen Traum vom 19. September 1933, in dem tatsächliche Verkörperungen mit rein symbolischen Darstellungen karmischer Zusammenhänge abwechselten. Auf einige undeutliche Rückblenden folgte eine lebhafte Erinnerung aus der Inkarnation als Xenon an Hektors schrecklichen Tod durch die Hand des Achilles. Daran schloß sich ein Bericht von einem Leben zur Zeit von Kolumbus an; scheinbar gehörte Cayce damals zu den Arawak-Indianern, die Hispaniola (Haiti) und die benachbarten westindischen Inseln bewohnten (siehe Kapitel 12). In diesem letzten Abschnitt des Traums verdichteten sich nun plötzlich sämtliche Allegorien zu kreatürlichen Gestalten: Schnecken, Fische, Kühe, Katzen, Hunde und dergleichen. Offenbar zeigten sie Charaktere oder Ausdrucksformen auf, die eine Seele im Lauf ihrer Entwicklung annehmen kann und die alle aus der »einen Kraft oder Quelle« hervorgehen, »aus der jede sichtbare Form ihre Lebensenergie bezieht«. In den verschiedenen Zyklen entstehen ständig neue und mehr Beziehungen zu einer Vielzahl von Seelen, die in ihren Gemeinsamkeiten einander nun immer wieder aufs Neue aufsuchen, um sich gemeinsam weiterzuentwickeln und besser verstehen zu lernen. (Diese Symbolik spielte zweifellos auf die realen Erlebnisse des Träumers Edgar Cayce an, der eine unglaubliche Vielfalt von Seelengefährten um sich scharte, mit denen er seit undenklichen Zeiten auf Gedeih und Verderb verbunden war.) Gegen Ende kreist der rätselhafte Traum um eine Inkarnation von Cayce, die offenbar in die dunklen und blutigen Tage des Krieges zwischen den Süd- und Nordstaaten der heutigen USA (1861 bis 1865) fällt:

Ich wußte, daß zwischen dem nördlichen und dem südlichen Teil des Landes ein Krieg im Gange war und daß ich mich an dem Ort oder in der Nähe des Ortes befand, an dem ich diesmal zur Welt gekommen bin. Ich sah mein Geburtshaus und bemerkte auch die Veränderungen – damals gab es mehr Wälder... Ich machte mich auf, um mir eine der Armeen mit ihren vielen Soldaten anzuschauen und um Menschen zu finden, die ich aus früheren Leben kannte ... Ich traf einige solcher Personen, ... und ich erkannte unter ihnen Leute, die ich auch heute kenne. Da erwachte ich. (294–161)

Obwohl dieser Traum keine genaueren Angaben enthält, liefert er interessante Anhaltspunkte. Zum einen erkennt Edgar Cayce sein Geburtshaus im Christian County (in der Nähe von Hopkinsville), Kentucky; das spricht dafür, daß er schon damals ein Angehöriger der Cayce-Sippe, wenn nicht sogar genau derselben Familie war. (Im Christian County, Kentucky, gibt es unüberschaubar viele Cayces.) Auch gewinnt man durch die Schilderung des Traums den Eindruck, es mit einem sehr jungen Mann – vielleicht noch keine zwanzig Jahre alt – zu tun zu haben, den die Truppenansammlung in der Nähe derart fasziniert, daß er hingeht, um sich die Sache genauer anzusehen.

Es könnte sich um den Monat Oktober des Jahres 1862 gehandelt haben, denn die einzige nenneswerte Kampfhandlung auf dem Boden von Kentucky fand zu diesem Zeitpunkt statt. General BRAGG mit seiner konföderierten Armee von Tennessee lieferte damals den bei Perryville stationierten Truppen unter General BUELL ein Gefecht. General Bragg versuchte, der Union den Staat Kentucky zu entreißen. Zwar errang er auf jenem Schlachtfeld einen taktischen Sieg, doch zog er sich dann zurück.

Was geschah mit dem jungen Mann? Beschloß er, sich an den Kämpfen zu beteiligen, und verlor er dabei sein Leben? Wie dem auch sei, da er 1877 wiedergeboren wurde, muß er die Welt irgendwann zwischen 1862 und dem Jahr seiner Geburt als Edgar Cayce verlassen haben.

Bis jetzt wissen wir nichts über die Männer, die Cayce kannte und die möglicherweise im amerikanischen Bürgerkrieg ums Leben kamen. Vom Alter her hätte einer von Cayces Onkeln zu ihnen gehören können.

Eine Frau MILLER, die am 24. August 1910 in Georgia zur Welt kam, war in ihrem vorhergehenden Leben eine ältere Schwester Cayces mit dem Namen LEILA gewesen; sie war etwa sieben Monate vor Cayces Geburt gestorben. In einem ihrer Lebensreadings hieß es, daß »der Hingang und die gegenwärtige Wiedergeburt der Wesenheit einen Erdenzyklus umfaßten ... Die Wesenheit verschied am 24. August 1876 und kam am 24. August 1910 wieder zur Welt, also nach einem Zyklus.«[2]

Obwohl Leila Cayce durch »die starke Hoffnung und Sehnsucht der Mutter« dazu veranlaßt worden war, sich auf Erden zu verkörpern, war wohl das Verhalten ihres Vaters für sie eine herbe Enttäuschung und führte zur »Entscheidung der Wesenheit, *nicht* zu leben«.

Anscheinend war übermäßiger Whisky-Genuß für die kränkende Verhaltensweise des Vaters verantwortlich, die Leila Cayce dazu bewegte, ihren Körper in jener Inkarnation vorzeitig abzulegen. Sie war jedoch gezwungen, sich in ihrem nächsten Leben mit einer ähnlichen Situation auseinanderzusetzen. Hätte sie nicht besser daran getan, ihr Schicksal schon damals auf sich zu nehmen?

FR DO 4.8.88 – 1h 10'

16

Edgar Cayce im 21. Jahrhundert

> Meine Verabredung ist getroffen, sie steht fest;
> Der Herr wird da sein und warten, bis ich komme …
> WALT WHITMAN

Das Jahr 1998 wird für die ganze Menschheit höchst bedeutsam sein. Daran lassen jedenfalls die Cayce-Readings keinen Zweifel.

In eben diesem Jahr soll ein seit langem erwartetes religiöses Ereignis stattfinden, nämlich das »*zweite Erscheinen des Messias – 1998*«.[1] (In diesem Zusammenhang wurde Edgar Cayces Rolle im zwanzigsten Jahrhundert einmal als die eines Vorläufers[2] oder Wegbereiters beschrieben; die Readings deuten darauf hin, daß ihm ein anderer folgen werde, sobald die Zeit reif sei: »Und sein Name wird John [Johannes] lauten« – John Peniel, eine Wiederverkörperung von Johannes, dem Lieblingsjünger Jesu. Doch diesmal wird er nicht als ein Vorläufer kommen – das war Cayces Rolle –, sondern als ein Bote,[3] der die unmittelbar bevorstehende Ankunft des Messias verkündet.)

Über das neuerliche Erscheinen Jesu heißt es: »Er wird in einem physischen Körper auf die Erde kommen, um die Seinen beim Namen zu rufen.«[4] Doch der auferstandene Messias soll sich angeblich eines Körpers bedienen, der irdischen Begrenzungen wie Tod, Geburt, Krankheit und dergleichen nicht unterworfen ist: »Denn er wird kommen, wie ihr ihn seinerzeit gesehen habt – in dem Körper, den er in Galiläa hatte, jenem Körper, der gekreuzigt wurde, der Philippus erschien, der Johannes erschien.«[5]

Der mystische Charakter und der Sinn dieser zweiten Wiederkehr des Herrn werden noch ausführlicher behandelt; im folgenden Passus eines Readings bestätigt Cayce die biblische Prophezeiung eines friedvollen Jahrtausends unter der spirituellen Führung Christi:

Er wird nicht zaudern, denn da er den Tod überwunden hat, wird er als Herr und Meister erscheinen. Nicht wie ein Sterblicher, sondern wie einer, der zu den Seinen zurückkehrt, und er wird mit den Menschen aller Länder verkehren und sprechen, und jene, die ihm treu und aufrichtig Rechenschaft ablegen, werden mit ihm erhoben, um mit ihm tausend Jahre lang zu herrschen und zu *richten*! (364–7)

Doch im Jahr 1998 soll nicht nur der Messias wieder zur Erde kommen – es ist auch die Rede davon, daß dies eine Zeit heftiger Kämpfe und Unruhen sein wird. Zwar steht sie im Zeichen der Läuterung und Verjüngung der Menschheit, doch bringt sie auch durch zahlreiche, plötzlich eintretende Katastrophen große Veränderungen auf der Erde mit sich. Diese auffällige Häufung von Ereignissen folgt natürlicherweise aus den sich überschneidenden Einflüssen des ausklingenden Fische- und des beginnenden Wassermannzeitalters, das »wir erst im Jahr 1998 allmählich besser begreifen können«.[6]

In jenem Jahr der folgenschweren Ereignisse, 1998, soll Cayce wiedergeboren werden, begleitet von vielen Helfern, die ursprünglich im ägyptischen Zyklus mit ihm zusammen waren und »das Zeichen« erhielten:

Ziemt es sich daher nicht, daß diese [gemeint sind der frühere Priester Ra Ta und die Schar seiner mit ihm verbannten Anhänger aus der ägyptischen Zeit] zurückkehren müssen? Denn dieser Priester kann sich so entwickeln, daß er in der Lage ist und die Fähigkeit hat, durch die Beziehungen zu Individuen in den kommenden Zeiten für die Welt ein *Erlöser* zu sein; und er muß in jener Periode oder im Jahr 1998 wieder erscheinen. (294–151)

Diesem Reading, in dem Cayce voraussagte, er werde im Jahr 1998 als ein »Befreier« zur Erde zurückkehren, folgte etwa fünf Jahre später ein atemberaubender Traum: Cayce sah sich wieder in Virginia Beach, wo er offenbar in jenem neuen Zeitalter sein gegenwärtiges Wirken als Seher fortsetzte, umgeben von vielen Menschen, die auch jetzt mit ihm zusammengearbeitet hatten:

[Der Traum wurde von Edgar Cayce am frühen Dienstagmorgen, dem 2. Dezember 1937 erzählt, als er nach einer Übernachtung im Haus von David und Lucille Kahn in New York erwachte.]

Ich war zu Hause in Virginia Beach, aber seitlich hinter der Vorderfront des Hauses war ein *Tresorraum* gebaut worden. Darin befanden sich hohe Stapel von Tafeln, die etwa 27 mal 35 Zentimeter groß und 2,5 Zentimeter dick waren – Tontafeln, alle mit Hieroglyphen beschrieben. Mir fiel vor allem auf, daß sie von eins bis drei numeriert waren, anscheinend mit römischen Ziffern, doch bei den übrigen war irgend etwas anders. Eine Mumie war ebenfalls da. Alle diese [Gegenstände] hatten von einer Expedition, die von unserer Vereinigung ausgesandt worden war, [aus Ägypten mitgenommen und] hierher gebracht werden dürfen. Ich blieb bei den Fundstücken und konnte kaum zum Essen gebracht oder gar dazu bewegt werden, irgend etwas anderes zu tun, als mich mit ihnen zu beschäftigen.

Es ist denkbar, daß es einer von der *Association for Research and Enlightenment* finanzierten archäologischen Expedition unter der Leitung von Herrn Schultz und seinen beiden Mitarbeitern gelungen war, sich Zutritt zur verborgenen Pyramide der Aufzeichnungen zu verschaffen (siehe Kapitel 5) und bestimmte kostbare Gegenstände von dort mitzubringen – so auch einen versiegelten Sarkophag, der die mumifizierten Überreste einer der Personen barg, die unter der Führung von Ra Ta und Hermes vor etwa 12 500 Jahren bestattet worden waren, sowie einen großen Stapel von Tontafeln mit nicht zu entziffernden Hieroglyphen.

Die Vorstandsmitglieder der Vereinigung trafen in Virginia Beach ein. Ich sah Herrn Harrison in Begleitung einiger Männer, die meisten von ihnen waren Wissenschaftler oder Archäologen; Herr Parker kam mit mehreren anderen Menschen; Herr Johnson hatte nur zwei Leute bei sich, die aber sehr dunkelhäutig waren und orientalisch gekleidet zu sein schienen. Als Lucille und Dave mit weiteren kamen, gingen zwei Inder an ihrer Seite; einer hatte ein sehr glattes Gesicht und neigte zur Korpulenz, er lächelte freundlich und war sehr sympathisch, und er trug einen weiß-goldenen Turban; der andere war ein hagerer alter Mann mit einem langen, weißen Bart, er hielt sich leicht vorgebeugt und war ziemlich hochgewachsen – sein sehr flacher Turban war schwarz-golden, anscheinend mit Mond und Sternen oder einem Stern und einem Halbmond verziert. Herr Goetz brachte viele Menschen mit, aber alle schienen Mitarbeiter irgendeiner größeren Gruppe zu sein. Fräulein Wynne war mit einer ganzen Menge von Leuten sehr beschäftigt und hielt sie von mir fern. Alf Butler schien als eine Art Wachposten zu fungieren, ebenso Herr Poole. Florence und Edith Edmonds waren in sehr alte Gewänder gekleidet und saßen in dem Raum, in dem auch ich mich aufhielt, verhielten sich aber ganz still – sie meditierten einfach. All die Leute, die sich eingefunden hatten, um sich an der Übersetzung zu versuchen, wurden nur einzeln eingelassen, und jeder durfte fünf Tage lang bleiben. Auf dem umliegenden Gelände waren viele Häuser errichtet worden, kleine Unterkünfte, in denen die Leute wohnen konnten – und die Menschen kamen zu Tausenden.

Dann trafen Herr und Frau Zentgraf, Margaret und Lillian ein. Herr Zentgraf war offenbar der Leiter der Expedition gewesen, die nach den Tafeln gesucht hatte. Mit Hilfe von Herrn Harrison, Herrn Goetz und ihren Kollegen war es gelungen, die Erlaubnis zu erhalten, diese Tontafeln nach Amerika mitzunehmen. Sie beschlossen, Herrn Zentgraf zu gestatten, einen Vortrag zu halten und die Geschichte zu erzählen, wie die Tafeln und der Körper (die Mumie) gefunden worden waren. Zu diesem Zweck wurde an einer Stelle direkt oberhalb des Hauses ein sehr großes Gebäude errichtet, ähnlich dem, das Herr Whitehead an der Küste hat, aber um einiges geräumiger. Dave Kahn und Edgar Evans taten an den Eingangstüren Dienst und ließen die Leute zum Vortrag herein. Sie beschlossen, ein Eintrittsgeld zu verlangen.

Ich nahm diese Vorgänge um mich herum zwar zur Kenntnis, blieb aber weiterhin bei den Tafeln und der Mumie. Auf der einen Seite, nach Osten hin, stand ein Tisch, auf dem die Tafeln aufgestapelt wurden. Der Stoß war mindestens eineinhalb Meter hoch. Die Mumie lag in einem wunderschönen Behältnis oder Sarkophag und schaute zur Tür; sie war aufgebahrt wie in einem Sarg.

Herr Zentgraf begann mit seinem Vortrag, und die Menge ging hinein. Da erwachte ich.

Dann begann ich wieder [zu träumen]. Anscheinend hatte ein Reading stattgefunden, mit dessen Hilfe der Text der ersten Tontafel übersetzt werden sollte; er enthielt möglicherweise den Schlüssel zu den ganzen Aufzeichnungen, die bisher niemand hatte enträtseln können. Eine große Menschenmenge war da und drängte Hugh Lynn bekanntzugeben, was gesagt worden war.

Ich war allein in jenem Raum mit den Tafeln und der Mumie, als ich plötzlich bemerkte, daß Leben in die Gestalt kam. Die Mumie war anscheinend mit dunkler Farbe lackiert; nun zeigten sich Risse und Sprünge wie bei einer Eierschale, und ich sah, wie zunächst der obere linke Teil des Gesichts und das linke Auge zum Vorschein kamen. Das Gesicht war vollkommen weiß, das Haar sehr dunkel, die Augen sehr blau. Ich beobachtete, nachdem ich den Deckel abgenommen hatte, wie allmählich überall die Farbschicht abblätterte. Ich fragte mich, wie es sein konnte, daß die Mumie zum Leben erwachte, denn ich wußte, daß bei Einbalsamierungen üblicherweise alle Organe entfernt werden. Doch dies war hier ganz offensichtlich nicht der Fall. Sie bewegte sich immer wieder ein wenig, bis eine Art Krampf eintrat und sie sich aufsetzte.

Die Gestalt sagte etwas, aber ich konnte ihre Sprache nicht verstehen. Sie kletterte dann aus dem Sarkophag, und es zeigte sich, daß sie von den Achseln an abwärts bis zu den Knien in sehr feines Leinen gehüllt war. Durch Gesten gab sie mir zu verstehen, daß sie Wasser wollte, und ich gab ihr einen Schluck zu trinken. Dann bedeutete sie mir, ich solle Wasser über sie gießen. Ich holte einen Eimer voll Wasser und leerte ihn über ihren Körper. Die Gestalt war nun von der Farbkruste befreit und sah sauber aus; sie machte weitere Gesten und Zeichen, bis ich begriff, was sie sagte, oder ihre Sprache zu verstehen begann; vielleicht war sie nun auch in der Lage, in einer mir verständlichen Sprache zu reden. Sie bat um Nahrung und sagte mir: »Ich brauche zerkleinerte Feigen, Datteln und in Milch gekochten Getreidebrei.« Ich bereitete das Gewünschte zu und gab es ihr – in kleinen Portionen.

Ich wußte, daß Hugh Lynn drüben im großen Gebäude einen Vortrag hielt, und ich sagte jener Person (noch wußte ich nicht, ob es sich um einen Mann oder eine Frau handelte), sie müsse dableiben, und ich würde noch jemanden herbeiholen. Ich ging hinaus, schloß die Tür und ging hinüber zum Gebäude, das nicht weit entfernt war. In dem Gebäude befanden sich mindestens zwölf- bis vierzehnhundert Menschen, und Hugh Lynn sprach zu ihnen. Alle schienen erstaunt zu sein, als ich hereinkam, und Hugh Lynn erwähnte gerade das Reading, in dem es geheißen hatte, daß wir nur dann die Übersetzung der Tafeln erhalten könnten, wenn die Mumie wieder zum Leben erwachte; doch jeder wußte, daß dies unmöglich war, denn sie war mindestens 14 000 Jahre lang tot gewesen. Ich hielt meine *linke* Hand hoch, kam aber nicht sehr nahe an das Rednerpodest heran, und rief Hugh Lynn zu, er solle sofort kommen, die Mumie sei lebendig. *Hunderte* der im Gebäude versammelten Menschen fielen in Ohnmacht und andere wichen vor mir zurück. Hugh Lynn trat zu mir, und wir gingen hinüber. Da erwachte ich.

[12. 2. 37 – Während des Vormittagsreadings 1434–2 wurde der Traumbericht fortgesetzt.]

Ich war anscheinend tagelang in dem Tresorraum geblieben, allein mit jener Person – einer Frau, wie ich jetzt wußte. Schreie und Forderungen wurden laut; die Leute draußen waren offenbar nicht mehr imstande, die Menschenmenge zurückzuhalten. Es waren buchstäblich *Tausende* von Leuten, unter ihnen Reporter und Kameramänner; aus allen Teilen der Welt waren diese Menschen gekommen, um wenigstens einen Blick auf die Person zu erhaschen, die nach so langer Zeit wieder zum Leben erwacht war. Schließlich kam Gertrude an die Tür und bestand darauf, mit mir zu sprechen; sie sagte, es käme nicht in Frage, daß ich mit einer Frau so lange allein in einem Raum bliebe – oder mit jemandem, von dem sie nicht wüßte, ob es sich um einen Mann oder eine Frau handele, und es sei nicht in Ordnung. Als ich ihr sagte, es sei eine Frau, war sie um so entschiedener dagegen, daß ich allein dort blieb – denn mittlerweile war ich seit *Wochen* an diesem Ort gewesen. Ich ging nicht einmal hinaus, um zu essen oder sonst etwas zu tun; ich aß nur diese zerkleinerten Feigen und Datteln und den in Milch

– offenbar war es keine Kuhmilch – gekochten Getreidebrei. Ich wußte auch nicht, woher die Speisen kamen. Und als ich Gertrude sagte, daß sie (die Person) die Tafeln übersetzte und ich den Text auf der Schreibmaschine mittippte, beharrte sie darauf, ich solle Gladys Davis kommen und die Schreibarbeiten erledigen lassen; ich sagte, die Person könne die Tafeln nicht übersetzen, wenn jemand anderer außer mir zugegen sei: Sie habe mir versichert, sie sei die Lieblingstochter [Frau Connors?] von Ra Ta und ich sei *Ra Ta* gewesen. Wir hatten etwa fünf von den Tafeln übersetzt. Sie enthielten eine Geschichte der damaligen Zeit. Die Person bestand darauf, sie müsse zuerst alle Menschen sehen, die in der ägyptischen Periode gelebt hatten – wie es im Lebensreading gesagt worden war. Dann würden wir mit den Film- und Presseleuten reden.

[12. 5. 37, nachmittags. – Während des Kontrollreadings 275–44 erlebte Edgar Cayce die Fortsetzung des Traums.]

Ich war bei dieser »Auferstandenen« oder wieder zum Leben erwachten Dame, in jenem Tresorraum, und las die Tafeln. Wir waren bis zu dem Punkt gekommen, wo sie gesagt hatte: »Ich möchte alle die sehen, die Ihren Aussagen zufolge glauben, in Ägypten gewesen zu sein; dann werden wir feststellen, wie der Bericht der Tafeln mit Ihren Aussagen übereinstimmt.« Draußen versammelten sich immer größere Menschenscharen. Weil sie darauf drängten, Einlaß zu erhalten, wurde es für Hugh Lynn, Gladys Davis, Gertrude, Herrn Poole und Alf immer schwieriger, die Leute zurückzuhalten; es kamen sogar Polizisten zu ihrer Unterstützung. Und als jene Person die Polizisten vorbeigehen sah, fragte sie, ob nicht einige von ihnen Ägypter gewesen seien.

Dave und Edgar Evans arrangierten Interviews mit Reportern und Journalisten und schlossen Filmverträge ab (es ging um hohe Beträge) und forderten mit Nachdruck bei allen, die am Eingang Wache hielten, daß wir nun Interviews geben und uns filmen lassen müßten. Dieses Mädchen oder diese Person konnte nicht verstehen, was an ihr so ungewöhnlich sein sollte. Die Leute draußen riefen, sie hätten noch nicht einmal das Behältnis oder den Sarkophag gesehen, und bestürmten vor allem Hugh Lynn, Edith und Florence.

Da erwachte ich. (294–189)

Bevor ich gewisse Aspekte dieses merkwürdigen, prophetischen Traums untersuche, schalte ich einen Auszug aus Reading 2329–3 ein. (Es fand am 1. Mai 1941 statt, etwa dreieinhalb Jahre später.) Dabei handelte es sich um ein Kontrollreading zu Frau Connors ägyptischer Inkarnation als Aris-Hobeth, Ra Tas Lieblingstochter:

Es war dieses Wesen, dieser Körper, der nun von dem einstigen Priester als ein Vermittler angesehen wurde, durch den viele Lehrsätze der damaligen Zeit den heutigen Menschen [d. h. der künftigen Epoche, auf die Cayces Traum hindeutet] bekannt gemacht werden konnten. (294–189)

Will man Cayces höchst ungewöhnlichen Traum wörtlich auslegen, so muß man von gewissen Voraussetzungen ausgehen.

Der Schauplatz ist Virginia Beach, und verschiedenen Aussagen – vor allem solche, die sich auf die sozialen Verhältnisse der fraglichen Epoche beziehen, zum Beispiel die Anwesenheit von Polizisten, Kameramännern, Zeitungsreportern und Filmproduzenten – weisen eindeutig auf einen in nicht allzu ferner Zukunft liegenden Zeitraum hin. Man kann sogar mit gewissem Recht vermuten, daß sich die im Traum geschilderten Ereignisse in der ersten Hälfte des nächsten Jahrhunderts zutragen, in Edgar Cayces nächstem Leben, denn es wurde ja gesagt, er werde im Jahr 1998 wiedergeboren werden.

In dem Traum ist die von Cayce im Jahr 1931 gegründete *Association for Reasearch and Enlightenment* noch sehr aktiv. Außerdem scheinen sich die ursprünglichen Hauptpersonen in ihren früheren, maßgeblichen Rollen wiederverkörpert zu haben. Es ist ohne weiteres denkbar, daß Cayce selbst sich nochmals unter demselben Familiennamen verkörpert, wieder die von ihm gegründete Organisation leitet und darüber hinaus auch noch psychische Kundgaben übermittelt – wie er es im zwanzigsten Jahrhundert tat. Doch vermutlich würden sich die Namen und Beziehungen der diversen »Mitwirkenden« beträchtlich von den gegenwärtigen Gegebenheiten unterscheiden. Damit soll jedoch nicht gesagt sein, daß Gladys Davis Turner nicht noch einmal als Edgar Cayces Sekretärin (wenn auch mit einer anderen Identität) oder Getrude (ebenfalls unter einem anderen Namen) nicht als seine Frau wiederkommen könnten. Kurzum, die verschiedenen Personen aus Cayces Traum tragen ihre heutigen, nicht aber die Namen, unter denen man sie in jener im Traum geschilderten, künftigen Zeit kennen wird – in der ersten Hälfte des 21. Jahrhunderts, geraume Zeit nach Beginn des Wassermannzeitalters.

Der Hinweis des Traums, die mumifizierte Gestalt sei »mindestens 14 000 Jahre lang« tot gewesen, ist anscheinend eine weitere jener merkwürdigen Ungereimtheiten, die auch in den Readings im Zusammenhang mit Zeitangaben nicht allzu selten vorkommen. Denn im Jahre 2130 hätte die mumifizierte Gestalt Aris-Hobeths erst 12 500 Jahre in ihrem Grab gelegen.

Am »verdächtigsten« an Cayces Traum ist, daß in ihm ein Körper wiederbelebt wird, der zur Zeit von Ra Ta und Hermes vor etwa 12 500 Jahren bestattet worden war, wenn auch mit einem speziellen Einbalsamierungsverfahren. Doch geht man davon aus, daß Hermes eine Verkörperung des Herrn und jener große Eingeweihte war, der später als Jesus zur Erde kam und auch Lazarus wieder zum Leben erwecken konnte, wird ein guter Teil unserer natürlichen Skepsis ausgeräumt. Natürlich werden wir niemals erfahren, welche Art von Alchemie Hermes anwandte – vermutlich überwachte er mit Ra Ta die Prozedur der Bestattung von Aris-Hobeth –, um die körperliche Hülle der Verstorbenen so zu präparieren, daß sie in einer in ferner Zukunft liegenden Epoche (und etwa zur Zeit seiner zweiten Wiederkehr als der auferstandene Christus) wieder zum Leben erweckt werden konnte. Doch darf man ein solch vermeintliches Wunder einfach als »unmöglich« abtun?

Am faszinierendsten ist vielleicht der Umstand, daß die Wesenheit, die als Aris-Hobeth oder auch Frau Connors bekannt ist, sich sogar immer wieder zu verkörpern vermochte, während sie als Mumie im Sarkophag lag – und dann im 21. Jahrhundert ihre einstige Identität als Aris-Hobeth wieder annahm!

Einige der heute verkörperten Menschen aus der jüngeren Generation werden am Anfang des nächsten Jahrhunderts noch am Leben sein und feststellen können, ob die Prophezeiungen in Erfüllung gehen oder nicht. Sofern es ihnen vom Schicksal bestimmt ist, werden sich andere rechtzeitig wieder verkörpern, um möglicherweise Zeugen eines der spektakulärsten Ereignisse der menschlichen Geschichte zu werden.

17

Edgar Cayce im 22. Jahrhundert

Das Schlußkapitel dieses Buches ist ungewöhnlich kurz. Es handelt von einem Traum, den Edgar Cayce am 3. März 1936 hatte:

Ich war im Jahr 2100 nach Christus in Nebraska zur Welt gekommen. Das Meer bedeckte offenbar den ganzen westlichen Teil des Landes; die Stadt, in der ich lebte, lag an der Küste. Mein Familienname klang etwas seltsam. Bereits als Kind behauptete ich, Edgar Cayce zu sein, der vor zweihundert Jahren gelebt hatte.

Wissenschaftler – Männer mit langen Bärten, spärlichem Haarwuchs und dikken Brillen – wurden herbeigerufen, um mich zu beobachten. Sie beschlossen, die Orte aufzusuchen, an denen ich, meinen eigenen Angaben zufolge, zur Welt gekommen war, gelebt und gearbeitet hatte: in Kentucky, Alabama, New York, Michigan und Virginia. Die Gruppe von Wissenschaftlern nahm mich mit und besuchte diese Orte mittels eines langen, zigarrenförmigen Flugzeugs aus Metall, das sich mit hoher Geschwindigkeit fortbewegte.

Wasser bedeckte einen Teil Alabamas. Norfolk in Virginia war zu einem riesigen Seehafen geworden. New York war entweder durch einen Krieg oder durch ein Erdbeben zerstört worden, und die Aufbauarbeiten waren im Gange. Industrieanlagen waren über das ganze Land verteilt. Die meisten Häuser waren aus Glas.

Viele Aufzeichnungen meiner Arbeit als Edgar Cayce wurden entdeckt und gesammelt. Mit diesem Material kehrte die Gruppe nach Nebraska zurück, um es eingehend zu studieren.

In einer Interpretation des Traums wurde Edgar Cayce folgendes mitgeteilt:

Was den materiellen Bereich betrifft, werden die Zeiten so kommen, wie sie in der Vision gesehen wurden. Doch für die Seele ist dies nicht von Belang; tue vielmehr *heute* deine Pflicht! Das *Morgen* ergibt sich dann von selbst.

Diese Wandlungen werden sich auf der Erde zutragen . . ., und nun beginnen die Zeiten der Korrektur. Denn wie sagte Jesus: »Freuen dürfen sich alle, die keine Gewalt anwenden; denn Gott wird ihnen die Erde zum Besitz geben.« (Matthäus 5, 5)[1]

So schließe ich diesen Bericht über die noch nicht vollendete Reise einer Seele mit der Frage im Herzen, welche Ereignisse uns wohl noch bevorstehen mögen. Die betreffende Seele aber wird zweifellos den Weg zurück zu ihrem Schöpfer finden. Das ist gewiß – ihr Kompaß steht auf Heimatkurs. Diese Seele wird ihre einmal getroffene Verabredung einhalten.

Anmerkungen

KAPITEL 2

1. Peter Tompkins/Christopher Bird, *The Secret Life of Plants*, S. 299 (Harper & Row: New York, 1973); deutsch: *Das geheime Leben der Pflanzen*, Frankfurt 1977, [11]1986.
2. ebd.
3. I. C. Sharma, *Cayce, Karma and Reincarnation*, S. 9 (Harper & Row: New York, 1975).
4. Reading 507–1, Nachtrag.
5. ebd.
6. Edgar Cayce, *What I Believe*, S. 21 f. (A. R. E. Press: Virginia Beach, Va., 1946).
7. Reading 254–2, F & A–1.
8. Reading 254–67, F & A–4.
9. Reading 254–67.
10. Allerdings wurde ihm von dem für diese psychischen Aufzeichnungen verantwortlichen Geistwesen die Auskunft über ein früheres Leben für gewöhnlich dann vorenthalten, wenn sie für den betreffenden Menschen in der gegenwärtigen Phase seiner Seelenentwicklung auf der Erde nicht zuträglich war. Dies zeigt, welcher Wert der konstruktiven Motivation des Fragenden bei den grundsätzlich geistig ausgerichteten Lebensreadings beizumessen war, im Gegensatz zu den Fällen, wo die Erforschung früherer Leben einfach nur der Befriedigung menschlicher Neugier diente.
11. Vergleiche den Artikel »*The Life Readings: A Look at Some Puzzling Cases*« von Hugh Lynn Cayce und W. H. Church, in *A. R. E. Journal*, Bd. XIV, Nr. 3 (Mai 1979).
12. Manly Palmer Hall, *Twelve World Teachers: A Summary of Their Lives and Teachings*, S. 69 (Philosophical Research Society: Los Angeles, 1947).
13. Reading 507–1, Nachtrag.
14. Den Readings zufolge betrat er die Erde beim zweiten Mal aus dem Kraftfeld des Saturn, jener dimensionslosen Bewußtseinssphäre, in der jegliche Erinnerung an gerade Erlebtes ausgelöscht wird, damit die betreffende Seele »von vorne« beginnen kann: Ähnlich wie beim legendären Lethe, dem Fluß des Vergessens, in dem die Seele gereinigt wird und dann die Gelegenheit erhält, sich in ihrem nächsten Leben durch freien Willen und eigene Entscheidungen selbst zu erlösen. Dies ist eine mögliche Erklärung für das zweite Kommen von John Bainbridge.

KAPITEL 3

1. Reading 5748–2 gab mit zehneinhalb Millionen Jahren vor unserer Zeitrechnung offensichtlich ein falsches Datum für eine alte geheime Versammlung an, doch diese Zeitangabe wurde in einem späteren Reading drastisch korrigiert (262–39). Details sind Kapitel 4 zu entnehmen.
2. Genau diese Streitigkeiten fanden vielleicht ihren karmischen Widerhall in der Ära der Sklaverei in Amerika, als eine privilegierte Klasse danach trachtete, die Rechte anderer Menschen um materieller Vorteile willen zu unterdrücken.

KAPITEL 4

1. Nach einem der ursprünglichen Dayton-Readings, 5748–2, soll die große Versammlung sogar vor etwa anderthalb Millionen Jahren stattgefunden haben – eine äußerst fragwürdige und höchst unwahrscheinliche Zeitangabe! Doch Hugh Lynn hatte ganz richtig gespürt, daß dieses Datum nicht stimmen konnte und auf eine plötzliche Funktionsstörung in Edgars psychischem Empfänger zurückzuführen war.
2. Als eine Art Nachtrag zu Wilsons tragischem Scheitern kann man diese seltsam berührenden Worte von Haynes Johnson in der *Washington Post* vom 26. Juni 1983 betrachten: »Es heißt, daß, als Woodrow Wilson am Ende des Ersten Weltkriegs nach Frankreich reiste und überall seinen Traum von einem Bündnis der Nationen verkündete, das den Krieg von der Erde verbannen sollte, ihm Millionen mit einer in ihrer Intensität und Spontaneität geradezu furchterregenden emotionellen Leidenschaft zujubelten. Reporter, die ihn begleiteten, fragten sich, ob selbst ein Cäsar oder Napoleon jemals derartige gefühlshafte Ausbrüche bei den Massen entfacht hatte.«
3. G. A. Gaskell, *Dictionary of All Scriptures and Myths* (The Julian Press: New York, 1969).
4. Was auch immer diese Zahl hier bedeuten mag, Kenner der Numerologie wissen, daß 44 eine der sogenannten Hauptzahlen ist, die ihren Wert beibehält; die anderen drei sind 11, 22 und 33. Ich überlasse es dem interessierten Leser, diese geheimnisvolle Angelegenheit weiterzuverfolgen.
5. Wenn Cayces Prophezeiungen zutreffen, wird eine ähnliche Verlagerung der Pole am Ende dieses und am Anfang des nächsten Jahrhunderts stattfinden. Sie wird den Anbruch des Wassermannzeitalters und der fünften Wurzelrasse verkünden und dicht auf ein anderes, von Cayce für das Jahr 1998 prophezeites Ereignis folgen: der zweiten Wiederkehr des Jesus Christus. Welchen Veränderungen mögen wir auf unserem Planeten wohl noch entgegengehen angesichts der wundersamen Synchronizität größerer Ereignisse?
6. E. W. Bullinger, *The Witness of the Stars* (Kregel Publications: Grand Rapids, Mich., 1981, Nachdruck der Ausgabe von 1893).

7. Im Reading 827-1 wird Arkturus als der Stern bezeichnet, der die Schäfer nach Bethlehem führte, während Reading 900-10 besagt, daß »der Mann mit Namen Jesus« zum Arkturus weiterging »um der Entwicklung willen«; hier liegt also eine interessante Parallele zu Bullingers wissenschaftlichen Entdekkungen vor.
8. *The Forgotten Books of Eden*, Kap. 67, »The Secrets of Enoch« (Alpha House: New York, 1927).

KAPITEL 5

1. Reading 294-151 spricht davon, daß »Ra Ta durch die Götter der kaspischen und kaukasischen Berge zur Welt kam«; Reading 294-147 sagt, er sei »der Sohn einer Tochter von Zu gewesen und *nicht* von Menschen gezeugt worden«.
2. Vergleiche Reading 294-147.
3. Dies ist eine Schätzung, da kein genaues Datum von Ra Tas Geburt angegeben wurde. Doch sie stimmt mit anderen Daten und Tatsachen überein, die in den Readings zur Ra Ta-Ära enthalten sind, beispielsweise mit der Information, der Priester sei über hundert Jahre alt gewesen, als seine Verjüngung einsetzte (etwa ein Jahrzehnt vor Beginn des Baus der Pyramide von Gise im Jahre 10 490 v. Chr.).
4. Reading 3976-26.
5. Reading 900-277.
6. Readings 281-43, 281-44.
7. Reading 900-277.
8. Reading 136-1.
9. Reading 1734-3.
10. In seiner nächsten Inkarnation zeigte sich Raai jedoch von einer weniger edlen Seite. Er diente, diesmal unter dem Namen Bestreld, als Schatzmeister des Königs KRÖSUS. Seinen sagenhaften Reichtum hatte Krösus anscheinend zu einem guten Teil der Habgier Bestrelds zu verdanken. Cayce war damals als der Nomadenherrscher UHJLTD verkörpert (siehe Kapitel 7) und hatte wieder die Rolle eines Eindringlings zu spielen. Im Lebens-Reading für einen Herrn O'HARA, den einstigen König Raai, wird festgestellt, daß er als BESTRELD bei der Plünderung der Lagerhäuser durch die Invasionstruppen in spiritueller Hinsicht *gewann*, und zwar durch die erlittenen materiellen Verluste und die anschließenden Verfolgungen. Eine merkwürdige Art zu »gewinnen«, wie es scheint, doch unter karmischen Gesichtspunkten lernte er durch dieses Erlebnis scheinbar eine notwendige Lektion. Hinzu kommt, daß sich Raai in seinem jetzigen Leben als Herr O'Hara wieder zu dem ehemaligen Priester Ra Ta, Edgar Cayce, hingezogen fühlte; diese Begegnung brachte *beiden* spirituellen Nutzen und wechselseitigen Segen.
11. Siehe eine Bemerkung von Gladys Davis Turner (im folgenden mit GDT

abgekürzt) zu Reading 900–6, die auf eine mögliche Beziehung mit Uranus anspielt.

12. Reading 900–275.
13. Reading 900–275 gibt ein rätselhaftes Datum für die Angriffsschlacht: »10 056 Jahre vor dem Prinzen des Friedens.« Nach Auffassung von GDT handelte es sich um das Jahr 10 506 v. Chr., denn sie wußte, daß die Schlacht vor dem Jahre 10 056 stattgefunden haben mußte, da sonst der Bau der Pyramide von Gise (10 490 bis 10 390 v. Chr.) erst viel später erfolgt wäre, Jahre nach dem Überfall. Nach meiner Interpretation meinte Cayces mit seinen ziemlich schleierhaften Formulierungen das Jahr 10 560 v. Chr., denn diese Datierung stimmt mit anderen Aspekten dieser Ära überein.
14. Von sieben der zwölf Ratsmitglieder nimmt man an, daß sie sich im 20. Jahrhundert wieder verkörperten und intuitiv zu Edgar Cayce geführt wurden, um von ihm Lebensreadings zu erhalten. (Siehe Nachtrag zu Reading 294–153, Millicent Hortons »Geschichte der Ra Ta-Ära«, S. 6).
15. Reading 5750–1.
16. An Nubien, das nicht mehr als eigenständiges Land existiert, denkt man heute nur noch im Zusammenhang mit der nubischen Wüste im östlichen Abschnitt des nördlichen Sudans, gerade jenseits der nördlichsten Spitze Äthiopiens. Die Sprache der Readings legt nahe, daß diese ganze Region einstmals zum alten libyschen Königreich gehörte und nur jener kleine, östlichste Teil von Libyens riesigem, ödem Gebiet unter nubischer Vorherrschaft stand.
17. Reading 294–148.
18. Siehe den Artikel »As Above, So Below« von W. H. Church, in *A. R. E. Journal*, Bd. IX, Nr. 3 und 4 (Mai und Juli 1974).
19. Reading 311–2.
20. Vergleiche Reading 538–59, Fußnote.
21. E. A. Wallis Budge, *The Gods of the Egyptians*, Bd. 1, S. 407 (Dover: New York, 1969).
22. Reading 294–151. (Anmerkung: 167 Seelen kehrten mit Ra Ta aus Nubien zurück. Diese Zahl entspricht vielleicht jenen treuen Anhängern, die vom Priester das Zeichen empfingen.)
23. Reading 991–1 (vergleiche Reading 294–151).
24. Reading 294–141.
25. Reading 294–151.
26. Reading 1472–10.
27. Reading 900–275.
28. Reading 1007–3 bezeichnet Ajax auch als AX-TELL: »Ax-Tell und Ajax sind ein Wesen, eine Kraft«; damit deutet es an, der stolze Atlanter habe als einer der letzten Überlebenden zu den androgynen Wesen gehört.
29. Reading 866–1.

30. Reading 440–5.
31. Reading 5749–2.
32. Eine der Persönlichkeiten, deren Sarkophag sich im sicheren Gewahrsam der unterirdischen Pyramide befindet, neben 32 Tafeln mit den von der Wesenheit selbst niedergeschriebenen Aufzeichnungen, war die Lieblingstochter des Priesters, Aris-Hobeth. Die unglaubliche und wundersame Geschichte dieser Tafeln erzählt Kapitel 16.
33. Reading 378–14.
34. Reading 341–9.
35. Reading 378–16 (siehe auch Reading 3976–15, F & A–5.)
36. Hugh Lynn Cayce, *Earth Changes Update*, S. 87 (A. R. E. Press: Virginia Beach, Va., 1980.)
37. Reading 275–33.

KAPITEL 6

1. Reading 5749–14.
2. Reading 5023–2.
3. Reading 262–119.
4. Z'ev ben Shimon Halevi, *An Introduction to the Cabala*, S. 17 (Samuel Weiser, New York, 1972.)
5. Vergleiche den Artikel »Sea Shell Evidence of an Old Flood«, *San Francisco Chronicle*, 22. September 1975. Vergleiche auch den Artikel von Cesare Emiliani, Professor der Meeresgeologie, in *Science*, 22. September 1975).
6. Reading 5755–1.
7. Reading 827–1.
8. Reading 5749–14.
9. Reading 900–10.
10. Reading 1152–11. Der Ausdruck »die weiße Bruderschaft« ist eine in der okkulten Literatur gebräuchliche Bezeichnung für die Fraternität der Eingeweihten oder Adepten, die seit der Zeit von Atlantis und dem Gesetz des Einen existiert.
11. Reading 294–136.
12. Reading 1859–1.

KAPITEL 7

1. Reading 3976–15. (Siehe Reading 870–1, GDT-Fußnote. Als weitere Erklärung für die Datierung 8 058 v. Chr. – das Reading nennt das Jahr 858 v. Chr. für die Uhjltd-Periode – führt GDT an, Cayce habe »achtzig fünfundachtzig« gesagt und nicht »acht fünfundachtzig«, sie habe es während es Readings falsch notiert. Anmerkung: Was das vermutliche Alter Is-Shlan-doens betrifft, so ist eine Meldung des *Chicago's Oriental Institute* vom Juni

1985 von Bedeutung, wonach im Süden der heutigen Türkei eine 10 000 Jahre alte Stadt mit vielen hochentwickelten architektonischen Neuerungen entdeckt wurde, die an die viel spätere griechisch-römische Epoche erinnerten. Heute Cayonu genannt, stammt diese alte Ansiedlung wohl aus der Zeit vor der Entstehung von Uhjltds »Stadt der Hügel und Ebenen«, und ihre Erbauung geht der Kultur der Sumerer – die man zuvor als die älteste der Welt betrachtet hatte – um etwa 5000 Jahre voraus.

2. Reading 288–48.
3. Reading 507–1, Nachtrag.
4. Reading 5001–1.
5. Reading 1265–1.
6. Reading 993–1.
7. Reading 294–174.
8. Reading 2091–2.
9. Reading 2072–8.
10. Reading 538–32.
11. Reading 333–2.
12. Reading 288–1.
13. Reading 2709–1.
14. Reading 294–138.
15. Reading 294–142.
16. ebd.

KAPITEL 8

1. Reading 262–9.
2. Reading 2886–1.
3. Reading 900–63.
4. Reading 900–38.
5. Reading 692–1.
6. Reading 470–2.
7. Reading 5717–5.
8. Reading 281–8.
9. Reading 262–24.
10. Reading 294–8.
11. Reading 900–63.

KAPITEL 9

1. Letzterer darf nicht mit seinem Namensvetter aus der Ära von Uhjltd und Zend verwechselt werden; bekanntlich unterscheiden die griechischen Schriftsteller wenigstens sechs Zarathustras. Der letzte von ihnen war, Lucius Apuleius zufolge, ein Zeitgenosse des Pythagoras. Der griechische Weise soll den persischen Magier besucht und mit ihm studiert haben, nachdem er

von den Truppen des KAMBYSES gefangengenommen und nach Babylon gebracht, dann aber freigelassen worden war. Vergleiche Manly Palmer Hall, *Twelve World Teachers: A Summary of Their Lives and Teachings*, S. 70 (Philosophical Research Society: Los Angeles, 1947).
2. Vergleiche Thomas Stanley, *The History of Philosophy*, Teil 9, Kapitel 2, »Pythagoras« (Faksimile der Ausgabe von 1687, Nachdruck der Philosophical Research Society: Los Angeles, 1970).
3. John Michell, *City of Revelation*, S. 159 (David McKay: New York, 1972).
4. Bulfinch, *Age of Fable*, S. 329 (Ausgabe der New American Library: New York, 1962).
5. Vergleiche *Encyclopaedia Britannica*, »Pythagoras and Pythagoreanism«.
6. C. G. Jung, *Gesammelte Werke* Bd. 18, *Das symbolische Leben*. Walter Verlag: Olten 1981.
7. Stanley, »Introductory Essay«, S. VII.
8. *Dreams and Dreaming*, »The Edgar Cayce Readings«, Library Series, Bde. 4 und 5 (Association for Research an Enlightenment: Virginia Beach, Va., 1976).
9. Manly Palmer Hall, *The Phoenix*, S. 98 (Philosophical Research Society: Los Angeles, 1971.)
10. Reading 275–43.
11. Stanley, S. 565 f.
12. Reading 699–1.
13. Louis MacNeice, *Astrology*, S. 114 (Doubleday: New York, 1964).
14. Frank Gaynor (Hg.), *Dictionary of Symbolism*, S. 184 (Citadel Press: Secaucus, N. J., 1973).
15. Reading 1472–12 (siehe auch Reading 1472–13).

KAPITEL 10

1. Reading 6717–5.
2. Reading 2903–1.
3. Reading 538–59.
4. Reading 760–4.
5. Reading 5249–1.
6. Reading 1208–1.
7. Reading 3657–1.
8. Für jeden, der sich an diese Arbeit wagen will, gab das Reading die folgenden dunklen Anleitungen: »Das richtige Prinzip besteht im Gebrauch merkurischer Elemente in Verbindung mit elektrischen Kräften und Gewichten, so, wie die Wesenheit es oft geahnt hat. Doch man braucht genug Erde, um es zu einer negativen Kraft zu machen.«
9. Reading 2698–1.

KAPITEL 11

1. Reading 294–192.
2. Reading 254–83.
3. Reading1598–2.
4. Reading 816–4.
5. Reading 294–192.
6. Reading 2310–2.
7. Reading 866–1.
8. Reading 294–192.
9. Reading 538–59.
10. Reading 2390–1.
11. Reading 2390–3.
12. Vergleiche Readings 2390–3 und 1523–16.
13. Reading 2390–1.
14. ebd.
15. Reading 1523–16.
16. Reading 1990–3.
17. Reading 3685–1.
18. Reading 2574–1.
19. Reading 1468–1.
20. Reading 5755–1.

KAPITEL 12

1. Reading 294–161.
2. Reading 2464–2.
3. ebd.
4. Reading 294–161.

KAPITEL 13

1. Reading 3660–1.
2. Reading 294–19.
3. Reading 2753–2.
4. Reading 3416–1.
5. Readings 3072–2 und 1771–2.
6. Reading 2072–2.
7. Reading 1097–2.
8. Reading 866–1.
9. Reading 5281–1.
10. Reading 69–1.
11. Reading 415–1.
12. Reading 543–11.

13. Reading 415–1.
14. Reading 543–11.
15. Reading 500–1.
16. Reading 289–9.
17. Reading 405–1.
18. Reading 264–31.
19. Reading 294–8.
20. Reading 2390–1.
21. Reading 900–25.
22. Reading 5755–1.
23. Reading 294–8.
24. ebd.
25. ebd.
26. Reading 294–19.
27. Reading 294–8.
28. Reading 427–3.
29. Reading 1541–11.
30. Reading 1523–11.
31. Reading 2778–2.
32. Reading 369–3.
33. Reading 243–10.
34. Reading 3635–1.

KAPITEL 14

1. Reading 1001–7.
2. Reading 2508–1.
3. Nancy Mitford, *The Sun King* , S. 47 (Harper & Row: New York, 1966); deutsch: *Der Sonnenkönig*, 1970.
4. Ein allegorisches und idealisierendes Gemälde von Jean NOCRET mit dem Titel »Apollos Familie« zeigt die Familie des Königs: Im Vordergrund sieht man zwei geflügelte Kinder, neben denen sich ein »Bild im Bild« befindet, das offensichtlich zwei verstorbene Kinder darstellen soll. Noch zehn Erwachsene und verschiedene ältere Kinder sind abgebildet, unter denen der Dauphin deutlich als direkter Sprößling von Ludwig und Maria Theresia hervortritt. Dies ist die einzige, der Nachwelt erhaltene bildliche Darstellung jener »verlorenen« Kinder, von denen Nancy Mitford spricht.
5. ebd.
6. Reading 288–5.
7. Reading 294–9.
8. ebd.
9. Reading 288–6.
10. Reading 1523–13.

11. Reading 4121-2.
12. Reading 294–147.

KAPITEL 15

1. Reading 294–161.
2. Reading 2390–2.

KAPITEL 16

1. Reading 5748–5.
2. Reading 5749–5.
3. Reading 3976–15.
4. Reading 5749–5.
5. Reading 5749–4. (Eine ausführliche Schilderung der zweiten Wiederkehr, wie sie in den Cayce-Readings enthalten ist, findet sich in: W. H. Church, *Gods in the Making*, [A. R. E. Press: Virginia Beach, Va., 1983].)
6. Reading 1602–3.

KAPITEL 17

1. Reading 294–185.

Personenverzeichnis

(Siehe hierzu: Fußnoten auf den Seiten 9* und 28**.)